2024年度辽宁省主题出版
重点出版物专项资金扶持项目

走进古国牛河梁

红山文化发现百年纪实

张男 邱凌 邸玉超 著

北方联合出版传媒（集团）股份有限公司

辽海出版社

图书在版编目（CIP）数据

走进古国牛河梁：红山文化发现百年纪实/张男，邱凌，邱玉超著．—沈阳：辽海出版社，2024.12.
ISBN 978-7-5451-7173-0

Ⅰ．I25

中国国家版本馆 CIP 数据核字第 202409PB46 号

出 版 者：	北方联合出版传媒（集团）股份有限公司 辽 海 出 版 社 （地址：沈阳市和平区十一纬路 25 号　邮编：110003）
印 刷 者：	辽宁一诺广告印务有限公司
发 行 者：	北方联合出版传媒（集团）股份有限公司 辽 海 出 版 社

幅面尺寸：170mm×240mm
印　　张：26.75
字　　数：300 千字
出版时间：2025 年 5 月第 1 版
印刷时间：2025 年 5 月第 1 次印刷
责任编辑：栾天飞
封面设计：琥珀视觉
版式设计：鼎籍文化创意
责任校对：王大光　李子夏

书　　号：ISBN 978-7-5451-7173-0
定　　价：150.00 元

联系电话：（024）23284478　23285788
网　　址：http://www.lhph.com.cn
版权所有，翻印必究
法律顾问：辽宁普凯律师事务所　王　伟
如有质量问题，请与印刷厂联系调换
印刷厂电话：（024）24859415
盗版举报电话：（024）23284481
盗版举报信箱：liaohaichubanshe@163.com

序　言

　　有幸读到这本即将由辽海出版社出版的由作家们撰写的有关牛河梁考古的文学书稿。首先一点感受，是作者参阅引用了大量文献资料，包括有点枯燥需耐下心来阅读的考古发掘报告，并将不同年代不同版本的内容重新组合，由于做了大量扎实的具体工作，所用考古资料，皆有所本，更旁征博引，内容观点，多有深入。作为一本纪实性作品，难能可贵。

　　从书名和内容可见，作者是将红山文化的发现和研究历史放到中国百年考古史的视野来加以叙述的。那就是众所周知的，1921年6月受聘于北洋政府农商部的瑞典地质学家安特生在辽西调查煤矿时发现包括红山文化遗存在内的沙锅屯洞穴遗址，当即用现代考古方法进行发掘，并于1923年发表报告书，这早于他1921年9月对河南仰韶村遗址的正式发掘，所以沙锅屯洞穴遗址的发掘确是西方现代考古引入中国后最早进行的一次考古发掘工作。我在2014年纪念红山文化定名六十周年时曾强调，红山文化不仅是中国现代考古之始，而且从发现一开始就起点较高，一是已注意到从南北文化关系看待红山文化的形成和特点，并将文化关系作为考古文化定名的依据；二是文化内涵相对稳定，当年定名早于红山文化的仰韶文化（定名于1921—1922年）和龙山文化（定名于1928年），因覆盖面过大，后依区域差别加以分解，又各自命名，红山文化虽也有突破性发现，却一直保持着统一的原名称，说明这是一个发展相对稳定的上古文化；三是研究从一开始就联想到与古史传说结合的学术目标，即梁思永先生于1934年撰写他于1930年冬在西辽河流域进行考古调查的《热河查不干庙、林西、双井、赤峰等处所采集之新石器时代石器与陶片》一文补记中所言："长城南北几个新石器时代晚期的文化系统的相对的时代关系确定之后，我们才能脚踏实地地去作对比上古史与考古学发现的工作。"本书对红山文化发现与研究史这前三十年的工作用了较多篇幅加以介绍，涉及人物不仅有中国老一辈考古学家梁思永、裴文中、尹达诸先生，还有鸟居龙藏、桑志华、德日进、八幡一郎等多位国外学者，为此而查阅的是一批较难寻找读起来也较有难度的早期文献。这其中最引起我兴趣的，是有关法国传教士桑志华于1919年在朝阳地区调查古遗址的一段叙事，是作者特地去天津寻访了桑志华创办的北疆博物院，从院内藏品图集和展陈中找到当年桑氏在朝阳地区调查的采集品，对这批标本的年代、出土具体地点加以鉴别，甚至回到朝阳后还实地考察了桑志华当年调查的北票巴图营子遗址，这很令人钦佩。因为这正是我一直想做而没找到机会完成的一件事。

自20世纪80年代初东山嘴和牛河梁遗址发现以来，经新华社等媒体以"将中华文明史向前推进了一千年，三皇五帝传说有了实物证据"为主要内容进行报道，引起改革开放初期面向世界的亿万中华儿女的格外关注，但学术界相对谨慎，因这是此前很少讨论的敏感课题，于是出现了社会各界以极大热忱推动专业界开始中华文明起源大讨论的局面。接着是演艺界，红山文化丰富多彩的内容激发起有识者的创作欲望，纷纷尝试着将其搬上舞台。从那时起，近半个世纪过去了，大家的热情持续不减，近年还有加速的势头，我想，这应该是红山文化特有的魅力吧。其实红山文化所在的辽西山区，当时的环境是与东北其他地区相同的森林草原地带，已有农业耕作，但所占比例甚小，仍然以采集渔猎为主要生业，经济生活并不发达。红山先人是在物质条件相对贫乏的情况下，精神文明得到超前发展的。这使我们不得不对渔猎文化刮目相看，重新认识。渔猎虽然最终被农耕所替代，但在上古时期却显示其多种优势，这除了直接继承旧石器时代上百万年积累的经验以外，人群随动物迁移而流动性大，与周邻文化接触交流机会多，心态较为开放，善于辨别和吸收外来的先进因素，把不同传统的文化融为一体，不断创新，充实自身，并传承后世。从已获考古资料分析，红山先人不仅与中原仰韶文化频繁交流，还西向欧亚大陆，东联太平洋。同时对赖以生存的大自然敬畏尊重程度高，沟通天地神灵成为红山先人自觉和经常的活动，从而遗留下极为丰富的祭祀遗存，如结构、组合、布局高度规范的"坛庙冢"和选料、工艺、造型都甚为讲究的龙、凤、龟、蚕、巫人等玉器。当年媒体报道说红山文化的考古新发现"对社会发展史、思想史、宗教史、建筑史、美术史的研究，将产生重大影响"。后来我根据个人研究心得，将以牛河梁为代表的红山文化的学术价值归纳为文明史、艺术史和思想史三个方面。文明史属史学领域，艺术史属美学领域，思想史属哲学领域，而思想史是核心。显然，对红山文化的研究，不是考古学能独自完成的，需要从人文到自然的多学科参与。这本《走进古国牛河梁：红山文化发现百年纪实》就是文学家们研究红山文化的重要成果。

1986年中华文明起源讨论热潮时，作为课题引领者的苏秉琦先生已在对五千年文明起源与现实和未来的关系作更深入的思考，那年10月他在辽宁兴城作题为《文化与文明》学术报告时有关"建设同五千年文明古国相称的现代化"的那段掷地有声的话语至今仍值得回味和反思："我们建设现代化，如果是建设日本式的、新加坡式的，是单纯学美国、学西欧、学日本，那就是千万仁人志士抛头颅洒热血奋斗的目标？不是。我们要建设的是同五千年文明古国相称的现代化。这就自然而然提出，我们这个具有五千年古老文明的民族的灵魂是什么？精华是什么？精神支柱是什么？我们要继承什么？发扬什么？"先生并以红山文化与仰韶文化的关系为主，将中华五千年文明的精华归纳为巨大的凝聚力、无穷的创造力和无限的生命力，将红山文化与仰韶文化这南北两支不同传统的文化融为一体，视为"中华文明灵魂，民族精神核心"。看来，红山文化真的是一座思想宝库，有太多对现实和未来有所启示的智慧有待挖掘。

山海有情，寻根辽宁。让我们一齐努力吧！

郭大顺

2024年12月6日

初曙浩荡　诗心如织

——读《走进古国牛河梁：红山文化发现百年纪实》有感

2024年11月14日下午，我从沈阳乘飞机经停南京去南宁参加一个会议。经过一段时间的飞行后，我抬头从舷窗望向外面。此时飞机在云层之上，下面的高积云汹涌而安静，无际无涯，上面的天光蔚蓝澄澈，万端祥和。此时，远处的太阳半掩在云层中，红彤而硕大。虽是落日之时，却好像正在远古之处喷薄升腾。我感动于这种景象并突然想到了"初曙浩荡"一词，因为就在刚刚，我读完了长篇纪实文学《走进古国牛河梁：红山文化发现百年纪实》最后一章。我意识到，也许就是这个景象能够承载我对这部著作所呈现内容的重要怀想。

我不是考古中人，也不是历史学者，所以对于红山文化、特别是对牛河梁遗址的考古发掘和研究阐释，实在不敢置喙。在过去的数十年间，我曾多次到牛河梁参观，关于红山文化的有限的知识都是听着讲解和对照着相关的文献获得的，实在是寡薄的可怜。尽管如此，那最初的印象也是深刻的。比如看到红山女神像，眼前幻化出人类元祖的日常生活；比如站在那巨大的积石冢边上想象当时红山人关于天地生死的哲学思考；比如看到展柜里的玉猪龙想象着工匠们面对猪首山如何精雕细刻，甚至我还听到了红山人身披兽皮、踵趾相接，从远处运来玉石原料时所发出的"杭育杭育"之声。不过，相较于此，有时我也感兴趣的可能是辽西在历史上的过往、节点和在北方民族融合发展中的重要地位。秦汉之前的角逐厮杀自不必说，隋唐以后的迁徙融合与辐射也常常令我们发出无限感慨。唐人沈佺期诗云："卢家少妇郁金堂，海燕双栖玳瑁梁。九月寒砧催木叶，十年征戍忆辽阳。白狼河北音书断，丹凤城南秋夜长。谁为含愁独不见，更教明月照流黄。"明人汪道昆也在诗中写道："汉使褰帷按塞过，渔阳老将近如何？千山斥堠材官急，万里亭鄣猛士多。大漠风鸣苍兕甲，层冰夜渡白狼河。江东子弟先锋在，乘月仍闻《子夜歌》。"历史上这些关涉辽西的诗词,既写征战,也写思怨,但我更看到了在此之后的牛河梁遗址在历史演进过程中曾有着怎样的地位和意义。也许正是这样的地位和意义才能使远古和后世实现流畅对接,才能使红山人后世子孙一代溯着一代望见那几千上万年前的文明初绽。读罢《走进古国牛河梁:红山文化发现百年纪实》,有时不得不令人做出如此的又一怀想。

《走进古国牛河梁:红山文化发现百年纪实》体现了真正意义上的纪实性。三位作者追寻着考古者的足迹,从一百多年前的日本人鸟居龙藏等外国人开始,一步一步地描述和记录着红山文化的发现、确认和真正意义上的考古发掘。在这样一条线性线索中,我注意到在近四十年的考古记事中尤其凸显了辽宁考古工作者作出的贡献。在我看来,这既是基于事实的描述,也体现了创作者的文化立场和情感态度。这里有自豪,有尊重,有回味。正是这种真诚、科学、严谨的态度,他们也完成了对考古工作的再考古。本书也体现了创作者科学、严谨的学术态度。在本书中,作者们不厌其烦地对考古过程、出土器物及其他遗存进行着详细的描述,我看到他们一丝一缕、一针一毫都不曾松懈。这其中,既有实地踏察,也有文献寻踪,更有参观访问。他们不放过所有发掘和出土的历史文物的尺寸、形态、数量，并力图通过细致的文字描写还原和重现远古场景，唤醒立体的充满烟火气的遥远时光。本书更能打动人的是创作者们在书中为我们呈现出来的红山文化的悠远、精细和光芒。这是我阅读此书后经过仔细斟酌所选用的三个词语。悠远在这里不仅指时间上的古老，也指空间上的纵深，但我更想指向在这个时间和空间交织中所能蕴含的人文色彩和淳朴情调：我们今天的文化有哪些方面是红山先人留给我们的？精细则是指红山人对来生的认真准备及后人对先人遗存的认真打量。我个人极其粗浅地认为，那些精美的、丰富的和较为复杂的出土文物，不仅是先人留给后人彼时所想象的世界，也是他们留给后人的重要精神密码。这一感受是今天的考古专家和本书的作者共同合作完成的。光芒则是指以牛河梁遗址为代表的红山文化透露出的古国时代红山先人追求天、地、人和谐共生的价值理念。关于这一点，像我这样的外行人，除了像三位作者那样据实描述和阐释外，似乎没有更好的语言将本书的内容呈现出来。也许就像开头所讲的那样，站在云层之上，看见远处的阳光耀眼，光芒浩荡。

　　这也是一部诗性写作。我没有作过认真统计，但全书对诗词的引用不下百首，而且这些诗词的引用和所要记述的内容、情景也是极为契合的。阅读过程中，我甚至觉得三位作者似乎对卷帙浩繁的中国古诗词进行了人文考古。这的确是进入历史，尤其是进入远古文明的一种较有创新意识的写作路径。我从他们引用的这些诗词中确实感受到了来自遥远时光的些许气息，特别是经过他们的引用，放大了这些气息。我甚至感觉，这次写作，也是一次跨越巨大时空的对话，是作者与古人、与红山人的对话：既是古代与现代"水调歌头"般的引吭高歌，也是祖孙们之间三个时空"雨霖铃"式的窃窃私语。这就使这部著作圆润而生动、细腻而顺畅。这在几十种已经出版的有关红山文化的著作中别具特色。

因为从文学的角度我关注过本书的创作，而且几个月之前在朝阳的一次研讨中还表达过一点点想法，所以邱玉超先生就约我写序。我哪堪此任？于是就记述了前面的阅读体验，以回报玉超先生及张男、邱凌两位老师的信任。我认为，更为专业的评价应该留给我们的考古专家。

周景雷

2024 年 11 月 21 日

目 录

序　章　亚洲大森林中隐藏的神秘古国 / 001

第一章　百年大发现从这里开启 / 017
第一节　天赐机缘与擦肩而过 / 018
第二节　两位法国考古学家的履迹屐痕 / 031
第三节　一个瑞典人和几位中国人的邂逅与神交 / 041
第四节　东北之殇——日本人的热河之行 / 052
第五节　一位青年教师与中国历史的童年 / 064

第二章　大凌河畔的膜拜与营造 / 077
第一节　东山嘴——讲述五千年前营造师的故事 / 078
第二节　东山嘴——讲述东方维纳斯的传奇 / 093

第三章　华夏古国的惊世再现 / 101

第一节　最老的神庙与最古的女神 / 102

第二节　女神庙，围绕你的还有多少秘密？ / 119

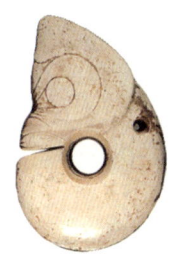

第四章　天地之间的方圆密码 / 133

第一节　大凌河畔，有我们更老的老家 / 134

第二节　中华古文化参天大树的"直根系" / 146

第三节　中国史前玉文化发展的鼎盛时代 / 160

第四节　玉魂国魄，"玉"见华夏 / 172

第五节　龙凤呈祥，"玉"满神州 / 183

第六节　礼出牛河梁，美玉韫九州 / 193

第七节　莫与墓，五千年前红山先民的生死观 / 202

第八节　古人的智慧超出我们的想象 / 211

第五章　来自远古的文化碎片 / 223

第一节　在中华文明曙光里见证生生不息的力量 / 224

第二节　那些与我们同享一片沃土的逝者与生者 / 235

第六章　倾听五千年前的蝈鸣 / 247

第一节　牛河梁红山先民在此留下最初的印记 / 248

第二节　五千五百年前动植物的乐园 / 257

第三节　五千年前那神秘的月夜 / 267

第四节　来自远古的悠扬蝈鸣 / 273

第五节　入土出土几千春，月落日升红山魂 / 285

第七章　东方金字塔埋藏的谜团 / 295

第一节　雄哉伟哉古文明 / 296

第二节　牛河梁——实证中华五千年文明史的圣地 / 302

第三节　文明发端地，古国牛河梁 / 311

第四节　中华文明的精神图谱 / 321

第五节　辽西寻古之超级积石冢 / 330

第六节　辽西寻古之大墓传奇 / 339

第七节　七十年考古求索光耀四海 / 346

第八节　回眸千年，看不够你谜一样美丽容颜 / 355

第八章　牛河梁古国的城内城外 / 369

第一节　半拉山，人神沟通之地 / 370

第二节　马鞍桥山，我们祖先的村庄 / 381

第三节　五百余处红山文化遗址星火燎原 / 393

后　记 / 404

序 章

亚洲大森林中隐藏的神秘古国

走进古国牛河梁
红山文化发现百年纪实

辽西第一大河——大凌河

一、这里是辽西

这里是辽西。

这里有一条大河，古称白狼水，今称大凌河，就是唐代诗人沈佺期诗中的那条，"白狼河北音书断，丹凤城南秋夜长"。它是野生的河，坦荡、野蛮，无拘无束，自由潇洒；它是历史的河、文明的河，波澜壮阔，一往无前。大凌河约形成于1.23亿年前。大凌河畔出土的一块块化石证明，亿万年前的晚侏罗世到早白垩世，这里湖泊星罗棋布，沼泽遍地，植物茂盛，气候湿润，阳光和煦。生物群呈水、陆、空爆发性辐射演化。地球上第一朵花在这里萌生了，地球上第一只鸟从这里起飞了，鱼类在广阔的水域里畅游，两栖类动物在草地与湖水间奔波忙碌，这些大自然的孩子给辽西大地带来了生机与活力，给地球带来了生命的启发与跃动，给人类带来无尽的想象与启示。

时间之水日夜奔流不息。距今约10万年，一群被称为"鸽子洞人"的古人类，在大凌河畔点燃了旧石器时代的篝火，这座古人类遗址出土的石器类型和制作工艺对研究旧石器时代古人类生活和生存方式具有重要价值。鸽子洞之火，照亮了东北大地人类历史的进程。

5万年后，在大凌河流域出现了另一原始人群——"建平人"。《世界上古史纲》认为：中国东北人类化石的发现，以及旧石器文化的存在，为人类文化由华北到西伯利亚、到美洲，初步找到了线索和脚印。

经过短暂的空白后，中华文明的精彩大幕终于在大凌河畔徐徐拉开——"红山人"登上了人类历史的舞台。牛河梁红山先民在榛莽中开拓，在自然中抗争，经过漫长岁月的探索与发展，迈进人类文明社会的门槛，开启了中华文明的曙光。

这里是辽西。

考古学家苏秉琦先生指出，距今4000年前后，是辽西地区社会发展的"文明昌盛时期"。此时的红山人已经学会农耕，我们今天的谷子，就是红山人用石器耕种留下的种子，是红山人教会了后人用石磨把粗糙的谷子碾成金黄的小米，再用清甜的河水煮成香喷喷的小米粥，滋养着一代代的辽西人。

商周时期，中国青铜时代达到鼎盛。而辽西，是一个产出较多铜矿的地方。俯下身来，你可以从泥土中嗅到从商周至晚清几千年凝聚的饱满的青铜气，仰望旷野，你会看见袅袅紫气升腾。

"辽西"早在战国时期就诞生了，它是秦开却胡时开疆辟土造的

牛河梁遗址全景

词，是由燕长城砖石造的词。辽西郡、右北平郡在秦开将军的剑下诞生。而在此之前的辽西，仅仅是地理层面的概念：辽河以西或者辽泽以西。这里是辽西，这里是古辽西。

　　人文意义上的辽西，是农耕文化、游牧文化、渔猎文化的交汇地带。这是一片古老而肥沃的土地。这片辽阔的原野有青铜的质地，有红陶的质朴，那薪火来自鸽子洞，那陶技来自牛河梁。这里有金步摇的婀娜妖娆，有鎏金马镫的快意驰骋，有三燕国乐的尊贵风华，有大唐营州的开放繁盛；这片土地属于古幽州，属于孤竹，属于燕国，属于右北平郡与辽西郡……右北平郡与辽西郡是孪生兄弟，在一片山川原野上共生，右北平郡在辽西郡之西，辽西郡在右北平之右。右北平郡给人的印象往往是：苍茫、苍凉、辽阔、悠远，高山流水，丘陵起伏，草原无际，黄沙朔风，长河衔落日，深谷藏草莽。其实，右北平

序章　亚洲大森林中隐藏的神秘古国

郡还有另外一面，清风明月，幽静平和，清泉低吟浅唱，风吹草低见牛羊。飞将军李广射虎的故事在右北平郡流传，也随风传扬于辽西。

斗转星移，光阴荏苒。自公元前3世纪辽西郡和右北平郡设立，时光已经过去了两千多年。而今的辽西，指的是辽宁西部。

考古学意义的"辽西"，北起西拉木伦河，南至海河，东至辽河，西至桑干河上游一带，重点在辽宁朝阳市大凌河流域和内蒙古赤峰市老哈河流域。作为中华文明"直根系"的红山文化，迄今发现并发掘的重要遗址都在大凌河与老哈河这"两河"流域，也是在昔日辽西郡与右北平郡之间。

2023年岁末，辽西再次成为万众瞩目的地方。

2023年12月9日，"中华文明探源工程"发布会在北京召开。发布会指出，中华文明的起源和发展，不同地区呈现出明显差异和自身特色。距今约5800—3500年可划分为古国时代和王朝时代，其中古国时代第一阶段的代表是位于辽宁西部朝阳市的牛河梁遗址。

2023年，是牛河梁遗址考古发掘40周年，也是红山文化发现115周年。

在"中华文明探源工程"北京发布会召开之前的2023年3月17日，笔者满怀崇敬与神圣之情，前往辽宁省建平县与凌源市交界的牛河梁，去拜谒华夏祖先的宗庙，去瞻仰红山女神。此时临近癸卯年春分，不禁让人想起唐朝诗人韩愈的诗"天街小雨润如酥，草色遥看近却无。最是一年春好处，绝胜烟柳满皇都"。千余年前昌黎先生作此诗时怎曾想到，在他心心念念的昌黎郡望——龙城朝阳，还有一个华夏文明标志性的古国"皇都"——牛河梁遗址。牛河梁，不仅是一个可载入中国地理图册的地理名词，更是一个载入中华五千年文明史的历史名词。

序章 亚洲大森林中隐藏的神秘古国

牛河梁遗址玉猪龙主题广场

在牛河梁国家考古遗址公园牛河梁遗址博物馆综合馆、在牛河梁遗址祭坛和积石冢保护展示馆、在女神庙保护展示馆、在第十六地点"金字塔"遗址……笔者在讲解员娓娓道来的讲述中，穿越时间隧道，回到40多年前牛河梁遗址的发现现场。

二、墨玉笔筒

1979年春季的一天傍晚，正在家里做作业的马瑞才，见窗外父亲马龙图正在用水冲洗一件什么东西，好奇心驱使他放下作业，走到屋外问父亲："爸，你下工不进屋吃饭，鼓捣什么呢？"父亲不作声，把一个沾满污泥的东西用水洗了好几遍。马瑞才这才看清楚，那物件像个马蹄子，材料像黑绿牛角，又像墨绿色玻璃。父亲用毛巾擦干手里的马蹄形物件，再用纸把底座封好，满意地说："下午在地里捡的，我看给你做笔筒挺好，就拿回来了。"说着将马蹄形玉笔筒放在柜子上。那一年，马瑞才12岁。

两年后的1981年4月，辽宁省第二次文物普查培训在朝阳市建平县展开，并对全县32个公社的文化站站长进行集中培训。时任朝阳市文化局局长的宫殿东负责培训组织工作，邀请辽宁省博物馆考古专家郭大顺进行专业技术培训授课。有一次课间休息，富山公社文化站站长赵文彦和郭大顺说："郭老师，我们马家沟生产队队长家有一件'玉笔筒'很像您说的红山文化玉器，要不咱们找时间去看看？"郭大顺高兴地对赵文彦说："这个信息很重要，培训结束，你马上领我们去。"4月8日，郭大顺和赵文彦还有建平县文管所的李殿福，骑着自行车，一同前往县城西8公里的富山公社张福店生产大队马家沟，去寻宝觅踪。

生产队队长马龙图十分热情地迎接客人进屋，让儿子赶紧烧水沏茶。郭大顺一进屋，目光就落在了柜面上摆放着的"玉笔筒"上。那个类似笔筒又不是笔筒的马蹄形玉器，里面还插着几支铅笔和毛笔。郭大顺拿到手里仔细端详，心里特别激动，这哪里是什么笔筒，这不就是红山文化的典型玉器——斜口筒形玉器

"玉笔筒"——斜口筒形玉器

吗？这个考古线索让他兴奋不已。身旁的几个村民见状也说道："这东西西梁地就有，村东头那谁家也捡到过，比这个笔筒好看，是个玉葫芦。"另一位村民说："西梁地有几处乱坟岗子，堆着石头，还有人的骨头、瓦盆碎片，一个人下地挺瘆得慌的。我家还捡到过一个手镯子，我回家给你们拿来瞧瞧。"

说者无心，听者有意，根据多年的考古经验，郭大顺马上意识到，这是一处古墓葬，也许就是考古队苦苦追寻的红山文化积石冢。郭大顺心中暗喜，马上请马龙图带大家到捡玉笔筒的地方去。

马龙图放下手里的活计，带领郭大顺一行人前往玉笔筒的出土现场——"西梁地"。

一路上，马龙图和郭大顺聊天，说西梁地那地方不适合种地，地里石头多，耕地时犁铧经常被卡住。荒坡上还有成堆的石头，建平县北边的老官地镇和赤峰市紧挨着，地连地。这石头堆可能是蒙古人的敖包，也有可能是过去"农业学大寨"修建梯田用的。据马龙图介绍，前两年还有人把石头拉回家去砌院墙、垒猪圈。

一位跟着看热闹的村民说："我耕地时翻出一片像'卍'字的石片，因为破碎就把它扔掉了。"

郭大顺加快了脚步，村民的话更加坚定了他脑中的预判，西梁地肯定是一处重要的红山文化遗址。1962 年，郭大顺从北京大学历史系考古专业毕业，3 年后又在北京大学历史系考古专业获得研究生学历。郭大顺在上大学时，就对 20 世纪初红山文化遗址的发现以及 20 世纪 50 年代尹达首次提出的"红山文化"有很深的了解。特别是 1979 年他曾主持挖掘了喀左县东山嘴遗址，郭大顺已经成为红山文化研究专家，对红山文化了然于胸。他期待的是，这处遗址能比东山嘴遗址更富有考古价值，能有更大的考古发现。

考古学家郭大顺在牛河梁遗址第二地点考古发掘现场

马龙图口中的"西梁地",其实就是牛河梁,距离马家沟村西不到一里地。牛河梁位于辽宁西部燕山支脉努鲁儿虎山脉绵延十余公里的多道黄土山梁上,因第二忙牛河源出山梁东麓而得名。这里是一片树的海,一片绿的汪洋。

史载,牛河梁人工油松林形成于 20 世纪 50 年代末至 60 年代初,是由凌源和建平两县人民共同营造的辽西绿洲。1958 年春天,建平县干部群众 15 万人上山植树造林,被国务院命名为"绿化红旗县"。1962 年,国家林业部副部长惠中权视察牛河梁人工林,指导凌源县和建平县植树造林工作。1964 年,建平县在县南部营造了大面积油松林,绿化了"三梁"(佛沟梁、牛河梁、陕西营子梁)"三沟"(丛家沟、小北沟、茶台沟)。从而,牛河梁遗址区内外形成万亩针叶林,森林覆盖率达 50.8%。由于林深树密,牛河梁遗址区为各种动物提供了天然的栖息地。獾、刺猬、野兔、跳鼠等动物在此地繁衍生息，成群的鸟儿婉转鸣啼，唤醒大地之梦，迎来一个个春夏，送走一个个秋冬。

在牛河梁的山坡下、大片林木间，错落着一块块老百姓的庄稼地或不宜开垦的荒地。农民在此耕种或放牧时，时常捡到一些"宝贝"。

郭大顺和考古队员急匆匆赶到马龙图捡玉笔筒的地方，发现地表零星散落着部分泥质红陶片。这里有许多石块集中堆积在遗址之上，看到如此情形，郭大顺不慌不忙，就在石块之间不露声色地细心寻找，令他眼前一亮的是，在他的面前出现了一块块人骨……

牛河梁遗址，即将在这个春天第一次露出她的真容。

三、玉环现身

郭大顺和考古队员在牛河梁发现的正是积石冢。

所谓"积石冢"，是古代的一种墓葬，就是石砌的坟。在古代，常把隆起的坟包谓之"冢"，因而这种用石块堆积起来的墓葬形式，就被考古学家称之为"积石冢"。积石冢是红山文化的主要埋葬形式，有别于同一时期普遍流行的"土坑竖穴式"墓葬。

1981年4月9日，郭大顺带领考古工作者开始试掘牛河梁第二地点的墓葬。这是牛河梁遗址里程碑式的第一"挖"，这是此后震惊考古界的第一"掘"！

五千年前红山人的墓葬展露在世人面前，让考古工作者兴奋不已。他们动作麻利又小心翼翼，生怕碰破易碎的古物，遗落任何一件微小的文物，更怕惊扰墓主人五千年的美梦。

这是一座砌石墓，造墓人直接在原地表以长方形样式砌筑。墓中葬一成年女性，年龄在35—40岁间，头朝东，仰身直肢。

牛河梁第二地点鸟瞰（1986年摄影）

考古人员惊喜地发现,在墓主人左颅骨头顶部,隐约露出一弯如月的白玉,用竹签拨去泥土,用刷子刷去土渣,一件较大的玉环展露在大家面前。

玉环呈白色,它的外缘直径为12厘米,内缘直径为9厘米,厚度为0.7厘米。玉环也许是墓主人生前戴的手镯,为蛇纹岩质,晶莹剔透,温润精美。

这是第一次在牛河梁发现并试挖红山文化墓葬,也是第一次在牛河梁红山文化墓葬中出土玉器。这个遗址点后来被编号为牛河梁遗址第二地点,这座墓被编为第二地点一号冢1号墓。

紧接着,开始发掘一号冢的2号墓。一号冢所处位置,20世纪40年代修建铁路曾经挖排水沟,冢的中部遭到部分破坏。因人类生活扰

第二地点1号墓出土的玉环

动,仅有三处砌石留存于2号墓,可推测2号墓为砌石墓。在墓中发现了少量的人骨,这些人骨均为成年女性,年龄在30—35岁。墓内发现部分玉环残件。

试掘完两座墓葬,墓葬之简单、出土文物之少与考古队员的期望值有很大落差,大家不免有些失望沮丧,但他们坚信,这只是牛河梁遗址发掘的一个开端,精彩的大幕刚刚揭开一角。一个古国的身影还隐藏在牛河梁万顷碧涛中。

四、如玉之人

岁月不居,时节如流,转眼40年过去了。当年那个十几岁的男孩马瑞才如今已人到中年,如今已经成为牛河梁国家考古遗址公园的工作人员,而他的父亲马龙图已经作古。当年,马家沟村那位村民把捡到的"玉葫芦"也捐赠给了考古人员,遗憾的是没有留下那位村民的名字。后来,这个"玉葫芦"被考古专家取名为"双联玉璧"。这件"玉葫芦"如今藏在博物馆之中。

像马龙图一样朴实的朝阳人是很多的,他们在得知捡到的是珍贵文物后,没有被利益羁绊,仍然高高兴兴地把文物上交给了国家,他们的思想品质像璞玉般质朴纯洁。

据不完全统计,从1981年文物普查发现牛河梁遗址第二地点,到1983年牛河梁遗址考古发掘正式开始以来,不断从当地和附近村民中征集到多件红山玉器。这些红山玉器虽已不能确认具体的出土地点,但大都为遗址区多个地点所出,个别为遗址区以外的建平和凌源两地之间所出。这批征集的红山玉器共计13件。其中有:

斜口筒形玉器,也就是那个"玉笔筒"。因为它的形状像马蹄子,故俗称"马蹄形玉器"。该玉器是1981年4月8日征集于辽宁省建平县马家沟村民马龙图处。通长16.3厘米，平口最宽6.7厘米，斜口最宽8.1厘米，壁最厚0.7厘米。呈深绿色，有红褐色瑕斑，瑕斑处遗有原玉料岩面凹坑。一端为宽敞的大斜面，斜口端磨成薄似刃的内斜面，另一端平口较窄，平口边略向内凹，端面磨成薄似刃的外斜面。平口近边两侧未见钻孔，却在边缘做出对称双缺口；内壁正中还有一规整而很小的圆洞。

双联玉璧，也就是那个扁的"玉葫芦"。该玉璧1981年采集于辽宁省建平县马家沟村。玉器长12.8厘米，最宽8厘米，厚1厘米，上孔径1.4厘米，下孔径2.1厘米。上璧近于圆三角形，下璧近于正圆形，两璧孔都为两面对钻，特别规整。整个璧体较圆厚，边缘磨薄。

环形玉器。20世纪80年代征集于辽宁省建平县庙后村村民王振铎处。此环形器外径11.9厘米，内径6.2厘米，厚3.4厘米。黄绿色，有深褐色瑕斑，通体磨制，有光泽，形体规整，正圆形，环体较高而厚重，内缘面甚平，外缘面略鼓。

据王振铎讲述，此件玉器是他童年（约20世纪30年代初）牧羊时，于村南铁路涵洞下的小河泥沙中拾得。这条小河与切断第二地点

"玉葫芦"——双联玉璧

一号冢的近代排水沟相通，相距300余米。

1981年秋天，罗马尼亚国家林业署总工程师戈斯丁·阿拉托里等3人来到牛河梁，他们是专程来考察牛河梁这片油松林的。陪同的相关工作人员向来自遥远国度的客人介绍完植树造林情况后，顺便和客人开玩笑说，这里刚刚发掘出一处五千年前的遗址，请小心脚下，这里的一个小小陶片都价值连城。戈斯丁·阿拉托里幽默地抬起一只脚，竖起拇指发出感慨："朝阳人了不起，中国人了不起！"他哪里会想到，两年后，一个惊人的发现将在他走过的山梁处诞生。

第一章

百年大发现从这里开启

走进古国牛河梁
红山文化发现百年纪实

绵延巍峨的努鲁儿虎山脉绵亘在辽宁西部的大地上，像是在这方土地上扎下根，宁静地守望一个个日升月落。这道燕山支脉气势磅礴，其中有一段绵延十余公里的数道黄土梁，见证了五千多年前的古国文明，它像是闪烁在历史天空中的古老星辰，点亮了璀璨的中华文明。

牛河梁的大地，充满了神秘而古老的色泽。或许，我们可以在这片土地上捡拾到一个沉睡数千年的陶罐，发现一件埋藏于岁月深处的玉器，它们镌刻着光阴流逝的印痕，向人们述说着这里曾有过的文明图景。

第一节：天赐机缘与擦肩而过

在人生的旅途中，我们时而笃定地沿着预期方向，不偏不倚，迅疾而行；时而在路途中遇到分岔小径，不期然的风景接踵而至，或触动心灵，或百感交集。历史总是充满偶然性，于是产生了许多奇妙邂逅与浪漫想象；历史又有其必然性，让人笃定梦想的月圆与期待的花开。

一、香微甘草花

1906年的塞外春天，百花盛开，芳草遍野。清风从远方吹来，掠过野地，拂去旅人的疲惫，花蕊在阳光的照射下慵懒地舒展，空气中弥漫着淡淡的花香。

五代前蜀画僧贯休《古塞上曲（其五）》诗云："帐幕侵奚界，凭陵未可涯。擒生行别路，寻箭向平沙。赤落蒲桃叶，香微甘草花。不堪登陇望，白日又西斜。"朝阳和赤峰都曾有奚族生活的痕迹。赤峰市和朝阳市是山水相连的近邻，还曾同属于热河省、辽宁省，两地有着不解的缘分。

1906年4月的一个黄昏，一辆马车徐徐驶过街巷，停在内蒙古喀喇沁亲王府前，风尘仆仆的鸟居龙藏走下车，被主人迎进王府。来自东瀛的鸟居龙藏，是应喀喇沁右翼旗王府第十二任王爷贡桑诺尔布邀请来王府担任日语教师的。

多年前，笔者曾和获得全国"骏马奖"的《尹湛纳希》一书作

鸟居龙藏

者、蒙古族著名诗人萨仁图娅参观喀喇沁亲王府。清代蒙古族文学家尹湛纳希被誉为"蒙古族的曹雪芹"，传说他的母亲满优什佐是喀喇沁右翼旗王府府主的女儿，也就是说，喀喇沁右翼旗王府是尹湛纳希的外祖父家。而尹湛纳希的未婚妻紫檀是策伯克多尔济的女儿，系喀喇沁右翼旗王府的郡主。尹湛纳希为了履行自幼与郡主紫檀缔结的婚约，经常出入喀喇沁右翼旗王府，在那里生活、上学、写作、恋爱、订婚。

王府的主人贡桑诺尔布1898年袭爵继承王位后，设立守正武学堂及毓正女学堂，培养蒙古族知识分子和军事人才。王府原聘的日本教师合约期满，于是求助日本驻北京公使聘请一对日本夫妇来王府教学，合约一年。公使的朋友便推荐了鸟居龙藏夫妇。鸟居龙藏夫妇来到王府后，受到贡桑诺尔布全家人的热情欢迎，很快便适应了当地的生活。鸟居龙藏执教男子学堂，同时研习蒙古语，他的妻子鸟居君子执教女子学堂、打理家务。鸟居龙藏是想借助担任王府教师的机会，对内蒙古东部地区进行民族学、人类学和考古学的相关调查。

一年时间很快就过去了。1907年12月下旬，教学合约到期，鸟居龙藏整理好行装，携妻带子离开王府，沿锡伯河前往赤峰。

在内蒙古赤峰，有一座闻名遐迩的红山，山体海拔为746米，因为该山的山体含钾量较高，使得其外观为褐红色。在蒙古语中将红山称作"乌兰哈达"，即"红色的山峰"，赤峰的名字也由此而来。

鸟居龙藏夫妇坐着马车向红山方向驰去。远远望去，褐红色的山峦高低起伏，像是时间凝固的雕塑，显得静谧而巍峨。

在《蒙古旅行》一书中，鸟居龙藏记述道："赤峰地处锡伯河与英金河交汇处……作为热河以北的街市，商业最为殷盛。北有巴林，东有翁牛特、敖汉，又与朝阳、平泉、热河相通，占据重要位置。"①

临街而建的旅店、饭馆、商铺，让鸟居龙藏感受到热闹的烟火气息。他发现在市区的货摊上，经常有村民拿着采来的甘草售卖。淡黄色的甘草堆放在一处，令鸟居龙藏不由得多打量了几眼。

赤峰盛产甘草。甘草是中药材，古籍《伤寒论》中的多个处方都使用了甘草这味药材。我们当代人吃的复方甘草片，其主要成分就取自甘草根茎。甘草的根茎很深，可深入地下一两米，为了采集新鲜完整的甘草，红山附近的村民特意制成一种窄长条状的铁锹，循着甘草打成一个方洞深入地下，取其根茎。这种工具类似考古勘察用的"洛阳铲"。村民在挖甘草的过程中，无意中挖到红山上许多古代墓葬，便将挖到的玉器或者青铜随葬品等物件拿到赤峰街上售卖，红山附近的古文化遗存便广为人知了。鸟居龙藏正是循着这一线索来到赤峰红山。

1907年12月下旬至1908年3月初，鸟居龙藏和妻子、女儿一直

---

① ［日］鸟居龙藏：《蒙古旅行》，商务印书馆，2018年，第5页。

住在赤峰。他们以赤峰为中心在周边进行各种考古调查，重点考察了红山远古遗存，采集诸多石器、陶器、金属器等标本，还发现石头堆积的古墓。

鸟居龙藏没有想到，他考察过的红山后遗址，成为后来轰动考古界的红山文化的最初线索，其考察时所看到的用石头堆积成的古墓，可能就是后来被考古专家称为"积石冢"的红山文化墓葬。当时鸟居龙藏认为这些古代遗存都是东胡人的遗迹。

他在《蒙古旅行》中记述："英金河畔考古学方面的遗迹令我们颇感兴趣，正如有关喀喇沁的记载，英金河畔也有原始时期的遗迹。遗迹位于毗邻河水的小型高地。遗物包括石斧、石镞、石刀等石器以及陶器等。人类学最应该研究的是这些遗迹属于哪个民族。我们认为这些遗迹属于东胡……"①

东胡是我国古代的民族，存在约1300年，商时，东胡族与中原已有联系。古时的朝阳、赤峰都曾在东胡境内。

1908年1月21日，鸟居龙藏携妻子和未满周岁的女儿，从赤峰出发，凭借清朝政府颁发的护照，开始了为期一年的调查。第一站是调查辽东京。3月15日，鸟居龙藏和妻子再次启程，开始他们的内蒙古东部调查之旅。一行人从内蒙古赤峰出发，穿过翁牛特，渡过西拉木伦河后，来到巴林、阿鲁科尔沁和白城，又翻越大兴安岭，经西乌珠穆沁，沿贝尔湖向东南，经哈拉哈河南岸，抵东乌珠穆沁、东西扎鲁特……7月12日，鸟居龙藏和妻子鸟居君子回到赤峰。他们在赤峰停留42天，完成了对赤峰及周边的调查。8月22日，他们再次出发，

---

① ［日］鸟居龙藏：《蒙古旅行》，商务印书馆，2018年，第6页。

赤峰红山

经热河、古北口，考察长城，9月2日至北京。9月5日，他们又从北京启程，经宣化、张家口、多伦诺尔、元上都、经棚，渡西拉木伦河、狼水、老哈河，至奈曼、敖汉，10

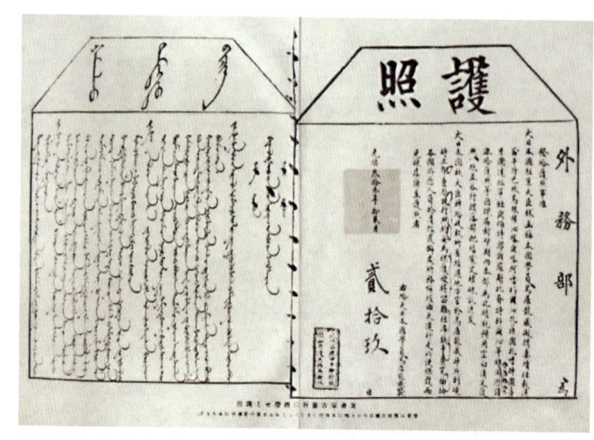

鸟居龙藏夫妇在内蒙古和辽西考察时的护照

月30日返回赤峰。一路考察发现数十处古代遗存，收集了大量远古时代遗物。旅途颠簸，但是对考古调查的期待抵消了鸟居龙藏的疲惫，他仅仅在赤峰休息一日，便又和妻子鸟居君子踏上了前往朝阳、锦州的旅程。

二、赴兴中之府

清乾隆四十八年（1783）清高宗东巡盛京途经朝阳县时所作《过朝阳县》诗云："兴中之府朝阳县，三塔一颓其二存。残碣犹传张氏记，千秋兴废不堪论。"

1908年11月1日早晨，寒风刺骨。鸟居龙藏搓了几下冻红的双手，将从赤峰雇佣的马车牵到身旁，准备前往旧日的兴中府——朝阳。

一行人出赤峰城，至老哈河。在天空的映衬之下，河水像漂浮的丝带，铺展在远方的大地上。老哈河水量虽然少，但水面宽广。鸟居龙藏乘坐渡船，摇摇晃晃地荡到对岸，一直沿老哈河左岸行驶35里，至美里河乡（今赤峰美丽河镇）。

日薄西山，华灯初上之时，鸟居龙藏一行人抵达黑水。黑水即今建平县黑水镇，与美丽河镇一河之隔。

鸟居龙藏在《蒙古旅行》中记述，11月2日清晨，自黑水启程，翻越丘陵。途中见散落的各种陶瓷片，年代似皆辽代。从黑水行至红丘，再行40里，抵达孟民营子。鸟居龙藏在此稍作歇息，用过午饭，又从孟民营子启程，登上丘陵，看见远处伫立着偌大的土城。

鸟居龙藏十分欣喜，连忙下车查看，只见城址内南侧保留有高台遗迹，东有阶梯状斜坡。丘陵下方有河流，名曰"斜河"，河水畅快地向前流淌，约60里后注入老哈河。因其地势险要，土城好似一尊穿戴盔甲的卫兵，在凛冽的寒风中戍守要塞。西城墙和南城墙保存完整，东城墙仅保留一半，北城墙已完全消失。城墙周长两里。鸟居龙藏根据经验判断，这处遗迹应属辽代城址。他漫步在古城址中，不时采集到石臼、陶片及瓷片等。其中有无釉的鼠灰色陶片，表面有制作时木片等刻画的痕迹，呈棋盘状或横线状，有光泽。鸟居龙藏认为，这是古代东胡陶器的进化，是各民族间交往的见证。

鸟居龙藏所见城址系今建平县八家子城址。经考古专家认定，八家子城址为辽代惠州城。惠州城址呈长方形，东西长638米，南北宽592米。城墙存高2—4米不等，底宽12米。城四角筑角台，东北角台被水冲毁，现存3座，其中东南角台保存较好，高6米，底径15米。城墙间隔70—100米筑一马面，现存东、西、南三门筑有瓮城，东西二门相对，门阔2.5米。城外有护城壕，宽11米，深1—1.5米。城内东南角处有一方形小城，边长85米，四角筑角台。小城也挖城壕，并与大城护城壕连通。八家子城址出土了陶器、金银器、铁器、瓷器等文物。北宋文学家苏辙、宋绶等出使辽国曾住宿在惠州城。苏辙作《惠州》诗云："孤城千室闭重闉，苍莽平川绝四邻。汉使尘来空极目，沙场雪重欲无春。羞归应有李都尉，念旧可怜徐舍人。会逐单于渭桥下，欢呼齐拜属车尘。"

调查完古城址，鸟居龙藏启程至海山皋，并在此住宿。海山皋系今建平县建平镇下辖的行政村。

一夜的休息让鸟居龙藏恢复了体力，第二天，他又从海山皋启程，翻越胡侗岭。胡侗岭颇为崎岖，翻越的时候，车箍发出了难听的吱吱声响，轮毂像是生了锈。恰好此时有几十个蒙古人用车驮着货物翻越，有他们在后面协助，鸟居龙藏的马车才登上山顶。此山海拔600米，无遮无拦，酷寒无比。马车从东侧下山，中午行至驾马台村。

鸟居龙藏一行人吃完午饭，继续前行。行约10里，抵达河岸。前有高耸的山脉，河流在山下流淌。此河流乃老哈河上游，称"老上河"，蒙古语称"玛拉沁郭勒"。河流附近的丘陵散落着陶片，鸟居龙藏一行人下车采集，见都是无釉的厚重的陶片，有波浪纹和梳篦纹装饰，与赤峰英金河畔采集的东西相似，并发现一小片人的头骨以及羊的肩胛骨。

鸟居龙藏继续行程，翻越西清沟梁，山梁海拔450米。此地有小山神庙，又有"元统三年凿西清沟梁"碑，鸟居龙藏始知此梁开凿的年代为元代。

西清沟梁，就是今朝阳县大庙镇与敖汉旗四家子镇一梁之隔的山梁，今称青沟梁。

鸟居龙藏一行人从青沟梁东面下山，行10里，到马迷水村。

马迷水村，乃今朝阳县大庙镇辖村。

白天紧凑的旅程，令鸟居龙藏充实而疲惫，望着远方的夜空，他的思绪回到了从前阅读史料的时光。那时的他，只能从书籍中想象众多遗迹的模样，而现在他真实地踏在大地之上，不由得满怀期待，这样的心绪令他不敢有丝毫停歇。身边旅舍的窗边透出了微弱的灯光，他长吁一口气，心里预想着接下来可能遇到的场景，恨不得马儿能跑得再快一些，好能够多走一些地方。

11月4日清晨，鸟居龙藏自马迷水村启程，在山间前行。两山间有河，即"西清沟"，河水注入大凌河。于山间行15里，到土城子村，村边有土城，土城子一名由此而来。

古城方位取正南正北，南城墙和西城墙依稀可辨。

鸟居龙藏走进城中调查，城内四处皆被开垦，没有什么有价值的东西。根据其形状判断，乃辽代的古城。在土城子附近，各处散落有陶片。鸟居龙藏将其从土里拨出观察，陶片是赤褐色的，带有竹席状的纹饰，又发现有制造石器的材料及骨片等。骨片前端尖利，大概为穿刺工具。据此，鸟居龙藏认为，远古时代此地有居住痕迹，是研究大凌河流域东胡民族的重要材料。

土城子即今朝阳县大庙镇的土城子城址。大庙镇曾经叫"土城子"。鸟居龙藏发现的这处城址，几十年后在辽宁省第二次文物普查时被发现。而从城址发掘的战国时代的陶器，与鸟居龙藏发现的陶片等遗物相符合。鸟居龙藏只是依据地表捡拾的古代遗物，就能断定是东胡遗迹，其考古专业水平之高可见一斑。

鸟居龙藏继续赶路，距离土城子20余里，至黄金店。村中有旅店，遂下车吃午饭。

自黄金店以东，道路甚广。鸟居龙藏一行走至五六里，道旁散落有无数的被堆在一起的古瓦片，也许是村民从农田中掘出的辽代瓦片，附近似有寺庙类的建筑。亦有仅破损小部分的、几乎完整的石斧。距离黄金店10里处，丘陵上散落有陶片。鸟居龙藏拾起观察，和土城子附近采集的东西一样。

鸟居龙藏继续向东行，遇到高山，那里还建有两座古塔，古塔下方乃朝阳城。

下午三点，鸟居龙藏一行人到达朝阳城。

安排好住宿，鸟居龙藏觉得时间尚早，朝阳有不少需要研究的东西，遂让妻子女儿在旅馆休息，自己独自开始在朝阳城调查。他首先对城中的两座古塔进行调查、详细记录、拍摄照片，直到黄昏已至，绕塔的燕子即将归巢，鸟居龙藏才意犹未尽地离开北塔，回到旅舍。

鸟居龙藏在《蒙古旅行》中记述："朝阳，海拔一百六十米。前方有广袤的高原，群山环绕，旁有大凌河流淌。街市两端有两古塔，皆呈正方形，和满洲蒙古的趣味不同，盖唐代古塔，当地人称南塔和北塔。朝阳前方的山峦还有一座古塔，故有三座古塔，遂又称朝阳'三座塔'。"鸟居龙藏错把凤凰山的凌霄塔当作已不存在的东塔。

"朝阳，隶属土默特蒙古，至今仍是如此。然街市中已经没有蒙古人的踪影，完全成为汉人的街市，遂属热河朝阳县管辖。人口约两万。商贸殷盛，供给着附近的需要。朝阳，原称'三座塔'，置县以来改称'朝阳'。现今，有新式部队驻守，甚是威武。城中有喇嘛庙，有土默特蒙古人……"①鸟居龙藏通过实地体验、走访、考察、了解，向我们展示了1908年古城朝阳最真实的历史面貌。

三、初度大凌河

清乾隆帝《大凌河》诗云："金根迤逦过，初度大凌河。战迹当年烈，忧怀此日多。"大凌河位于辽宁西部，是辽西最大的河流，也

---

① ［日］鸟居龙藏：《蒙古旅行》，商务印书馆，2018年，第262页。

是东北历史深厚和最负盛名的水系之一。古称渝水，又称白狼水。辽代称大灵河，明朝称大凌河，盖因大凌河为塞外寒河，"凌"有凌冻之意。清朝时，蒙古语称敖木伦河。大凌河经凌海市注入渤海。

鸟居龙藏在《蒙古旅行》中写道："十一月五日清晨，自朝阳旅舍启程，行十里，抵大凌河畔。河深，乘渡船渡河。沿河行三十里，有坍圮的古塔，汉人称此地为'张家营子'，景色甚佳。距朝阳四十里，有牝牛营子。下车，吃午饭。"①

牝牛营子即今北票市牝牛营村。

自牝牛营子启程，鸟居龙藏沿着大凌河的支流上行，他们来到最高处时，海拔有 150 米。道路旁边有一处藏传佛教寺，又有破损严重的古塔。下山后继续行走 30 里，来到巴图营子。当时这里还是一个小街市，在街市的周围，居民夯筑上了土墙，城里面住着商家五六十户，还有一座大庙建于城内，一条河流在街市前流淌，为小城的起居增添了一点活泼的气息。巴图营子即今北票市巴图营乡。鸟居龙藏到此 11 年后，法国博物学家桑志华也来到巴图营子，进行田野调查，采集新石器。

此地乃要害，北有丘陵，南有河流。鸟居龙藏一行人沿河溯流而上，行六七里，于河畔丘陵，发现有古代的陶器埋在土中。鸟居龙藏下车将其掘出，这些陶器外壁很薄，形制如西拉木伦河畔出土的陶器，有突起的纹饰和几何形的纹饰。再行三四里，又见有散落的陶器。其中有的可以辨认出是瓶口的部分，与西拉木伦河流域的古代民族没有太大的差别，应该是东胡民族的遗物。

---

① ［日］鸟居龙藏：《蒙古旅行》，商务印书馆，2018 年，第 263 页。

山间各处似有烽火台，成排分布。古时烽火为戍边示警的讯号，若是烽火举、鼓角鸣，大都是两军即将交战的前兆。山间设置的多处烽火台与脚下这片要塞之地两相呼应，鸟居龙藏想象中烽烟四起的场面，眼前仅剩杳无人烟的凄凉。

鸟居龙藏一行继续沿河逆流而上。沿岸各处有树木，因为进入了冬季，树叶已经落光。前面的山冈被称作"新开梁"。翻越山冈，下山，有溪流。夜色中，鸟居龙藏一行人沿溪流而行。

11月6日清晨，鸟居龙藏沿小凌河，向南行20里，至镇家台。小凌河水流宽而急，波涛汹涌。望着湍急的河面，他只得找寻船只，通过摆渡过河。沿小凌河行20里，至杖子店。杖子店是位于小凌河畔的小村。河畔有两座石碑，记载清嘉庆年间修建石桥的事情。石桥已经不存。据石碑记载，石桥称"流河沟石桥"，故河称"流河沟"，位于小凌河上游。

杖子店村口有大土丘，鸟居龙藏在上面采集到一枚石斧。鸟居龙藏心中惊喜，想必小凌河流域亦曾居住过使用石器的原始人。

自杖子店启程，沿小凌河前行，两侧山峦渐次远去，视野变得开阔起来，距离锦州越来越近。途经几处村落，渡小凌河，下午5点，终于抵达锦州城。

从《蒙古旅行》看，鸟居龙藏从朝阳前往锦州，由朝阳城南12里的大来店渡口坐船过大凌河，自今孙家湾往东北行，过小房申、老张家营子，至牤牛营子，走的是一条河谷土路。由牤牛营子转向南行，走今朝巴线（朝阳至巴图营）至巴图营乡，行至今东大屯乡东，渡小凌河，再行，出朝阳境，直抵锦州。

1908年11月8日，鸟居龙藏全家登上从锦州至北京的火车，完成了此次考察之旅。

1906年至1908年，鸟居龙藏三次来赤峰、林西、朝阳等地考察，在60多处地方发现了新石器时代遗物。1911年，鸟居龙藏将上述调查情况写成《蒙古旅行》一书出版。1914年，鸟居龙藏和妻子鸟居君子将其调查情况用法文写成了考察报告《东蒙的原始居民》，发表在东京帝国大学《科学杂志》上，首次向世人披露了红山后史前遗存信息，也就是今天的红山文化。

虽然鸟居龙藏在朝阳地区调查了许多远古时代遗址，但因为路线关系，无缘相遇牛河梁，更为遗憾的是，他与行程路途近在咫尺的朝阳市龙城区召都巴镇半拉山红山文化遗址擦肩而过。

第二节：两位法国考古学家的履迹展痕

古老、神秘的中国对西方考古学家、古生物学家充满了诱惑，激发出他们无尽的想象，他们相信关于人类的任何谜题都可以在这块土地上找到答案。在他们眼中，中国这个东方古国不仅是亚洲的重要区域，而且是人类文明发源、文脉不断的历史古国，那里有许多宝藏等待发现。

一百多年前，两位法国考古学家被这种魅力所吸引，从遥远的欧洲来到中国。为了探寻中国北方史前文化遗址，他们把足迹印在辽西苍茫的原野上。

一、1914：第一流的博物院

中央电视台《探索·发现》栏目曾播出一个介绍红山文化的纪录片《五千年以前的文明》，解说员那圆润又略带沧桑的声音犹在耳畔回响:"1908年,结束了三年内蒙古生活的鸟居龙藏,带着对红山文化不甚理解的遗憾,离开了喀喇沁……"时间来到了1919年,辽宁北票地区再次出现了一个外国人的身影,这个人是法国神甫、自然科学博士桑志华。

循着这条线索,笔者努力追踪桑志华的辽宁朝阳之旅,寻找与红山文化相关的考古遗迹。

笔者曾在天津寻访过桑志华创建的北疆博物院。

北疆博物院由法国博物学家桑志华于1914年来华创建,距今已经有110多年历史。北疆博物院曾声名远扬、影响巨大。

桑志华早期采集的样本存放在崇德堂,1922年9月23日北疆博物院第一座建筑(北楼)告竣,北疆博物院有了属于自己的家。随着桑志华采集样本的不断增多,北疆博物院也随之扩建。最后的建筑由三部分组成,分别为北楼、南楼和陈列室。北楼和南楼之间由一道连廊相接,整体建筑的布局呈"工"字形,显得古老而素朴。这座颇有民国气息的建筑物曾是电视剧《金粉世家》的取景地,浅褐与赭黄相间的外墙砖瓦,与院前的绿植喷泉相得益彰。或许,小簇的喷泉水花抛落在草坪的那一刻,我们会在脑中想起张恨水所著《金粉世家》中,冷清秋与金燕西的爱情悲剧,犹如雨中碾落成泥的花朵,而漫步在北疆博物院的某时某刻,又仿佛回到那个战火纷飞的民国时代,桑志华这样的考古学者跋山涉水,丰富了那个求索学术、百家争鸣的年代。

北疆博物院虽然院落规模不大,但是陈列丰富,院藏品种类繁多。一排排玻璃橱窗内,放置了植物、动物、古人类、古生物、岩石矿物标本以及历史民俗文物,总数多达20万件。北疆博物院出版的诸多刊物、著作富有学术底蕴,入选世界自然科学文献宝库,在国际上享有极高声誉。

第一章 百年大发现从这里开启

北疆博物院陈列室最初于 1928 年正式对外开放。全民族抗日战争开始后，北疆博物院各项工作被迫停滞，直至 1952 年被天津市政府接收。北疆博物院于 1975 年更名为天津自然博物馆。

1991 年，法国建筑风格的北疆博物院旧址被天津市人民政府列入"天津市文物保护单位"。2014 年至 2015 年，北疆博物院进行了全面修缮，对院内原有的标本收藏、陈列展示、科学研究及科普教育的功能进行恢复。2016 年 1 月 22 日，北疆博物院重新对公众开放，经过半个多世纪的沉寂，这座汇聚着文明和智慧的博物院向世人敞开了宽阔而深厚的胸怀。

北疆博物院共展出各类生物标本及人文藏品近 2 万件。其中披毛犀、野驴骨架、河套人牙等珍稀标本，以及桑志华留下的珍贵历史照片、手稿、手绘地图、实物、科研著作等均在此次展出之列。无论是藏品内容抑或建筑风格，北疆博物院为世人所呈现的都极具特色，其建筑古朴雅致、藏品丰富珍贵，是中国近代博物馆发展史中的活化石。

北疆博物院坐落于天津马场道绿树成荫的天津外国语大学（简称"天外"）校园内。春天的天外校园，幽静而清新，玉兰花洁白如雪，芬芳四溢；法式风情的北疆博物院花园里，桑志华博士亲手种下的皂角树枝繁叶茂，一串串嫩黄的毛茸茸的小花引来蜜蜂嘤嘤。

一楼展厅是北疆博物院陈列室，展示内容涵盖地质学、古生物学、史前学和人种学等内容。展厅内展出的石器展品涵盖了桑志华 1920 至 1935 年在辽宁、甘肃、内蒙古、宁夏等地采集的古人类化石，旧石器、新石器时代各类文化遗物等，共计 392 件。二楼展厅展出的主要是动物学、植物学标本等。

在一楼展馆中，笔者发现了特别有价值的桑志华亲手绘制于 20 世纪 20 年代的《1919—1931 年桑志华史前考古调查手绘地图》，上面清晰标注着桑志华田野调查过的地方——朝阳、巴图营子。

视线在展馆中逡巡，笔者竟惊喜地发现展示柜中，赫然展出着采集于朝阳市建平县的各类石器：磨制残片、

1919—1931年桑志华史前考古调查手绘地图

石核、石刀、石镰、石斧，还有采自北票巴图营子的石斧、小石凿。

同时展出的还有赤峰林西的石杵、有孔石器、石料、磨制石器、石磨盘、石犁、大砍砸器、石磨棒、石核、长石片、凹刃刮削器、圆头刮削器、直刃刮削器、拇指状刮削器、石针、石纺轮、有孔石镰；赤峰哈达的石磨盘、石钺、石叶、石刀、石钻、镶嵌工具、纺轮；赤峰宁城一带的磨制石器毛坯、磨制石器残块、砍砸器、刮削器。

在这个春意盎然的午后，北疆博物院敞开知识的怀抱，笔者带着求索的脚步，寻找有关辽宁朝阳、有关红山文化的蛛丝马迹。在展厅的开放书架上，可以看到一本天津人民出版社出版的《天津自然博物馆馆藏精品图集 1914—2004》，意外地发现书中介绍了北票巴图营子石斧和石凿。其说明分别为："116 石斧 晚更新世、新石器时代 辽宁北票巴图营子 113 mm×52 mm（尺寸）""117 石斧 晚更新世、新石器时代 辽宁北票巴图营子 163 mm×68 mm（尺寸）""118 石凿 晚更新世、新石器时代 辽宁北票巴图营子 66 mm×25 mm（尺寸）"

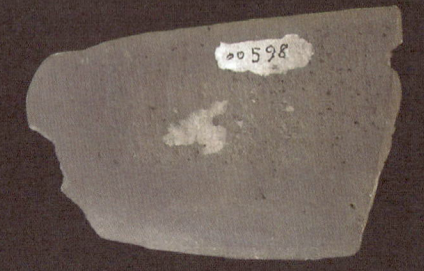
石镰

石刀

小石凿

刮削器

石斧

砍砸器

磨制残片

石斧

石核

磨制残片

以上这些石器均属于新石器时代标本，都是桑志华于一百多年前亲手采集自朝阳和赤峰地区。红山文化属于新石器时代中晚期，这些采集自辽西的精致新石器，肯定有一部分是红山人的遗物。

透过北疆博物院的丰富展陈，一个法国考古学家的身影渐渐清晰起来。

二、1919：一位法国人的孤旅

2023 年 5 月 3 日，笔者收集了北疆博物院所有开放的展室中，有关辽宁朝阳地区、内蒙古赤峰地区的展品照片。在一幅幅浸染着时光记忆的图片中，在展馆丰富的画册和杂志里，那些关于红山文化的考古线索在笔者面前复现，可谓收获颇丰。稍感遗憾的是，并未见到桑志华在朝阳、赤峰考古调查的详细文字材料。

带着一点点遗憾，笔者上网寻找相关信息，令人惊喜的是，在北疆博物院网站中发现《北疆藏品介绍》栏目，其中有来自北票巴图营子的新石器时代石斧，其展品说明这样写道："1919年10月，桑志华在辽宁北票巴图营子采集得到的新石器时代石斧标本。虽然不是我国境内最早见到的新石器，但也属于较早出土的。尤其值得提出的是这批新石器标本有明确的出土地点，时间上比1921年发现的仰韶遗址出土的石器还早两年。"

踏破铁鞋无觅处，得来全不费工夫。笔者不仅获悉了这些标本的具体采集人、采集时间和采集地点，而且了解到这些新石器的重要性。

从北疆博物院的展品中不难发现，桑志华博士是1919年来到朝阳进行田野调查的。

桑志华晓行夜宿、跋山涉水，身背采集包、手提地质锤，走荒山野岭，访古墓遗址，进行详细的田野考古调查，采集了大量各类石器、陶器、古生物等标本。桑志华将这次考察采集的样本，悉数存放在了北疆博物院。而今展览的仅仅是采集自朝阳地区众多样本中的代表，从展览介绍中称巴图营子"这批新石器标本"来看，足见数量之大。

桑志华行走巴图营子一百多年后，笔者专程来到巴图营乡和

桑志华

彩凤沟村，寻找桑志华当年的足迹。在这古老村落，笔者见到农家院前的石碾子、墙角的石磨盘、篱笆下的石磙子，这些一百多年前就在使用的石器，如今已经成为古村落的历史见证。

巴图营乡地处北票市最南端，东接锦州市义县，南与凌海市山水相连，西接朝阳县。笔者来到巴图营乡的时候，也是一个收获的秋天，一片片的玉米穗已经压弯了秆，整个村庄都是安静的，可以看到村民在收割，洋溢着幸福的气息。偶尔碰到一两只流浪的小狗，却也是温顺的。向村民问路时，他们也极其热情，令人有些世外桃源的感触。1919 年的秋季，当时的巴图营子，大略也给桑志华博士留下了深刻的记忆。在这里，桑志华博士采集到许多新石器时代标本，说明巴图营子红山文化、夏家店上层下层文化遗址丰富密集，很值得今天的考古工作者予以高度关注，循着桑志华采集标本的线索进行考古调查，也许会有新的重要的红山文化遗址发现。

1912 年，37 岁的桑志华在法国结束学业，获得了动物学博士学位，听闻中国北方还存在很多有关人类古文明的未知线索时，他极为震惊，并萌生了到中国北方考察的想法。通过法国天主教会的安排和法国外交部资助，桑志华 1914 年 3 月以天主教耶稣会神父的身份，乘火车沿西伯利亚铁路前往中国。他 3 月 21 日在满洲里入境，3 月 25 日抵达天津，开启了艰苦而漫长的科学考察之旅。桑志华在担任北疆博物院院长的同时，为了方便到各地调查，还兼任北洋政府农林部咨议员的虚职。

1914 至 1924 年间，桑志华多次到赤峰、林西、朝阳等地考察采集标本。在赤峰英金河流域和红山后发现新石器时代遗址 20 多处。1924 年，桑志华和古生物学家德日进共同发现了位于红山主峰南部的新石器时代遗址。桑志华在中国北方地区先后发现、考察了 100 多个新石器时代遗址点。

对比其他同时代来到中国的众多西方学者，桑志华不仅在考古探索上取得了诸多成就，而且还将其在最辉煌的学术年华里发掘的大量珍贵古生物和史前文化遗物留在了中国。这些珍贵的文物成为北疆博物院的馆藏珍宝和重要的历史文化遗产，也为天津自然博物馆的建馆奠定了重要的基础。

桑志华在中国生活工作了24年。1938年，桑志华离开了他创建的北疆博物院，回到法国，度过了他人生最后的时光，1952年离世，享年76岁。

三、1924：两个人的共同求索

一路经行处，莓苔见履痕。

在北疆博物院，还可以看到一本天津自然博物馆编辑的《天津自然博物馆论丛2015》，笔者根据杂志中严宝珍的文章《德日进在北疆博物院的工作及主要著作》中的照片，收获了一个意外惊喜：法国地质古生物专家德日进也曾来到辽宁朝阳地区进行地质考古调查。因为德日进与红山文化密切相关，所以让笔者兴奋不已。

皮埃尔·泰亚尔·德·夏尔丹，中文名为德日进，生于法国多姆山省，是著名地质古生物学家、哲学家、天主教神父。他是应桑志华之邀来华的，北疆博物院成为他施展才华的舞台。

德日进于1923年4月6日从法国巴黎出发，同年5月23日辗转抵达天津，开始了他在中国长达23年的探险、考察、发掘、研究工作。在其漫长而艰苦的考古研究中，共与桑志华三次合作，在辽西等地留下了重要的考古足迹。

两人各有所长，桑志华擅长野外工作，在发现、发掘化石方面有丰富的经验，德日进精于室内研究工作，两人多年的合作考察取得了丰硕成果。他们把对中国这个历史悠久的国家的感情付诸行动。两人的足迹遍布中国的山山水水，行走黄河、白河流域和滦河、辽河流域，深入大漠，踏查辽西，在探索生命起源的同时，也思考人类的未来。当时交通很不方便，他们靠人挑马驮，或者雇佣马车、骆驼，采集了大量的标本。除把一部分珍贵标本寄往欧洲供检测研究外，其余大部分标本都留在了中国。

他们在辽河流域、锦州地区发掘了新石器时代遗存，在朝阳、赤峰、林西等地发现了众多新石器时代遗址，并采集了大量丰富的新石器时代化石标本。

德日进42岁初来中国，65岁离开中国。在这23年的时间里，他来中国10次，最长一次达6年8个月。德日进在中国居住约17年，直到1946年4月才回到法国。1955年，德日进在纽约病逝，享年74岁。

探索自然历史与人类本身似乎是我们的一种本能。世界上有那么多怀有崇高志向的先行者、后来者行走在漫漫求索路上，令我们敬仰，也让我们对这个世界葆有一片爱的初心与真诚的敬意。

第三节：一个瑞典人和几位中国人的邂逅与神交

历史总是充满巧合，历史又常常以特殊的事件强化人的记忆。

1921年，对于中国是一个不同寻常的年份。一艘红船，以开天辟地、乘风破浪之势，踏上了寻求民族解放和国家复兴的漫漫长路，让沉重的历史转变了方向。

1921年，对于中国考古界是个极其重要的年份，一把洛阳铲，不经意间掀开了中国现代考古的第一页。

1921年，几位名人不约而同来到辽西，踏上了这片孕育了红山文化的神奇土地，开启了他们的不凡之旅。

一、1921：不寻常的年份

1921年的夏天，清澈的小凌河蜿蜒东流，两岸绿草如茵，车轴草、蒲公英、田旋花、女菀花竞相绽放。

牧羊人疑惑地望着岸边一个深目蓝眼的人，这个外国人在东瞧西看找什么呢？是寻宝还是丢了什么东西？

牧羊人不知道，这位外国人，就是瑞典考古学家、地质古生物学家、中国政府的雇员安特生。安特生没有留意牧羊人的好奇，独自向松岭子边门走去。

这是1921年6月的一天，安特生正以农商部矿政顾问的身份在辽西考察，寻找矿产，顺便做地质学、考古学方面的调查。

安特生走到辽宁朝阳县松岭子边门外的一个村子——南票沙锅屯时，偶遇一个姓黄的村民，村民将自己在媳妇山一处山洞里捡到的史前化石展示给安特生看，作为地质学家和考古学家的安特生，惊讶得张大嘴巴，连声说："太好了，太好了！这是个宝贝！"

说起安特生，一般人不太了

安特生

解，他的考察工作集中在赤峰红山后一带，侧重史前彩陶和玉器遗存的研究。

安特生是1914年春天来到中国的。起因是一封漂洋而来的聘书，这激起了他对神秘东方大国——中国的向往。当时中国地质调查所（隶属于农商部）需要专业学者担任顾问，时任所长的丁文江便举荐了瑞典科学家安特生，聘其为北洋政府农商部矿政顾问。安特生接到聘请后十分欣喜，马上辞去了瑞典乌普萨拉大学的工作和瑞典地质调查所所长的职务，打点行装启程前往中国。

他由瑞典首都斯德哥尔摩出发，先停靠于印度，再从印度经过千里辗转，终于来到中国新疆，之后安特生沿着塔里木河进入内地，来到北京。

这一年，安特生刚满40岁，作为一位执着的学者，他希望在中国这个文明古国继续自己的考古研究。

安顿下来后，安特生立即投入地质矿产资源调查、古生物化石采集等工作之中。

1921年6月，被称为"中国地质科学事业的奠基人"的丁文江，辞去北洋政府地质调查所所长职务，千里迢迢来到塞外朝阳，担任北票煤矿公司总经理。在他担任总经理的5年间，北票煤矿发展成为东北早期重要煤矿之一。

而此时，被丁文江提议聘为北洋政府农商部顾问的安特生，正在朝阳小凌河畔松岭门至南票一带进行地质调查、寻找矿产。两位泰斗级地质学家在1921年夏天的辽宁朝阳"不期而遇"。

安特生一行人在村民带领下，带着照明工具和考古器材，攀登到沙锅屯附近的媳妇山。顺着一条曲折的林间小路步行向上前进1000米，安特生一行人果然发现了一个天然洞穴。经探测，沙锅屯洞穴遗址属于新石器时代晚期的红山文化遗存。这个发现令安特生激动不已，为了更好地发掘沙锅屯洞穴遗址，在 1921 年 6 月 14 日，安特生邀请了北京协和医院解剖学教授步达生同他一起进行考古活动。

沙锅屯洞穴是天然形成的，洞前是约 30 平方米的平地，山沟内松树遮天蔽日，冬暖夏凉，适合居住。洞穴高约 2 米，宽约 3 米，深约 10 米。洞顶为较整齐的圆弧状顶，洞底稍低于洞外地表。洞穴形状外宽内窄，洞内温度明显高出外面很多，可以推测冬季时此处温暖宜居。沙锅屯洞穴遗址出土的石器有磨制石刀、石斧等，骨器包括骨锥、骨针、骨镞等，陶器多为碎片，均为灰褐色；纹饰主要是绳纹、波形纹及黑彩纹等。洞穴内还出土人骨 45 具，还包括从地表采集到的"祥符元宝""大定通宝"铜钱等。

1921 年 7 月 18 日，发掘完沙锅屯洞穴遗址后，安特生马上前往河南省渑池县仰韶镇仰韶村，于 10 月和考古学家袁复礼一起开始对仰韶遗址进行首次发掘。

仰韶文化是中原黄河流域的代表文化，与红山文化皆属中华文明分布的"六大区系"。仰韶文化遗址的发掘，揭开了中国田野考古史的第一页，标志着中国史前考古学及中国近代考古学的诞生。

二、1923：神秘的洞穴

沙锅屯洞穴遗址的发现，给安特生留下了许多急需破解的疑团。如此行迹隐蔽、冬暖夏凉的洞穴，本应是数千年前人们居住的极佳寓所，可是，在安特生走入洞穴，寻找此地是否有人类活动的遗迹时，众多散落在地的人类头骨、腿骨、脊椎骨以及动物的兽骨，让他意识到真相并非那么简单。这位走南闯北的考古学者，禁不住在这个温暖的山洞中陷入沉思：这些人究竟因何死于山洞？沙锅屯洞穴的性质，又是否和最初的设想相同？

1923年，安特生将这次沙锅屯洞穴遗址发掘成果撰写成调查报告《奉天锦西县沙锅屯洞穴层》，将其命名为"沙锅屯洞穴遗址"。考古报告推测这个洞穴非古人居住地，而是一处祭祀遗址。

沙锅屯洞穴遗址出土的45具遗骨，安特生对其进行了分类和初步的研究。他仔细地观察了这些骸骨的特征，发现这些遗骸的主人有男有女，有老有少。在遗址处除却人类的头骨、腿骨、肋骨和脊椎骨，还堆积了动物的兽骨和碎陶片等杂物。经过缜密的判断，安特生认为这里原先是弃尸的地方，并推断该史前人类遗址有三种可能：第一，是用于墓葬；第二，是食人族的穴居场所；第三，是用人祭祀之地。根据以上分析，安特生推断沙锅屯洞穴遗址的功能应为"祭祀、用人作飨之外，或兼有食人肉之习俗"。

安特生的这番推断，能否经得住时间的考验呢？这将在后人的接续探索中得到回应。

著名考古学家安志敏曾在20世纪40年代末撰写论文《沙锅屯洞穴层位之研究》，将安特生的沙锅屯洞穴"六层"分为四个时期：第一期以细石器、彩陶和篦文陶为代表，与"赤峰第一期文化"或"红山文化"相一致；第二期以磨光红陶、装饰品及骨器为代表，《奉天锦西县沙锅屯洞穴层》中所提到的"巨骨层"当系丛葬的埋葬地，与"赤峰第二期文化"或今天的夏家店上层文化相接近；第三期以绳纹陶和鬲足为代表，约相当于周末的燕文化；第四期是战国以后，例如出土的北宋祥符元宝和金大定通宝，便表现其年代下限。

安志敏曾在20世纪80年代中期到牛河梁遗址考察，对红山文化有深入研究和独特见解。2001年，他在文章中指出："又经过五十年来考古成果的不断验证，安特生的'分层说'的判断基本上是符合事实的。"

在红山文化考古发现史中，沙锅屯洞穴遗址是最早发掘的遗址，它在 20 世纪 20 年代，与河南的仰韶文化遗址一同成为寻找中华远古文化的重要线索。沙锅屯洞穴遗址的发现是中国考古史漫长历程中的重要一笔，在中国国内和国际上都产生了较大的影响，也深深地影响了中国考古学史。

20 世纪 80 年代，考古学家确认沙锅屯洞穴遗址是一处后红山文化遗址，以墓葬为主，兼具祭祀性质。而其"食人族"的说法，一直流传至今。

沙锅屯洞穴遗址比仰韶文化遗址发掘时间还早 4 个月，不仅是东北地区新石器文化考古的开端，而且是中国考古学的肇始之事。1921 年，因为沙锅屯洞穴遗址和仰韶文化遗址的相继发掘，成为中国考古学的开端之年，意义非凡。沙锅屯洞穴遗址已被列为全国重点文物保护单位。

安特生的考古生涯，留下了大量学术作品，其中关于中国考古学的著作主要有《黄土的儿女》《中华远古之文化》《甘肃考古记》《中国史前史研究》《远东地质学与考古学研究》等。

三、1930：梁思永的东北之行

1930 年深秋，东北的松嫩平原、科尔沁草原腹地提早进入了寒冷季。

这天早晨，一位面容清瘦戴着眼镜的青年人，冒着寒风，登上齐齐哈尔开往通辽的火车。

这个人就是梁启超的儿子梁思永。

梁思永出生于 1904 年，1921 年，青春年少的梁思永正在清华学校（后改名清华大学）留美预备班学习时，就与梁思成、陈训恕合作翻译了威尔斯的《世界史纲》，并由父亲梁启超润色后发表。1923年，梁思永从清华学校毕业，当时他19岁。那正是对世界带有好奇之心，带着强烈的求知欲去发现的年纪，也是人生中激情澎湃，对未来充满抱负和憧憬的时光。为了更加深入地了解考古学科，他于1924年前往美国哈佛大学研究院攻读考古学和人类学，在此期间，他从实地发掘和理论研究两个维度钻研考古学，为之后的考古事业打下了坚实的基础。

梁思永

1930年夏，梁思永获得哈佛大学硕士学位，满怀激情地回到祖国，加入了中央研究院的历史语言研究所考古组。1930年9月的一天，梁思永从地质调查所新生代研究室名誉主任丁文江先生处得知，中东铁路俄籍雇员路卡什金在齐齐哈尔车站西南昂昂溪发现了远古遗址，梁思永立即请求前往发掘。

1930年9月19日，梁思永率领中央研究院历史语言研究所考古组部分成员从北平出发，前往齐齐哈尔昂昂溪。9月29日开始发掘昂昂溪遗址，工作三天之后，因为天气骤冷而被迫停工。共清理墓葬一座，出土石器、陶器、骨器等文物数百件。

昂昂溪遗址地处黑龙江省，是中国北方地区发掘较早的一处新石器时代文化遗址，属于以渔猎为主要经济类型的遗址。

10月21日，梁思永由齐齐哈尔转到通辽，西行至开鲁、天山、林东、林西、经棚等地，然后南下当时属于热河省管辖的赤峰，对西拉木伦河流域的新石器文化遗址进行调查。前后 38 天，行程达 500 多公里。在林西、双井、陈家营子、赤峰等地都采集了丰富的细石器和打制石器。

刚刚踏入考古界的梁思永，为什么急于千里迢迢去热河赤峰调查呢？这可以追溯到在美国求学期间，梁思永就开始关注热河赤峰一带的红山新石器文化。鸟居龙藏和桑志华等人撰写的有关赤峰考古调查研究的论著，是梁思永仔细研读的资料。尤其当他听说五年前桑志华和德日进两位法国考古学家在赤峰红山一带发现新石器文化遗址，并采集了许多遗物，就更急切地想去赤峰进行深入调查。

据考古学家佟柱臣在《中国考古学要论》中回忆，梁思永先生认为鸟居龙藏、桑志华等人虽然找到了许多遗址点，但仅限于地面采集，偶作试掘，对于地层的包含物没有作精确的观察，因此无从知晓大批实物在地下的相互关系。梁思永先生去热河赤峰的目的，是想作考古发掘，进而论证热河新石器时代一些地层的情况，找一找这些实物在地层总面的分布，实质上就是要通过解决地层问题来解决编年问题。

赤峰之行，梁思永收获了一批属于新石器时代的石器、陶片等珍贵文物。接着，梁思永又从赤峰前往围场、承德考察，于 1930 年 11 月 27 日回到北平。之后，他又在安阳等地参加考古发掘。一路跋山涉水，艰辛工作，在 1932 年春，刚刚回到北平不久的梁思永罹患肋膜炎，身体上的不适迫使其搁置了对红山新石器文化的研究，但是多年对于红山文化的关注，一些未解之谜又亟待解答，梁思永忧心忡忡，在卧榻前愁眉不展。直到 1934 年，梁思永才恢复了健康。他在北平编成热河考古调查报告，并在 1936 年撰写了调查报告《热河查不干庙、林西、双井、赤峰等处所采集之新石器时代石器与陶片》。文章将红山遗址的史前文化划分为西辽河上游、热河及松花江以北地区的考古学区域文化，并阐述了这一文化与仰韶文化的关系，为后人研究红山文化提供了重要参考。

1949年春天，梁思永迎来了北平和平解放。次年8月，中国科学院考古研究所正式成立，梁思永任副所长。1954年4月2日，梁思永病逝于北京，终年50岁。

梁思永是中国杰出的考古学家，中国考古学最重要的奠基人之一。他主持和参加了城子崖遗址、安阳殷墟、后冈遗址等重要遗址的发掘和研究，为中国考古事业的发展作出了重要贡献，被誉为"中国接受西方正规考古学训练之第一人"。

千里之行，始于足下。由少时的勤奋求学到成年后的跋山涉水，梁思永始终围绕着他挚爱的考古事业，笃定前行。

四、1954：红山文化的新论断

红山文化的神秘与浩大，吸引了中外学者前来探寻，在这条曲折而充满激情的路途中，有的人遍访山川，只为寻找属于红山文化的一陶一石，也有的人不辞辛苦，穷其半生精力投入该领域的研究之中。所有学者的探索，将红山文化的神秘面纱一点点揭开。尹达就是诸多学者中的重要一员，源于他的论述，红山文化得到正式定名。

尹达生于河南，原名刘燿，1921年，尹达由滑县小学考入河南省立第十二中学。由于他勤奋好学、天资聪颖，成绩一直在学校名列前茅，老师们常常在教学过程中，以尹达作为其他同学学习的榜样。

1925年，尹达考入中州大学（河南大学前身）预科。1931年3月，中央研究院历史语言研究所为了进一步在安阳等地开展考古工作，便与河南省联合组成考古队,同意在当地的大学里招揽优秀的实习员。当时的尹达正在河南大学读书,因为成绩优异,他被所在大学推荐并顺利地入选,参加了殷墟遗址发掘,从此走上考古研究之路。

考古工作需要大量的实践佐证,此次殷墟之行,开拓了尹达的学术视野。他先是在安阳小屯北地见习,之后参加了梁思永主

尹达

持的发掘项目。毫无疑问的是,梁思永在尹达的学术事业中起到了至关重要的作用,他极深地影响了尹达的学术道路和人生道路,两人也在共同的学术抱负中结下了深厚的感情。

尹达的考古足迹遍及河南安阳、山东日照等地,在调研、发掘的过程中,他撰写了诸多学术文章。新中国成立后的第四个年头,应出版社之约,尹达整理了自己所撰写的部分学术文章,拟取名为《新石器时代》出版。病中的梁思永仔细阅读了书稿中的《中国新石器时代》专论,提出了许多中肯且富有见地的意见,建议尹达把赤峰红山新石器补充进文稿,并提出定名为"红山文化"。尹达听取了梁思永先生的建议,对文稿进行了认真修改,并于1954年12月1日专门增写了《关于赤峰红山后的新石器时代遗址》一文,作为《中国新石器时代》的补充,收录书中。1955年10月,《新石器时代》由三联书店出版。而此时,梁思永已经因病去世一年多了。尹达《新石器时代》的面世是对梁思永先生最好的告慰。

尹达在《新石器时代》中论述："就红山后这一新石器时代遗址在陶器和石器的特点分析，这种文化遗存很可能是细石器文化和仰韶文化相互影响之后所产生的新的文化遗存，也就是说，是含有细石器文化和仰韶文化两种因素的文化遗存。我们可以名之为中国新石器时代的红山文化。"①

就此，红山文化得到正式命名。

作为著名历史学家、考古学家，

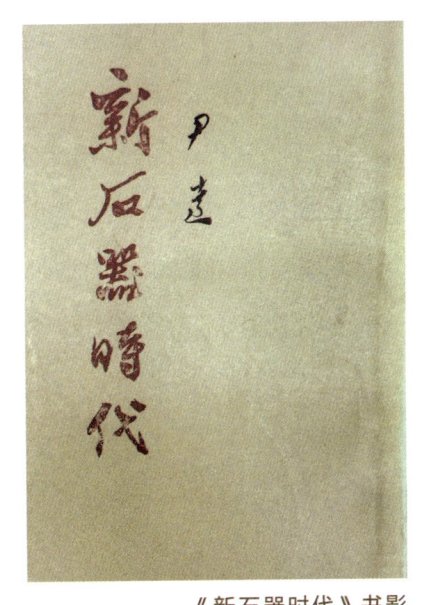

《新石器时代》书影

尹达在《新石器时代》一书中富有预见性地提出，红山新石器时代遗址的发现对于长城南北新石器时代的相互关联问题，初步找到了解决的钥匙，需要考古工作者将红山文化的特征作进一步的研究，根据这一线索，沿着长城附近的南北地区作系统的调查和重点发掘，这将给研究远古中国长城南北文化交融问题，以及研究远古中国历史提供极其重要而丰富的史料支持。中国考古工作者应将此线索作为密切关注的重要问题之一。

尹达曾说："在这集子里，我用了不少的篇幅去批判安特生的错误理论，这是我二十年来始终不曾放弃的一个问题。"《新石器时代》一书始终围绕着"建立起我国新石器时代的体系"这一中心要点展开论述。

---

① 尹达：《新石器时代》，生活·读书·新知三联书店，1955年，第145页。

就这样，历史不动声色地用"红山文化"这根红线，将安特生、丁文江、梁思永、尹达等本不相干的学者联系在了一起。

在红山文化命名之后的一段时间里，由于没有发现更重要的遗址，没有更新的文物出土，自然也就没有引起人们的持续关注。直到二十年后，辽宁喀左县东山嘴遗址的发现发掘，才将红山文化考古研究的大幕再次拉开。

第四节：东北之殇——日本人的热河之行

博物馆是保护和传承人类文明的重要殿堂。文物，不仅是一个民族悠久历史的见证，还是其灿烂文化的重要载体，也是促进世界文化交流互鉴的重要工具，其背后有着巨大而深远的文化意义。

2023年5月18日是当年的国际博物馆日。国际博物馆协会确定2023年国际博物馆日的主题是"博物馆、可持续性与美好生活"。

恰好在国际博物馆日，笔者看到牛河梁遗址博物馆推出了一系列"让文物讲好中国故事"的线上宣讲活动，他们以录制短视频的方式，介绍牛河梁红山文化的相关知识。制作精美的短视频是解锁红山文化的新方法。

观看完短视频，望窗外星河璀璨，笔者脑中突然闪现出1931年9月18日那个沉重之夜。

一、东北之殇

铅云低垂，夜黑风高。

1931年9月18日夜，伴随炸弹轰鸣，日本悍然发动震惊中外的九一八事变，东北三省相继沦陷。

1933年2月25日，日军入侵朝阳。

1933年3月2日，日军侵占叶柏寿、凌源、赤峰。

1933年3月4日，日军占领承德，整个热河省沦陷。

1933年，日本组织了以早稻田大学德永重康为首的满蒙学术调查团，在热河省的朝阳、凌源以及兴隆、承德、赤峰一带进行考古调查。其中东京帝国大学八幡一郎负责考古调查，沿途发现了多处古代遗址，采集了大量历史遗物，包括一些新石器文化遗存。

他们调查热河，重点是赤峰。在红山前后，他们采集了许多新石器时代遗物，并发掘了多座石棺墓。调查历时两个月，全程都是用卡车作为运载工具，可见采集标本之多。根据有关资料记载，日本人在红山后发掘了两处新石器时代居住址、31处墓葬，大批文物由此流入日本人手中，其中包括出土人骨29具，动物骨20具，陶器等16件，玉石珠380颗，骨器33件，青铜器14件和采集品1000多件，这些数量众多的历史遗物全部被带回了日本。

随后，日本考古学家带着各种目的，纷纷踏上热河这片沉重而深厚的土地。

赤峰学院原院长席永杰教授说："当时，日本内阁制定了'欲灭亡中国，必先灭亡满蒙'的所谓大陆政策。日本的史学界、考古学界，按照日本政府的这一政策对中国东北、内蒙古东部进行了大量的考古和历史研究。为炮制'满蒙从来就不属于中国'和'满蒙独立论'，寻找所谓的历史依据。"

1935年，由日本东亚考古学会、京都帝国大学总长滨田耕作为首的考察队，在内蒙古赤峰红山后遗址进行考古发掘。

1941年，日本学者杉村勇造等人对林东进行考察。

1942 年，日本考古专家鸟山喜一等人到承德、赤峰考察。

1942 年，日本考古专家岛田贞彦和鸟山喜一对赤峰进行考古调查。

1943 年，东京大学部东洋史学科教授、法学博士岛田正郎和考古专家和岛诚一对巴林地区（包括巴林左旗、巴林右旗）进行调查，发现了史前遗迹遗物。

20 世纪 20 年代后期至 30 年代，日本部分学者在东亚考古学会的支持下，把目光集中到热河、辽西地区，滨田耕作、岛田贞彦、三宅宗悦、水野清一、三上次男等都曾在这里进行过考古调查，并先后撰写发表了调查报告。其中有滨田耕作的《热河赤峰游记》《赤峰附近发现的完整的彩纹陶器》，岛田贞彦的《热河行记》《关于考古学上所见热河省的古文化》《从考古学的角度看热河》，水野清一的《赤峰先史时代的问题》《林西史前遗迹踏查记》等。

那些经由卡车装载而全部流向日本的红山后历史遗物，令人心痛，就如 90 多年前的那个夜晚，炸弹轰鸣，为后人留下了永远的东北之殇。历史需要铭记，吾辈更需自强，才能让那些曾经在中华大地上出现的智慧文明，在这片土地上葆有恒久的灿烂光芒。

二、雨夜歌剧

1935 年 5 月末的一天午后，日本京都帝国大学教授、考古学家滨田耕作在朝阳火车站走下火车。那时候的朝阳站还叫"朝阳驿"，建于 1933 年 4 月，是锦承线的一个四等小站。

滨田耕作有"日本考古学之父"之称。在此前的 1930 年，日本驻赤峰领事馆领事牟田哲二等人在红山附近采集文物标本，在采集过程中，还从老百姓手中收集了一批他们在采掘甘草过程中发现的遗物，一并捐赠给日本东京帝国大学和东亚考古学会，引起了滨田耕作对赤峰地区红山遗址的关注。于是，促成了滨田耕作的朝阳、赤峰之行。

滨田耕作、水野清一、岛村孝三郎等人由锦州坐火车抵达朝阳后，马上参观了朝阳城，这座古旧甚至有些脏乱的县城给滨田耕作留下深刻印象。滨田耕作一行人当晚住宿在朝阳城里。

接着，滨田耕作等人从朝阳县城坐长途汽车前往平泉。汽车沿途经过凌源县，滨田耕作听闻此地曾发现过鱼类化石，不由得又向这个烟火小城多看了几眼，他预感到此次旅程将会收获更多的遗物，于是兴致勃勃地继续规划路线。

次日早晨，东方的天际抹上了一层绯红，滨田耕作一行人开始乘坐长途客车出行。他们从平泉出发到承德，路途约3小时，从承德下车后，滨田耕作参观了著名的行宫等古建筑。之后，滨田耕作准备原路折返朝阳再去赤峰。原本他们不必如此周折，可以选坐公共汽车直达赤峰，但因雨水连绵，此路被雨水冲刷得泥泞且路况不明，滨田耕作遂决定沿用原定路线，依旧由朝阳去赤峰。

计划没有意外来得突然，翌日清晨，滨田耕作吃过早餐后，本打算依计划离开朝阳前往赤峰，但是夜间大量降雨，路况极其恶劣，公共汽车未能正常发车。失望之余，滨田耕作等人只能困于等待之中。百无聊赖之际，水野清一等人前往朝阳关帝庙，在庙内拓印辽代碑刻。为了消磨时光，滨田耕作则到关帝庙路南看戏，虽然大雨冲乱了行程，但他"意外地观看了一场来此巡演的少女歌剧——这令人甚是欣慰"①。

不可预知的天气让滨田耕作的考古之旅充满变数，他在游记中提到当夜的强对流天气：一团积雨云在夜空中骤然涌起，闪电撕破北方

---

① ［日］滨田青陵：《热河赤峰游记》，孙宁、李彦朴译，李俊义校注，《赤峰学院学报》（汉文哲学社会科学版）2020年第4期，第20页。

水野清一曾在关帝庙拓印辽代碑刻

的天空,雷声轰鸣,天气原因让公共汽车的发车随时搁置,滨田耕作不免忧心忡忡。

1935年6月初,朝阳至赤峰的班车终于发车。

朝阳城内的路况不是很好,离开城区后,路变得宽阔平坦起来。当时朝阳至赤峰的公路刚修完一年多。汽车在公路上行驶,荒漠化的丘陵地貌映入滨田耕作眼帘,路旁的风景、村落的风俗让这些日本人感到很新奇。"回望车内,来自日本和'满洲国'的男男女女们裹挟着行李,一同拥挤在额定载客量为二十人的汽车中,而在乘车的日本女性中,还可见到怀抱着婴儿的少妇。"① 车队原有四辆汽车,驶至老

---

① [日]滨田青陵:《热河赤峰游记》,孙宁、李彦朴译,李俊义校注,《赤峰学院学报》(汉文哲学社会科学版)2020年第4期,第20页。

虎山时，乘务人员又把附近停放的一辆故障汽车修理好，使其加入车队之中，于是五辆汽车共同行驶。在建平（今辽宁省建平县建平镇），车队曾作短暂休息，之后前往黑水（今辽宁省建平县黑水镇）。汽车行驶过老哈河后，视野中一座奇异的黑红色石山耸立在远方，那就是滨田耕作即将展开发掘调查的红山。下午四点钟，滨田耕作一行人到达此行的目的地——赤峰。

三、史前遗迹

抵达赤峰的第二天，滨田耕作一行人就在红山前后展开调查发掘。

他们在红山山脚下东侧一片沙地，发现有史前时期人们居住生活的遗迹以及墓葬。随后又在红山山腰位置一片平缓沙地处，探测出其中埋有墓葬，于是几人开始清理发掘。

这批墓葬分布于地下三尺左右的位置，周围地貌主要为沙地，使得发掘过程较为轻松。日本考古队先是挖掘一条小的探沟，倘若在这里发现石棺墓，就会进一步地清理发掘，一两个小时可以清理完一座墓葬，最终有二十余座墓葬得以实施发掘。

这些墓葬中的棺椁质地结实，出土的石棺皆由不规则的石板拼合而成，选用花岗岩或玄武岩材质。出土的石棺内，死者的头部在馆内朝东摆放，呈直肢葬式。考古队员把石棺盖揭开后，发现棺内已经被沙土填埋，但是死者骨骸基本保存完好。他们小心地清点石棺，发现这些墓葬有接近半数没有放置随葬品。放有随葬品的墓葬，随葬物件也有所不同：有的将陶器摆放在死者头部，并有小玉环置于颈部附近；有的随葬物品为带孔石斧和骨镞；有些棺椁中有圆形铜饰件置于死者头部附近，上肢部位还佩戴了铜臂钏；还有的墓葬里放置了贝币之类的贝类制品。

这些"石棺墓",其中一些就是后来证明的红山文化典型墓葬——积石冢。但那时滨田耕作并没有认识到这一点,他在猜想、推定:"墓葬中出土石斧的事实表明,这一时期仍然处于使用石器的年代。虽然我们没有在这里见到一座墓葬中同时出土铜器和石器的例子,但这一时期无疑是兼用铜器和石器的年代,而出土铜斧之铸模的事实也表明,这些出土铜器也是在这里制作的。有鉴于此,我们大体将这批墓葬的所属年代定位到铜石并用时期。墓葬中出土的陶器为红黑色的素烧陶,器形以壶类居多,当然亦不乏鬲形陶器。带孔石斧和鬲形陶器、贝币形贝器等随葬品为我们揭示了其中蕴含的浓郁的中原文化色彩……创造这一文化类型的人群又属于什么样的种族——这些问题正是我们试图需要去了解的关键所在。"①

滨田耕作和鸟居龙藏一样,把这些远古遗址推断为东胡人遗存。

"应该属于中国历史上被称作'东胡'或其支系——'鲜卑''乌桓'之类的北方少数民族……我们坚信,通过比对这批出土遗物,应该可以将该文化的所属年代上溯到中国历史上的汉代甚至更早以前。"②

在发掘墓葬期间,滨田耕作还在红山东麓发现一片彩陶散落地。这些彩陶上绘有图案,多为红色胎质上描绘黑色纹样,或是在土黄色胎体上施褐色。其中包含壶、碗一类的器形。"这些彩陶与安特生在甘肃、河南等地获得的彩陶具有完全相同的特征,它们无疑都是西方人类文化的产物。安特生此前在锦州省锦西沙锅屯的洞穴内也发现

---

① [日]滨田青陵:《热河赤峰游记》,孙宁、李彦朴译,李俊义校注,《赤峰学院学报》(汉文哲学社会科学版)2020年第4期,第21页。

② [日]滨田青陵:《热河赤峰游记》,孙宁、李彦朴译,李俊义校注,《赤峰学院学报》(汉文哲学社会科学版)2020年第4期,第21页。

与此一模一样的彩陶。这就表明，在新石器时代的尾声阶段，在广阔的中国境内，这种彩陶文化是由西域逐渐向东方扩展传播。另外，尽管目前尚未在甘肃与热河之间找到这种彩陶文化的相关遗址，但我们深信，在二者之间的各个地区，必定存在这种彩陶文化的传播节点。"①

滨田耕作一行人探测出在红山东麓彩陶散落地的地表以下约两尺深的位置，存在遗物非常丰厚的包含层。于是滨田耕作等人着手实施发掘，他们发现还有包括弧线纹陶器及其他一些有纹饰或者无纹饰的单色陶器，与上文所述的彩陶同时存在，在继续探测的过程中，还有贝镯、磨制石斧、石锄头、带孔石斧等器物出现在视野之中，尤其是细石器的发现——令滨田耕作兴奋不已。因为红山东麓发现的石器与红山北侧墓葬群附近的陶器、石器相比，性质略有不同，滨田耕作断定，这里应该是一处相比红山北侧之墓葬群年代略微久远的居住遗址。"不难想象，在红山东麓留下这些遗址的人们，与红山北侧墓葬群中的死者属于同一种族。"②

继在红山东麓发现伴有彩陶的居住遗址之后，滨田耕作预判附近应有建造墓葬的人们居住遗迹，便在红山北侧的墓葬群附近细心搜索。他们在挖掘长探沟的过程中，意外清理出两三处有可能是房屋室内地面的地点。在其中的一处房屋里，他们发现了和墓葬中随葬用的相同陶器，并且保存完好。滨田耕作认为，这种陶器应该视作墓葬中的死

---

① ［日］滨田青陵：《热河赤峰游记》，孙宁、李彦朴译，李俊义校注，《赤峰学院学报》（汉文哲学社会科学版）2020年第4期，第21—22页。

② ［日］滨田青陵：《热河赤峰游记》，孙宁、李彦朴译，李俊义校注，《赤峰学院学报》（汉文哲学社会科学版）2020年第4期，第22页。

者们生前生活场景中的一部分。

历时三个多星期，考古发掘工作结束。1935年6月18日，滨田耕作只身一人从赤峰乘坐飞机前往锦州。

这批自赤峰红山发掘采集的遗物，全部经由大连运往日本研究。据滨田耕作所列寄送物品名单，可知的有：小玉类、贝环、石器、赤色及黑褐色粗质陶器、赤色良质陶器、青铜器、骨镞、石皿及贝轮破片等，共装麦酒箱16个。

滨田耕作主持热河省赤峰红山后史前遗迹考古发掘结束之后，于1935年8月2日，在日本京都帝国大学夏季讲习会作演讲，并根据讲稿改削订补而成《热河赤峰游记》，详细地介绍了热河之旅的目的、行程以及在赤峰调查发掘的大体情况。此后，滨田耕作、水野清一合作撰写调查报告《赤峰红山后：热河省赤峰红山后史前遗迹》，发表在1938年《东方考古学丛刊》甲种第6册中。

四、叶柏寿之行

1940年6月，日本考古学家三宅宗悦与中国考古专家李文信前往热河省喀喇沁右翼旗（今辽宁省建平）考察一座辽代古墓。

6月14日，三宅宗悦与李文信等人中途夜宿锦州，第二天傍晚抵达叶柏寿，第三天即到叶柏寿火车站满铁病院东侧古墓现场勘察、发掘。

叶柏寿火车站建于1933年，是热河的一座重要车站。在车站扩建过程中发现古墓。经伪满"国立中央博物馆奉天分馆"的日本学者三宅宗悦考察，这里第一次发现了出土的辽代鸡冠壶。因此有了1940年这次三宅宗悦与李文信的叶柏寿之行。三宅宗悦1940年在《国立中央博物馆时报》第5号上发表《关于最早出土的鸡冠壶古墓》一文，李文信 1941 年在《国立中央博物馆时报》第 9 号发表《叶柏寿行纪》，李文信在文中写道："此坟去年因下水道工程发现后，业经三宅宗悦博士调查一次，以鸡冠壶初次出土例见重于世，今欲加较详之发掘调查。"

三宅宗悦曾到赤峰红山调查新石器遗址，发表《关于热河省赤峰发掘的古人骨》。1979 年 5 月，李文信担任辽宁省博物馆馆长，在从事考古学的几十年时间中，他对红山文化给予极大关注，并作深入研究。李文信的儿子李仲元是著名书法家，曾任沈阳故宫博物院院长，现为沈阳故宫博物院名誉院长。笔者曾陪同李仲元先生游览过牛河梁遗址，还藏有他的诗集《缘斋吟稿》。李仲元先生才华横溢，子承父业，曾多年从事考古文物工作，十分钟情于红山文化。他在《红山文化》诗中写道："石冢神坛屹大荒，猪龙头角已开张。文明初启红山麓，太古鸿蒙见曙光。"《牛河梁女神像》诗云："嫘祖先蚕娲补天，丰身素面自怡然。此身必是东王母，八骏应驰向日边。"《玉龙》诗曰："琢虎雕虫上古风，灵虬原蛰玉山中。衣冠故国传人在，黑发黄肤祖是龙。"李仲元先生将《缘斋吟稿》中的 60 多首代表诗作的墨宝捐赠给了辽宁省博物馆收藏。

20 世纪 20 年代开始，日本部分考古专家对辽代文化产生考古兴趣。

1933 年夏天，鸟居龙藏继 1908 年后再次来到热河朝阳。鸟居龙藏 1908 年在朝阳短暂停留期间，考察了朝阳南塔和北塔等古迹，对朝阳地区的辽代古塔产生了浓厚兴趣。这次专程来辽西对辽代文化进行专题调查，把朝阳辽代古塔的调查纳入重要日程。

鸟居龙藏从大连起始，一路经沈阳、锦州、义县直至朝阳，又继续前往平泉、承德，之后到喀喇沁旗、宁城、赤峰、林西等地进行调查。

调查从 8 月到 12 月，长达 4 个月之久。

缘于对辽代文化的关注，鸟居龙藏宏伟地规划了此次对辽代的考古研究，撰写了《考古学上所见的辽文化》一书。

1932 至 1935 年，关野贞、竹岛卓一等日本学者也来到朝阳，调查了南塔、北塔及凤凰山的凌霄塔、摩云塔、大宝塔，还调查了东平房塔、八棱观塔、黄花滩塔等多处辽代佛塔、佛寺，并出版了《辽金时代之建筑及其佛像》一书。书中汇集了他们对内蒙古巴林左旗、辽宁朝阳、锦州等地的辽金砖石塔、幢及辽金木构的考察研究成果。作为日本近代著名建筑史专家、东京帝国大学教授，关野贞从 1906 年开始曾十余次来中国考察。

现存东平房塔、八棱观塔、凤凰山大宝塔等老照片已成为辽宁朝阳历史珍贵的记忆。

构建美好生活，需要铭记历史。让历史的光芒照进现实，让灿烂的阳光普照世界。

朝阳南塔

修缮一新的八棱观塔

第五节：一位青年教师与中国历史的童年

一百多年来，几代考古人筚路蓝缕，奔走于西拉木伦河、大凌河流域及医巫闾山一线，他们栉风沐雨、奔波劳碌，从未止步于对红山文化的探寻。

2023 年 3 月 7 日，柳色含青，大凌河水开始消融。在牛河梁遗址博物馆，召开了 2023 年度辽宁省红山文化考古专项调查启动会。围绕红山文化展开的新一轮专项调查随之正式启动。

辽西和内蒙古自治区东南部是红山文化分布的核心区，但红山文化的整体分布情况并不清晰。学界此前一般将医巫闾山脉作为红山文化分布范围的东界。在此次为期五年的新一轮调查中，辽宁省考古工作者将越过医巫闾山，对辽河西岸的红山文化遗址分布情况进行详细调查。可谓寻源自红山，聚焦牛河梁，突破医巫闾。

80 多年前，风华正茂的佟柱臣跨过医巫闾山来到辽西凌源，自牛河梁，开启了他漫漫的考古长旅。

一、凌河春涨

1942 年凌源的春天，正如哈达清格在《塔子沟八景·凌河春涨》中描绘的："连绵春雨一朝晴，不觉凌河两岸平。波泛桃花流锦浪，洲横杨柳驻啼莺。"春水涓涓，草长莺飞，大凌河畔的树木开始抽出嫩黄色的枝条，凌河两岸呈现一派生机勃勃的景象。

周末休息时，佟柱臣总爱穿一套陈旧的衣衫，脚穿一双母亲为他做的黑布鞋，手里拎着一把小铁铲，行走在凌源城东北的道道山梁上。

他手上的小铁铲，是宿舍里冬天烧炉子添煤用的，拿在手里，既是寻找石器和陶器的工具，又可以打狗防身。他脚下的这道山梁，就是牛河梁。

佟柱臣在吉林高等师范学校学的是历史地理专业，他又喜欢考古，利用学校藏书丰富的条件，博览方志学等各类书籍，并翻检了二十四史。初到凌源，佟柱臣就兴致盎然地搜集地方史书，他在旧货市场买了热河旧地图和热河史志旧书，对牛河梁从地图、书籍到实地，都有所了解。

佟柱臣

《清史稿·地理志·朝阳府》记载：建昌县（今凌源市）大凌河，其南源出喀喇沁右翼南土心塔，会中源克尔、东源牛录，入朝阳。牛录即牛碌河，也称牤牛河、土里根河，发源于牛河梁。这是比较早的有关牛河梁的记录。

佟柱臣通过地图了解凌源地质地貌时看到，1933年出版的热河省地图上标有"牛儿河梁"。梁脊上的土路通往凌源和锦州。佟柱臣一眼就看出来，他毕业后从家乡黑山县白土厂边门到凌源工作，走的就是这条路。也就是从白土厂边门到北票，再到朝阳，过牛河梁，抵达凌源县城。

牛河梁有牛耳河梁、牛录河梁、牛儿河梁等几个近似的名称。1927年始修的《凌源县志初稿》称"牛耳河梁"："县之北迤东路有牛耳河梁。"该县志又记凌源疆界："东北接建平县界三十里之牛耳河梁。"①

1931年编撰的《建平县志》中的《疆域篇》记载："又南至牛录河梁，与凌源县交界。"《山川篇》中记载："牛录河梁，又名摩天岭，蒙名锡默特山，在县治西南一百五十里。由凌源县南来之支脉，周回十余里，东坡下有界碑，为县境与凌源县交界处，坡下有村名马家店，又名梁底下，土里根河发源于此。"②

出于对牛河梁地域的熟悉，佟柱臣一到星期天，就带着干粮早早出发，到牛河梁周围转悠，一调查就是一整天，每次总有新的收获。他先后在梁上的农田野地里发现了许多筒形彩陶、夹砂灰陶、泥质红陶，还有部分石斧、石镞等。白天在学校讲完课，晚上佟柱臣就研究这些陶片和石制品，通宵达旦，乐此不疲。他发现，这些彩陶和日本人从赤峰红山后挖掘出土的彩陶很相似。他猜测，赤峰距离凌源这么近，会不会是同一历史时期的器物呢？兴奋不已的佟柱臣马上伏案写作，很快草就成篇，又经过一夜的修改，投递给了热河省的杂志《热河》。

佟柱臣晚上睡不着，脑海里翻涌着白天在牛河梁调查的景象，土梁上堆的那些石块有什么用途？这些河沟里的石块是怎样跑到山上来的？佟柱臣百思不得其解的石堆，就是后来轰动考古界的红山文化积石冢墓葬。

在等待论文发表的过程中，佟柱臣再次前往牛河梁。这一次，他又有了意外的收获。在去梁下村民家里讨水喝时，老汉听说佟柱臣是凌源中学的教员，很是敬重，连忙把他请到屋里歇息。佟柱臣无意中

---

① 官葆廉：《凌源县志初稿》，中国文史出版社，2007年，第129页。
② 田万生：《建平县志》，中国文史出版社，2007年，第131页。

发现老汉的孙女手中玩的一个玩具，心里不免一惊：那不是一件老旧的玉器吗？佟柱臣征得老汉同意，把玉器拿到手里仔细端详，立刻有了谱：这是一件新石器时代的玉器。佟柱臣问老汉这东西哪来的，老汉指着村子后面的牛河梁说："这玩意是我放羊时在梁上捡的，没啥用，就给孙女玩了。"佟柱臣狠狠心，把衣兜里揣的钱全掏了出来，说自己是历史教员，这东西对教学生有用，想买走这个物件。老汉把钱塞回佟柱臣，说山上捡的玩意，你有用就拿走，哪能要你钱！两个人来回推，老汉生气了，脖粗脸红地说："你要再提'钱'字，我就把它砸碎了！"佟柱臣只得让步。

这个缺了一角的勾云形玉佩饰，属于典型的红山时期玉器，而今藏于辽宁省博物馆。此玉器呈淡绿色，远远望去如雨中轻纱，轮廓为长方板状。这件勾云形玉佩饰玉质温润、刻工精细。整件玉器由中心及四角卷勾组成，其中一个卷勾已缺损，却不掩其雅致。

就在佟柱臣欣欣然研究勾云形玉器之时，另一个好消息传来，他的论文《凌源牛河梁彩陶遗址》已经发表，令他兴奋不已。

这是有关牛河梁红山文化的第一篇考古论文，距今已经过去80多年。

佟柱臣1946年发表在《历史与考古》杂志的一篇论文中也提到了牛河梁遗址："此等彩陶，笔者于凌源牛河梁遗址上，见其与战国式雷纹灰陶、饕餮纹雕玉共存……"[①]

一位23岁的青年教师，一名普通的考古爱好者，他于80多年前的一次平常田野调查，竟然成为五千年文明史考古发现的序曲。

---

① 佟柱臣：《中国东北地区和新石器时代考古论集》，文物出版社，1989年，第36页。

二、西梁晚钟

"枕上晨钟报几声,西郊梁上寺中鸣……客梦惊时心欲醉,尘襟静处耳犹清……"如果不说这是清人朱松年与哈达清格的唱和之作——《和盛景八咏·西梁晚钟》,大家可能会误以为这是佟柱臣写的诗句。

1943年4月的一个周日,天色微明,客居凌源的佟柱臣早早起床,来到凌源西郊安杖子村南的九头山下。九头山东坡开满洁白如雪的山杏花,熹微的晨光中不时传来几声布谷鸟的鸣啼。天气微寒,附近的农田尚未耕种。

身居塞外小城的佟柱臣,尘襟静虚、心无俗念,教学以外,他的整个身心都沉醉在考古调查之中。

佟柱臣1920年生于黑山县郝屯村,后迁回祖籍白土厂边门,即今辽宁省锦州市黑山县白厂门镇。白土厂边门为清代柳条边墙重要边门之一,简称"白厂门"。佟柱臣祖辈几代人都是驻守边门的官员。

佟柱臣1939年从黑山县中学考入吉林高等师范专科学校第三班历史地理系。吉林高等师范学校图书馆馆藏丰富,极大地丰富了佟柱臣的视野。在校期间,佟柱臣博览地理学、地质学、中国史、世界史、方志学等书,为他之后的考古事业奠定了良好的基础。

安杖子村位于凌源城西4000米处的大凌河西支南岸。1942年,佟柱臣发现了安杖子城址,在城址内,他采集到各式饕餮纹半瓦当等标本。凭借自身史学和地质学的素养,佟柱臣推测这是一座燕国的城址。

佟柱臣在1956年发表的《考古学上汉代及汉代以前的东北疆域》文章中写道:"凌源安杖子城位于大凌河支流的南岸第一台地上,隔河与十里堡新石器时代遗址相望。城分内城和外城，内城的北墙与外城的北墙、东墙一部分重合……外城南墙北墙痕迹可寻，东墙西墙残存一部，东西宽 200 米、南北长 300 米，呈长方形。有素半瓦当、矢状纹半瓦当、饕餮纹半瓦当、云纹圆瓦当、绳纹壶片、豆足等出土。"①

在佟柱臣调查安杖子城址 37 年后，1979 年，辽宁考古队对安杖子城址进行了发掘，发现有属于夏家店上层文化的房址 10 座，战国时期和汉代房址各 1 座，出土汉代封泥 19 块，其中有"右北太守""右美宫左""白狼之丞""廷陵丞印""广成之丞"及各式饕餮纹半瓦当。

佟柱臣仅仅根据在安杖子城址地表采集的陶器、石器标本，就推断出这一遗址是燕国城址，和后来发掘的夏家店上层文化、战国时期基本相同，是很了不起的。关于安杖子城址是历史上哪个时期的城池，直到今天仍然众说纷纭，没有定论。

大凌河流域历史悠久，两岸阶地上分布着密集的古代遗址。佟柱臣在凌源生活、工作的一年多时间里，调查了凌源周边的石匠沟、建昌沟、北城子、小城子、南城子、广山顶上、樱桃沟东山、小珠禄科西山、大河南山、大河西山、牛河梁等地，发现多处新石器时代或青铜时代遗址，采集了许多标本，包括高筒状无底彩陶、红地黑彩陶、勾云形玉佩饰以及多种石斧、石刀等，其中含有许多红山时期的重要文物。

田野调查后，佟柱臣对照考古书籍，仔细研究采集的样本，缜密思考，一边嚼着干面子，一边在煤油灯下撰写考古文章。

---

① 佟柱臣：《中国东北地区和新石器时代考古论集》，文物出版社，1989 年，第 45—46 页。

他人生中早期考古调查论文《凌源新石器时代遗址之调查》完成于大凌河畔凌源古城的一个不眠之夜。这篇论文发表在1943年第四辑《热河》杂志上。佟柱臣思如泉涌，又接着完成考古文章《凌源新石器时代遗迹考察》，这篇论文发表在《盛京时报》1943年6月13日和15日的第5版。

发掘后回填的安杖子城址长满庄稼

在凌源生活的日子是佟柱臣人生中重要的阶段，他不但收获了诸多考古调查成果，而且还翻译了日本著名考古学家滨田耕作的《博物馆入门》一书。

在凌源，佟柱臣迈出了成为著名考古学家的重要一步。

三、塞上红山映碧池

1943年春天,佟柱臣从凌源转到赤峰师范学校教书。

佟柱臣此前已从鸟居龙藏、安特生、桑志华、滨田耕作等人的著作中了解了赤峰红山,知道这地方有很多远古遗址,因此,佟柱臣讲课之余,仍然不断地到野外作相关考古调查。他还发现了包含有红山后石棺的夏家店遗址。1944年,佟柱臣跟随考古专家李文信参加了赤峰猴头沟辽代缸瓦窑窑址的发掘,由此撰写了《赤峰缸瓦窑辽代窑址发掘通信》,此文1944年8月18日至20日在《盛京时报》连载。接着,佟柱臣又在赤峰英金河北岸发现了一段长百余里的燕秦汉长城,他撰写的《赤峰附近新发现之汉前土城址与古长城》发表在《历史与考古》上。

佟柱臣这位青年教师密集的考古发现令人惊叹。尤其是,早在80多年前的1942年,他就发现了牛河梁遗址,令众多考古学者十分钦佩。

是金子总会发光,是千里马总会遇到伯乐。佟柱臣发表在报刊上的考古研究文章被著名历史学家金毓黻先生所关注。1945年,在金毓黻先生的推荐下,佟柱臣进入国立沈阳博物院任副研究员。1949年,佟柱臣由考古学家裴文中教授引荐,入职北京历史博物馆(今中国国家博物馆)。在此期间,佟柱臣先后担任副设计员、陈列部副主任、考古部副主任、学术委员会委员等职务。凭借扎实的学术功底和深厚的考古学积淀,佟柱臣于1961年进入中国社会科学院考古研究所工作,他先后担任副研究员、研究员、学术委员会委员、第一室副主任等职务,将毕生精力都奉献给了考古事业。

1961年,著名作家老舍先生来到赤峰,他在游览红山时有感而发，即兴作诗一首："塞上红山映碧池，茅亭望断柳丝丝。临风莫问秋消息，雁不思归花落迟。"

这个时候，距离佟柱臣离开赤峰，已经过去了 16 年。

多年来，佟柱臣一直都在关注着红山文化，关心着牛河梁遗址。他在多篇论文和论著中阐述他对红山文化的认识。他通过研究认为，红山文化的陶器分泥质红陶和夹砂褐陶两系，前者有碗、钵、盆、罐，彩绘平行线，半同心圆、三角涡纹，与仰韶文化的区分在于只有泥质红陶，没有夹砂红陶，更没有细线纹。而红山的双耳罐，也不见于仰韶，红山彩陶罐，有的则像马厂期的东西。夹砂褐陶，有碗、罐、瓮形器，有纵横"之"字形纹、席印纹，属篦纹陶系。泥质红陶中也有这类篦纹，说明两者的关系。

20 世纪 80 年代牛河梁遗址出土的陶筒形器

红山文化石器，打制石器有敲砸器、斧状器、桂叶形器。磨制石器有圆弧形斧、叶形石耜，数量多，占的比例大。应该重视的是，桂叶形石器和叶形石耜，到目前为止，还仅见于红山文化类型。"可能

20世纪80年代牛河梁遗址出土的陶筒形器

属于红山类型的,有锦西沙锅屯、凌源牛河梁、林西西门外山坡、赤峰大庙……诸遗址。"①

他在《中国考古学要论》中论述道:"中国新石器时代文化,经历了两个显著发展阶段:第一个阶段是距今7000年的新石器时代中期,出现了发达的农业……第二个阶段是距今5000年的新石器时代晚期,出现了瑰丽的玉器,这可由红山文化的玉龙、龙山文化的饕餮纹玉锛、良渚文化的兽面纹玉琮、微雕羽人的玉钺为代表,是社会生产发展和文化发展极快极高的证明。"②

"至于克什克腾旗经棚北山、凌源牛河梁的三角涡纹彩陶以及赤峰大庙、朝阳二旗营子的平行线纹彩陶,都是探索红山类型及其以后

---

① 佟柱臣:《中国考古学要论》,鹭江出版社,2004年,第118页。
② 佟柱臣:《中国考古学要论》,鹭江出版社,2004年,第529页。

类型的线索。"①

"白色勾云纹玉佩饰出在石棺墓 M14 中，而 M14 是一号积石冢中多座石棺墓中的一座，在这个冢北墙的内侧发现一排红陶筒形器。这是勾纹玉佩饰属于红山文化的首次证明。"②

佟柱臣 20 世纪 40 年代从村民中收集的勾云形玉佩饰

花开花落，雁来雁往，此去，半个世纪又倏忽而过。2011 年 12 月 3 日，著名考古学家、中国社会科学院荣誉学部委员、中国社会科学院考古研究所研究员佟柱臣先生，因病于北京逝世，享年 91 岁。

佟柱臣在长达 70 余年的考古历程中，成绩斐然，他先后发表 110 余篇学术论文，出版 5 部学术专著，总计 400 余万字。其中《中国新

---

① 佟柱臣：《中国东北地区和新石器时代考古论集》，文物出版社，1989 年，第 6 页。
② 佟柱臣：《中国东北地区和新石器时代考古论集》，文物出版社，1989 年，第 256 页。

石器研究》达 220 万字，耗费了佟柱臣大量的心血，从动笔撰写该论著到最后完稿，花费 30 余年时间，几乎占据佟柱臣一半的考古光阴。著作手稿达 30 余斤重，稿子码放一起接近 1 米高。他与贾兰坡、安志敏等人合著的《中国历史的童年》丛书由中华书局出版，影响广泛。工作之余，佟柱臣喜欢写诗，出版了《医巫闾山诗集》。

　　子在川上曰："逝者如斯夫，不舍昼夜。"时光之水流逝了 80 载，佟柱臣先生留在牛河梁遗址的脚印，清晰如昨。

第二章

大凌河畔的膜拜与营造

走进古国牛河梁
红山文化发现百年纪实

每个城市与乡村一般都有一条属于自己的河流，在辽宁省西部也有一条波澜壮阔的河——大凌河，它无私地滋养着芸芸众生、绵长不息。在芳草茵茵的河流两岸，水鸟翩然；在生机勃勃的河流奔涌中，可以听到历史悠远的回音。我们聆听河流的倾诉，河流同样也见证着五千多年的文明图卷。追随着大凌河的脚步，我们仿佛还能听到十万年前鸽子洞人与自然和谐美妙的音乐，遥看五千年前牛河梁红山文化升起的灿烂曙光。日升月落，花谢花开，五千年前的晨曦中，红山先民以虔诚的姿态，膜拜着部落的图腾与神灵，五千年前的夕照里，红山先民用勤劳的双手，营造着祭祀的神殿和住所，时光流逝了五千年，而有关他们的智慧却留存在辽西的土地上。

第一节：东山嘴——讲述五千年前营造师的故事

红山文化遗址发现一百多年来，曾给考古工作者带来一次次惊喜，也带来一个个悬念，那么，最早的令世人惊艳的红山文化考古发掘是哪一次呢？

许多人可能知道牛河梁，但未必听说过东山嘴，其实，辽宁喀左县东山嘴遗址的发掘才是最初的"惊世之作"。

2023年初夏，笔者再次来到喀左县东山嘴遗址，拜访五千年前的红山先祖。与过去最大的变化，是遗址旁建起了东山嘴遗址展示馆。展馆通过文字、图片、影像、实物等多种呈现方式，运用声光电等现代科技手段，全面介绍了东山嘴遗址，展示了厚重的人类历史、灿烂的红山文化、精彩的华夏文明。

龙出辽河源，龙出凌河源，传说中大凌河流域最早的龙，就出现在东山嘴遗址。

一、重回历史现场

八百里大凌河由南源头建昌县要路沟乡吴坤杖子村水泉沟千回百转,一路奔流百公里,才在喀左县城东稍加停留,充沛的河水汇聚成了"辽西西湖"——龙源湖,接着水流随地势蜿蜒,仿若气势磅礴的游龙摆动身形,一路向东北前行约4公里,就到了"龙源"——东山嘴遗址。大凌河从山嘴下奔流北去,再向东北流淌,过大凌河第一湾,在西汤山南侧被一水利枢纽拦下。河水平静地与山上的鸽子洞遗址默默对望,再逶迤而去,流向朝阳,奔向大海。

东山嘴遗址位于喀喇沁左翼蒙古族自治县(简称喀左县)兴隆庄镇章京营子村,距大凌河西岸约600米,东南侧毗邻东山嘴村民组。

东山嘴遗址

遗址坐落在山梁正中一个平缓突起的台地上，马架子山和大山山口隔河与其遥遥相对，中间则是一望无际的大凌河河川，群山环绕，气势雄伟。

1965年秋，考古工作者孙守道和陈瑞峰来到鸽子洞，发现了石制品和部分动物化石。

鸽子洞遗址地处喀左县水泉镇瓦房村大凌河西岸西汤山，因成群的鸽子居于洞中而得名。

2015年7月1日，笔者来到鸽子洞遗址。此前的2012年4月30日，笔者曾专程到大凌河畔的鸽子洞遗址考察。

站在山崖下的洞中，俯瞰水面宽阔、波光粼粼的大凌河，仿佛穿越时光之水，回到远古。阳光暖暖地照在身上，一缕春风从耳际掠过，如同悦耳的鸽哨。

红山先民逐水而行，伴河而居，鸽子洞人也是如此。鸽子洞遗址位于紧靠大凌河的西汤山的悬崖陡壁之上，洞口面临大凌河，距大凌河面仅35米。该遗址分A、B两洞，主洞面积为18平方米，洞口面向东南，洞内光线充足，可防风遮雨，外散炊烟。

从出土的动物化石看，既有食肉动物又有食草动物，主要有达呼尔鼠兔、硕旱獭、狼、虎、豹、野马、岩羊、鹿等。其中烧骨中以羚羊化石最多，说明鸽子洞人以猎取羚羊为主，所以鸽子洞人也称"猎羊人"。

经过考古工作者的发掘，发现有厚达50厘米的灰烬层，证明鸽子洞人早已学会用火、保留火种，而且掌握了取火技术。出土古代动物化石30余种，人骨化石4件，包含乳突、髌骨、枕骨和一颗完整的小孩门齿化石。

鸽子洞遗址出土材料之丰富、种属之多是罕见的。研究者通过石器类型和加工技术来分析，鸽子洞的石器要比北京猿人的石器更进步一些，属于旧石器时代中期遗存物，距今约有 10 万年的历史。鸽子洞遗址是迄今辽西大凌河流域最早的古人类居住地，被誉为"辽宁旧石器时代的活化石"。

　　漫长的人类进化史中，先人钻木取火、狩猎耕作，这些生存技能成为人类文明和智慧的展现。在与自然相处的岁月里，人类用石器锻炼了手臂的功能，也以此弥补肢体机能的不足。虽不能像雄鹰一般展翅飞翔，也无法像猛兽一般威猛凌厉，但是石器令人类增添了搏击的勇气和狩猎的成功率。沧海桑田的变迁，让那一件件从遗址中出土的石器，在层叠的泥土中留下人类探索的足迹，也给予我们许多破译文明的密码。

　　在考古学中，将使用打制石器为标志的人类文化发展阶段称为旧石器时代，也是石器时代的早期阶段。而新石器时代是指石器时代的最后一个阶段，以广泛使用磨制石器为标志的人类文化发展阶段，约从 1 万年前开始。红山文化属于新石器时代晚期。

　　1979 年，辽宁省开展第二次文物普查，考古专家郭大顺担任喀左县普查队长。循着早前发现的红山文化遗址的线索，普查队把寻找红山文化遗址列为普查工作的重点。郭大顺带领 17 名普查队员爬山岗、走野地、跨河登山，走遍喀左县的山山水水，把全县 21 个公社跑了个遍。经过数个月的调查，全县发现遗址点 609 处。普查队在其中 24 个遗址点采集到红山文化陶片，有几处遗址点采集的陶片较为丰富，且多为彩陶，兴隆庄乡章京营子大队东山嘴村就是其中之一。由此，考古专家郭大顺、孙守道把目光聚集在东山嘴遗址。

　　5 月 23 日，还在普查途中，郭大顺就给在北京的苏秉琦先生写了信，向先生汇报了有关喀左县文物普查的成果，并重点介绍了东山嘴遗址的情况。早在北大学习期间，郭大顺就师从苏秉琦教授，专门研究新石器时代考古。一听到这个讯息，苏秉琦先生非常高兴，嘱咐郭大顺一定要重视这一重要发现。当时东山嘴遗址刚刚发现，尚未发掘。

普查工作后期，为了使此项工作有更加完满的结果，省里决定选择几个遗址点作为考古发掘的对象，东山嘴遗址理所当然地被列入其中。

那是在一个金风送爽、麦田收获的秋季，考古发掘队进驻喀左县，对东山嘴遗址进行了首次发掘。

刚刚揭去表土，惊喜纷至沓来。先是发现一道用方整石块砌筑的石墙，随着墙基的扩展，考古队员推测，这有可能是一处祭祀建筑遗址；接着，在方形基址南墙基内侧，考古人员惊喜地发现一件双龙首璜形玉饰。此玉饰长4厘米，通体呈现淡绿色泽，玉饰两端均有一龙首，龙吻上昂，上唇翘起，口微张，目作菱形框。身饰瓦沟纹样，中部对穿一孔。龙体起伏，呈一道"虹"状，形体虽然不大，但雕刻精细，龙首形象明确。

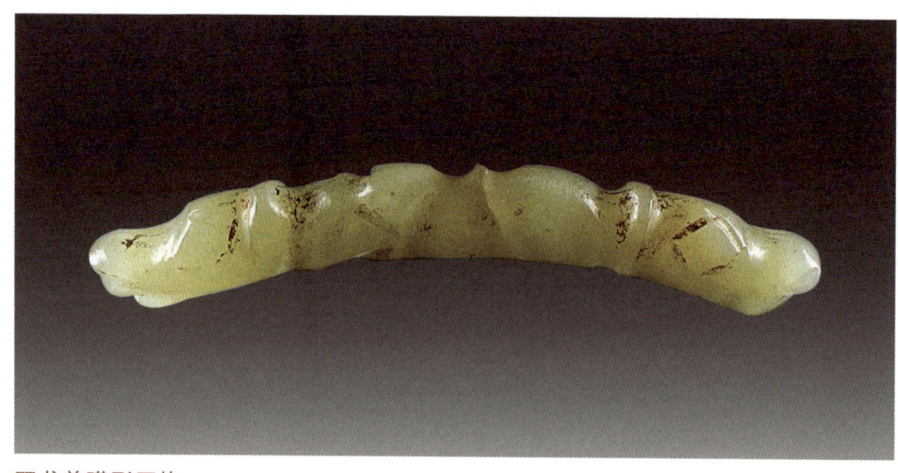

双龙首璜形玉饰

提取完这一珍贵文物,考古人员更加小心谨慎。在清理方形基址东外侧黑土层时,考古人员敏锐地感觉到手中的手铲碰到一硬物,清理掉附着的泥土,一件碧绿的饰件出现在人们面前:鸮形绿松石饰。饰件为绿松石质,片状,鸮首和翅尾部的羽毛被细线纹雕刻成形,鸮鸟展翅欲飞,生动逼真。背面则是在石皮正中对穿单孔,技法和双龙首璜形玉饰相同。石饰宽2.8厘米,高2.4厘米,厚0.4厘米。鸮亦称"猫头鹰",是鸮形目各物种的通称。

无论是艺术造型抑或雕刻技法,双龙首璜形玉饰和鸮形绿松石饰均展现出红山人精湛的手工技艺,在我国新石器时代业已发现的同类作品中,这两件也属上乘之作。多年来,考古人员收集了许多红山文化玉器,但其多为采集品,能够由发掘而得的还十分少见。这两件精致饰件的出土,为红山文化玉器的考定,提供了重要的地层证据。

龙是华夏民族的精神图腾,神话之中龙能呼风唤雨、擅长变化,它和凤凰、麒麟等形象并称"祥瑞"。在封建王朝中,龙又与皇权联结在一起,皇帝被称为"真龙天子"。龙能够布施风雨,护佑一方百姓风调雨顺,在几千年的农耕文明中承载着人类巨大的精神寄托。龙的形象起源有多种猜测,但是都与当时人们的生活观察密切相关。双龙首璜形玉饰的出土再一次证实,作为中华民族文化象征的龙的形象,早在距今五千年的红山文化中就出现了。

考古学家郭大顺后来回忆说:"这两件的造型都是前所未见的……就是当时全国已发掘的数百处新石器时代遗址,也都从来没有发现过。特别是龙首形装饰,是从商代起在青铜器和玉器上才见到的……"

时任中国考古学会副理事长的苏秉琦先生一直关注着东山嘴遗址,早在东山嘴遗址第二次发掘前的1981年1月31日,他在写给郭大顺

鸮形绿松石饰

的信中建议,"能再补充一些材料,多得到一些层位关系的材料,有必要"。1981年6月,苏秉琦在北京考古研究所观看了东山嘴遗址出土的双龙首璜形玉饰和鸮形绿松石饰,他思考的问题更加深入和广阔:"在燕山南北地区,由于一个'凌源—建平—喀左'小三角的新发现,使我们不能不刮目相看,它涉及中国历史上两大课题:中国五千年文明连绵不断的奥秘和轨迹及中国统一多民族国家是如何形成的。意义重大,不可不认真对待,花大力气,搞个水落石出。"[1]东山嘴遗址作为"小三角"中的一处代表,紧紧抓住了考古工作者的目光,也在后续的发掘中给予世人更多的惊喜。

二、非凡的建筑群

1982年春,大凌河载着如云如霞的桃花从东山嘴缓缓而下,河岸杨柳依依,春风拂面,真的是沾衣欲湿杏花雨,吹面不寒杨柳风。

在这春暖花开时节,辽宁省博物馆文物队开始对东山嘴遗址进行第二次发掘。

东山嘴遗址南北长约60米,东西宽约40米。它历经数千年岁月的更迭,静静地埋藏在大凌河畔。由于遗存位于陡峭的悬崖石壁之上,晚期没有扰动,因此遗址的文化堆积十分单纯。

考古工作者揭去耕土层后,便有一段南北向的石砌墙体露出,接着发现一些陶器。等到石砌建筑遗迹全面揭露,大家惊喜地发现,原来这是一处用大石块砌筑的成组建筑遗址,呈南圆北方、中心两侧对称,以中轴线布局的形制。这是怎样的史前建筑?五千年前的营造师

---

[1] 苏秉琦:《中国文明起源新探》,生活·读书·新知三联书店,1999年,第112—113页。

走进古国牛河梁
——红山文化发现百年纪实

煞费苦心营造这组大型建筑群是作什么用的呢?这组不同凡响的建筑群在考古专家郭大顺心中似乎有了答案。

东山嘴遗址的布局由中心、两翼和前后两端构成,整个遗址被石砌建筑基址占据。石建筑遗址石头加工技术和砌筑技术相当讲究,外侧可明显地看出错缝砌法,长条基石是经过打磨的,棱角突出,表面光滑。遗址内有象征天圆地方的圆形祭坛和方形祭坛,总体布局按南北轴线分布,注重对称,有中心和两翼主次之分。据考古专家朱达讲,

东山嘴遗址展示馆

这种反映中国传统建筑特色的建筑群遗址，在中国新石器时代考古史上还是首次发现。

具体来看，在东山嘴遗址的布局中，中心部分呈现举足轻重的地位。该基址东西长 11.8 米、南北宽 9.5 米，是一座较大的方形基址，内部层次分明，由三部分构成。上层为黑灰土夹碎石片堆积，厚约 50 厘米；下层由黄土堆积，厚约 30 厘米；底层用硬土夯实，建筑者以平整的黄硬土面为整体，间有大片的红烧土面，再将石堆和零散石块铺置在硬土上面，为整个建筑打下了良好的地基。在中心基址的四边都砌筑上了石墙基，以砂岩石作为主要用料，间杂少量灰岩石板。

随着时间更迭，石墙基也在自然的风化侵蚀中逐渐磨损，有的仅剩下建构时用的砌石，在岁月流转中浅吟着曾经的辉煌。四面如卫士般守护中心基址的石墙基，以东面和南面的留存最多。东墙中段有残存东墙基，由四层石块构成，长约 3 米，存高 0.46 米，以错缝砌法为主要构造方式，这在外侧视角极为清晰。南墙中段有残存的南墙基，保存一至四层不等，长 3 米、存高 0.15—0.40 米。西墙已无墙基留存，但是在西南角和西北角均有墙基发现。西南角的墙基处留有 5 层砌石，砌石外侧平整，呈正 90°折角，存高 45 厘米。西北角与北墙基相连，北墙基只保存一、二层，存长 3.4 米。

方形基址内置有大量石块，可明显分辨出三处石堆。其中南侧中部石堆最大，由密排立置的长条石组成，略呈椭圆形，东西直径约 2.5 米。

考古队员仔细清理，在方形基址的底部又发现许多遗物。先是在中部烧土面上，考古队员发现了一只玉璜和一个石弹丸，接着在西北角和东墙基北端各出土骨料一件。大量陶片在上部黑土堆积中被发现，它们绝大部分为一种粗泥质红陶筒形器残片。

中心部分的发掘成果令考古队员精神振奋，他们继续投入到两翼部分的发掘工作中。倘若中心部分为身形主体，那么两翼就如主体的双翅，围绕中心展开身姿，它们由南北两部分构成，每部分皆有东西两翼。其中，北部的双翼相互对称，为两道南北走向的石墙基。墙基加工整齐，以砂岩长条石砌成单行单层。石墙基上又都叠压黑灰土夹石片层，内含泥质红陶片，黑红斑驳的底色呈现古朴色调。有的泥质红陶片就铺在条石上，条石下压硬黄土。

东翼石墙位于方形基址的东北侧，留有东翼石墙的残存部分，墙基存长8.4米，距方形基址的东墙达6米，由23块长条石并排堆砌而成。西翼石墙基位于方形基址的正西侧，保存部分有间断。西翼石墙与东翼石墙对称相望，距方形基址的西墙也为6米，在墙基下压一座房址。在东西两翼的石墙基外堆放着大面积的石块，外径延伸到遗址的东西边缘，并且沿着边缘斜坡向下延伸。目前还未探知这些堆石的具体性质，它是砌筑的护坡？还是东西两翼石墙坍塌的残骸？还有待考古人员的进一步研究。

相比北部两翼，南部的石墙基损蚀较重，尤其南部西翼部分，石堆呈现零散分布，其中有长条石块和大量锥状石，此锥状石可被分辨出立置成组的形态。南部东侧石堆主要由长条石平卧组成，延展为长11米、宽2米的石带。通过清理发现，虽然南部两翼石堆的位置结构，没有北部两翼石墙基那样形成准确的对称，但是考古人员从它们的建筑布局和石堆性质的接近，推断出南部两翼也应为相互对应的建筑遗迹。

前端部分，可分为石圈形台址与多圆形石砌基址。

石圈形台址距方形基址南墙基约15米。正圆形，直径2.5米，距地表深仅20—40厘米，是在黄土堆积的上部铺砌而成，叠压在50厘米厚的黄土层上。周围以石片镶边，石片皆近长方形，长30厘米左右，多为白灰岩石片，向外一边平齐，使整个圆台址的边缘显得十分整齐，只在对应方形基址南侧的部位有明显下凹。石圈内铺一层大小相近的小河卵石。这种河卵石在整个遗址堆积处未见，也不见于遗址附近。应该是特意从山下大凌河川中拣选，然后挑上山台的。

多圆形石砌基址在石圈形台址以南约4米处，已残缺，可分辨出3个相连的圆形基址。其中两个尚有轮廓，近椭圆形，一个南北径3.1米、东西径3.8米，另一个南北径2.9米、东西径4.1米。这两个基址都为单层石块砌成，边缘都以大块河卵石砌出两圈，石圈内铺较小石块形成台面。从地层分析，多圆形石砌基址形成时间当早于石圈形台址。

三、孤独的房子与人

随着东山嘴遗址发掘工作的不断推进，考古人员对它的建造布局、建筑性质有了进一步的探触。但令考古专家感到不解的是，在整个东山嘴建筑遗址中，只发现一座房址和一具人骨。

这座房址位于遗址西侧北部，西翼石墙基和铺石正好压在房址活动面上，但并未破坏地面。房址的形状约为长方形，因保留铺石层的缘故，没有揭出房址的西半部分，其南北长7.4米，东西揭露部分宽2.5米。房址并没有完全建于地上，而是呈现半地穴式。两年后的秋季，考古人员发掘出的女神庙也为同样的半地穴式，这种构造显示出红山人对于"寝"的理解和表达。东山嘴这座孤独的房址，它的地下部分现存墙壁高度为25厘米，壁上涂抹了双层的草拌泥，厚约1.5厘米，经火烧。房内地面平坦，用黄硬土铺成，并经火烧成黑间红色。东墙中部向外凸出，作成一个十分规整的长方形坑，坑长110厘米、宽80厘米。坑四壁结构与房址墙壁相同，但草拌泥抹面的火烧程度较高。坑内呈台阶状，台阶宽 20 厘米，台面抹平，非常光滑。坑底深于室面 40 厘米，略呈锅底状，内填压小石块和一层黑灰烧土。

考古队员经过仔细搜寻，发现在坑内北端还放置了一把石斧，斧刃朝正南平卧。石斧磨光甚精，如此状态并非用作一般工具，这令人感到奇怪。或许红山人在此举行祭祀时，曾用这把石斧作为仪式的用具？还是放置在房址内，供居住的人用以防卫？答案不得而知。考古专家认为，此方坑应该不仅是一般的灶址或取火坑，是否还含有与祭祀有关的意义，尚待进一步分析。房址基址作为东山嘴建筑群址的有机整体，较为完整地得以保存，是难能可贵的。

更令考古人员迷惑不解的是，在发掘面积达 2250 平方米的偌大建筑群里，却仅仅发现一具人骨架，而且已经石化。

人骨位于遗址南部石圈形台址东北侧，距地表深约 80 厘米，性别不详。无随葬品。专家认为，这具完整的人骨架，应同整个遗址性质有关。

五千年前的清风曾拂过牛河梁上苍翠的山林，也穿梭于东山嘴这处神秘的地点。月夜之下，只有一座房址矗立在 2000 多平方米的建筑群中，月光如白色的潮水漫过整座建筑，也轻轻地将它笼罩在白色的静谧之中。这座房子肯定不是一般的民居，那它又到底作何用？是祭祀的庙，还是祭祀场所守卫者的居所？或许，那个守在房址身边的人，知道所有答案，但他能给后人留下的唯有那具枯骨，所能述说的过往都悄然流逝于五千年的风中。他一定在某个静寂的夜晚，凝望着空荡而肃穆的建筑群，微风掠过，虫鸣声声，那是他唯一可以倾诉的对象。这个孤独的人生前是作什么的，是部落首领还是主持祭祀的巫师？是建筑群的营造者还是祭祀的守卫者？一个个谜团像回环缠绕的绳扣，等待着后人解开。

四、营造师的杰作

正像郭大顺所推断的，东山嘴建筑群址是红山文化时期的祭祀遗址，是在中国发现的第一个与女性崇拜有关的祭祀遗址，这是东山嘴遗址的主要内涵及重大意义。

考古专家经过现场考察及出土遗物研究，并与同时期史前遗址进行对比参考，确认东山嘴遗址处于红山文化晚期阶段。后经对石建筑基址碳-14测定，年代为4895±70年；树轮校正为5485±110年，与专家的认定基本吻合。

这组石建筑基址，是五千年前建筑营造师的杰作。在总体布局上，按南北轴线分布，注重对称，有中心和两翼的主次之分，南北方圆对应，表现出令人瞩目的特点。

联系遗址选择在面对开阔河川和大山山口的梁顶，多处基址都置有成组、成群立石组成的石堆，另外通过对陶塑人像群出土等多方面分析，表明这显然是当时人们从事包括祭祀在内的社会活动的一个中心场所。遗址所出形制特异的陶器、兽骨等遗物，以及文化堆积的形成和建筑遗迹的变迁，也应具有不同于一般居住址的特定用途和规律。

东山嘴遗址石建筑基址在建筑石材加工、砌筑技术等方面相当讲究。石墙砌筑采用错缝砌法，这与五千年后今天的建筑方法如出一辙。在细节处理上，建造者也很用心。条石的砌筑很注意外侧面的整齐，近于一条直线。石块大都经过加工，长条基石是经过打磨的，棱角突出，表面光滑。

考古专家朱达认为，东山嘴遗址内有象征天圆地方的圆形祭坛和方形祭坛，总体布局按南北轴线分布，注重对称，有中心和两翼的主次之分。

祭祀活动表达了古人对神明和祖先的崇奉，反映了天地和谐、天人合一的理念。古人以祭祀表达对神明的信仰，最初祭天没有固定的场所，随着祭祀方式逐步规范，才有了神庙和祭坛的创建，这也是东山嘴这些建筑遗址的重要由来。《礼记·祭法》有语："封土曰坛。"人们以土石为材料，堆砌出高于地面的祭坛，"祭日于坛，祭月于坎"，坛为高起的土堆，坎为地上挖掘的平坑，坛和坎这一相对应的语词，反映了古人祭祀的不同方式。后来，人们在坛的基础上修筑墙或房屋，于是有了宫庙。最初的宫庙只是为了人神而筑造，譬如红山女神庙中的众多女神群像，而后又有诸多神灵的庙宇，诸如城隍庙、龙王庙等的出现。祭祀场所的变迁，展现了漫长的人类历史中建筑工艺的进步，也反映出华夏文明中独特的价值观、人生观、宇宙观。

圆形祭坛模型

第二节：东山嘴——讲述东方维纳斯的传奇

世界上迄今为止最早的雕像，是维林多夫母神，又称"石维纳斯"，是出土于奥地利维也纳附近维林多夫山洞中的小型女性石雕，距今约2万年。此雕像塑造了一个符合孕妇形体特征的母亲形象，表达了早期人类渴望通过种族繁衍壮大自身的愿望。女性雕塑从旧石器时代晚期到青铜器时代早期，在欧洲、非洲乃至中南美洲的古遗址和古墓葬中普遍有所发现。因此有外国人断言，中国没有石器时代的女神雕塑。这位外国人虽然有些武断，但在中国，20世纪70年代以前发现的早期人体雕塑确实很少，发现的也多为器物上的贴塑、附饰，这些雕塑的形体特征比较简略，在它们身上缺乏明确的性别特征，雕塑师的手法明显地偏于原始，还未有完整的妇女雕像出土。中国有没有自己的远古女神？东山嘴遗址能否给出答案？

一、水土相容的器物

当一捧土与水火相遇，会产生多少种可能？

人类较早的艺术活动是制作陶器。远古陶器中既有生活器皿，也有祭祀用具，还有崇拜偶像，每件陶器本身就是艺术品。我们每个人小时候都喜欢玩泥塑，捏泥人，捏小动物，捏各种玩具，这是人类早期技艺的再现。

在东山嘴遗址出土的远古遗物中，数量较多的是陶器。其中，有内外绘彩的盖盆，外观雅致素朴；还有圈足黑陶盘，这是古时的一种器皿。缺少底部的塔形器和筒形器，则展现了红山时期精湛的制陶技艺，反映了当时人们朴素的天人观念，这些文物的出现都预示着东山

磨光黑陶盘

陶制筒形器

嘴遗址会有较多的文物发现。

　　据郭大顺、张克举《辽宁省喀左县东山嘴红山文化建筑群址发掘简报》记载：出土陶器中，陶质以泥质红陶数量最多，约占80%；这些陶器壁较厚，粗泥陶较多，细泥陶少。夹砂灰褐陶、夹砂红陶、磨光泥质黑陶、泥质灰陶也有一定数量。

整个遗址中，发现的陶器虽然非常多，但多为地面采集，正式发掘品少，其中完整器更为少见。遗址中也出土了一部分石器。石器是人类发明制造的比陶器更古老的生产生活工具。骨器发现的更少。另外，发现蚌器一残片。

在出土了大量陶器后，接着出土的遗物更出人意料，那不是一般的惊喜。

二、东方维纳斯

在中国学界，多认为中国上古时代人体雕塑并不发达。早在20世纪50年代，众多考古学家、历史学家就开始关注这个值得商榷的课题。考古学家俞伟超曾提到："留学生们经常问起，世界各地的史前文化到青铜器文化，到处都有妇女小雕像的发现，为什么中国没有？我回答说：不是没有，而是还没有找到。"

事实果真如此吗？

1982年春天的一天早晨，东山嘴遗址发掘现场，考古人员早早开始了新一天紧张而忙碌的考古发掘工作。

一位考古队员不经意间发现一个陶器残件，拿到手中一看，有点像人体的某个部位。另一位考古队员马上把这个陶器残件送给考古专家郭大顺，郭大顺用手轻轻抹去陶器上面的残土，激动而肯定地说："这是人体塑像的腰部，你看，正面还有仿皮条的带饰！"两人立即来到发现人体塑像残件的地方——石圈形台址（圆形祭坛）东南侧，开始小心谨慎地发掘。

在黄土层中，一件人体陶塑显露出来。考古队员小心翼翼地用毛刷轻轻刷去覆土，戴着手套，将人体陶塑残块提取至托盘中。此人体陶塑是人体的手臂和胸腹部分，残块高度为18厘米，宽22厘米，外壁厚0.9厘米，内腔为空心。该陶塑的两只手臂已残缺，右臂留有下半部分，两只手臂以贴塑法与胸腹相连，双手在腹部中间交叉。右手握住左手手腕，手指美丽修长，左手似攥拳状。

考古队员继续寻觅人体陶塑的下肢。功夫不负有心人，在手铲的仔细刮铲中，一件同个体的人体下部残块显露出来。

下身同样内腔中空，左膝处有一个圆孔连通腔内。该残块高12.5厘米、宽22厘米，外壁厚度达3—4厘米。雕塑呈盘膝正坐姿势，右腿自然搭在左腿上方，左脚和脚趾裸露在外，右脚残缺。整个雕像底部平整，布满席纹装饰。

两块人体陶塑残件拼到一起，一个完整的大型人物雕像便呈现在大家面前。她在考古人员的视线中盘膝而坐，左右手交叉于腹间，右手紧握左腕，左手状似攥拳，好像在思考一些重大的事件，又仿佛在进行一项庄严的仪式。人体各个部位的形态都塑造得逼真自然，充满动感，整个身形又符合人体比例，大小约为真人的一半，唯一令人可惜的是塑像的头部缺失，否则或许可在她的眼眸中，读出更多属于东山嘴的谜题答案。

考古人员在石圈形的台址周围，还发现了其他拥有相同姿态的上下身残块，可知这种盘腿正坐、双手交叉于腹部的形象，是一种特定的姿态。

石圈形台址西南侧，又出土一个人体腰部装饰残块，为横长形残段，上下均残缺。高6厘米、宽12—14厘米、厚1—3.5厘米。一残边正中有一缺口。两侧中部形成束腰。面塑纹饰，间有黑彩痕。左右两侧各贴塑两条并在一起的皮索。中部较两侧突起，突起部位也贴塑皮索状，为并列的三段，折曲相连，呈S形，三段在中间又以短宽带相连，形成似束在腰部的带状皮索形象。背面平整，有贴痕。有可能是贴在人体塑像腰部的衣带类装饰。

大家还在兴奋之中，更大的意外发现又接踵而至。

在石圈形台址东侧黄土层中，出土一件孕妇塑像。为裸体立像，头及右臂均残缺，腹部凸起，臀部肥大，左臂曲，左手贴于上腹，有表现阴部的记号。通体打磨甚光滑，似涂有红衣，体肥硕，腹部尤圆鼓，下肢稍弯曲，下端残缺。体残高5厘米。

惊喜连连，大家还未缓过神来，又一件孕妇塑像破土而出。这件孕妇塑像在石圈形台址东北侧黄土层中。体修长，上体前倾，下肢显弯曲，足残。体残高5.8厘米，表面不磨光。可惜的是，这件孕妇塑像头部也残缺。

这两件小型的人体塑像都呈现裸体倚坐姿式，她们的腹部圆润鼓起，臀部丰满肥大，带有明确的性别特征，是造型别致、形象鲜活的孕妇塑像。虽然此时的造型技术比较简练，但是雕工技术精湛，塑造极其逼真，相比此前新石器时代制造出的原始简陋的人体塑像，略胜一筹。

争议多年的中国上古妇女雕像问题，随着两件小型人体雕像的出土画上了圆满的句号。于岁月尘埃中沉睡了五千多年的中国女神，拂去厚厚的尘土，在人们的惊喜之中重见天日。

在古代社会，女神象征着生育、大地、丰收和民族活力的延续。因此，女神被广泛崇

陶塑孕妇像

拜。古罗马神话里，维纳斯是爱与美的女神，也象征着丰饶多产，她的形象出现在文学家和艺术家的作品中，成为诸多文艺创作者的灵感源泉。尤其是公元前2世纪，由古希腊雕刻家阿历山德罗斯以大理石雕塑的《米洛斯的维纳斯》，将维纳斯和谐优美的体态赋予巨大的艺术魅力，这具雕塑闻名中外，现被法国卢浮宫博物馆收藏。

而东山嘴遗址出土的妇女小雕像，被誉为早期"东方的维纳斯"。

这一考古发现确凿证实，中国上古时期，不但有女性塑像，而且是完美的女神崇拜形象。在中国上古社会宗教意识形态中，女神崇拜同样占有主导地位。

东山嘴遗址是中国第一个发现的有关女性崇拜遗迹遗物的遗址。

此次发掘东山嘴遗址，共发现20余件陶塑人像残块，皆为泥质红陶胎，大多为人的肢体部分，头部缺失。陶塑人像呈现了一定的特性：虽然人像残块大小不同，但是规模不限于一两个个体，而是作为一个群体的存在。出土的小型孕妇塑像，含有明确的女性性别特征。大型塑像的雕塑技法精湛，已经脱离了原始性，塑造的人物有固定姿态，反映了其背后的特定含义。

栩栩如生的人形塑像，在时间的纵轴上遥遥回应了20世纪50年代的课题，世界各地的史前文化到青铜器文化，到处都有妇女小雕像的发现，而在中国地域的妇女雕像的确存在，并且于东山嘴遗址的发掘中找到了答案。在我国新石器时代考古文化中，人形塑像同样是其中的文化组成部分。此次发掘，可谓一鸣惊人。

三、等了30年的重大发现

注重布局的石砌建筑、无底部的特异性陶器、手工技艺精湛的玉器，外加别致鲜活的陶塑人像，放在国内众多新石器时代的遗址发掘中，都是极为罕见的遗存，而这些珍贵的文物却不断地出现在辽西山区的红山文化遗址里，这到底意味着什么呢？

东山嘴遗址的考古发掘很快轰动了中外考古界。

1983年7月下旬，在时任中国考古学会副理事长苏秉琦主持下，"燕山南北长城地带考古座谈会"在喀左县城召开。以苏秉琦为首的国内19位知名考古专家来到东山嘴遗址进行现场考察。专家们认真讨论后一致认为：东山嘴遗址是典型的红山文化祭祀遗址，为母系氏族社会的直接证据，其所处的时代，正是原始社会的一个大变革时期。这是我国史前考古的一次重大发现。

苏秉琦把东山嘴红山文化遗址的发现与文明起源联系起来，他提出："中国之大，可以划分为许多块块，但别的地区还没有发现过这样一处遗迹，它的时间可以早到五千年前。所以，东山嘴的发现是难能可贵的。"苏秉琦指出，东山嘴遗址对研究燕山南北、长城地带的

著名考古学家苏秉琦

古文化具有里程碑的意义，建议辽宁考古工作者要在喀左、凌源、建平交界处一带下更大功夫。

座谈会上，考古学家俞伟超语出惊人，他谈道："世界各地都有妇女小雕像出土，为什么中国不出？现在看到东山嘴的塑像，这是考古界等了三十年的重大发现！"

考古学家郭大顺后来回忆起当年的发掘工作，依然记忆犹新："我时时站在遗址南部，瞭望隔大凌河开阔河川的大山山口，觉得这处遗址虽规模不大，但选址特殊，既有气势，又显神秘性，这完全不同于以往所知的新石器时代居住遗址，它的功能很可能与史前的祭祀有关。当时，有关史前时期的祭祀遗址在国外有较多资料，在我国，仅知有甘肃省属于齐家文化的何家庄遗址，这个遗址有一处卵石砌的圆形建筑被视为与祭祀有关的遗迹，而文献记载中国上古时期祭祀频繁，所谓'国之大事，在祀与戎'。从安阳殷墟的祭祀遗迹和甲骨文记录的祭祀活动所知，当时祭祀规模大、次数多、内容丰富、形式繁杂，已是发展到相当高度的祭祀礼仪，应向前追溯到新石器时代，所以在史前时期发现祭祀遗址的机会应该是很多的。更重要的是，东山嘴遗址的石砌建筑群址有中轴线布局，这是中国传统建筑布局的主要特点，而龙形装饰更是后世帝王的象征物，这些因素都是文明社会才能具备的，它们在红山文化都已出现，暗示当时人们的思维已超越了原始社会。于是我在当年年底的业务汇报会上，首次试探性地提出这次发现与文明起源的关系问题。"

东山嘴遗址的发现，昭示了西辽河流域、辽西大凌河流域在中华五千年文明史上占有重要位置。

苏秉琦先生的预言能否变为现实？答案就在牛河梁那片松林下。

第三章

华夏古国的惊世再现

走进古国牛河梁
红山文化发现百年纪实

在努鲁儿虎山脉绵延的山势中，一片极普通的山梁隐藏在辽西丘陵深处。它承载着厚重的文化积淀，静静地倾听着五千余载的山风和松涛，等待着后人去发掘这里曾有过的文明曙光。

这一愿景，在1981年牛河梁遗址的考古发现中得到开启，红山文化最重要、最具代表性的遗址遗迹在这里相继被发掘，牛河梁这个名不见经传的地方迅疾地蜚声海内外，并引发了持续到今天的"牛河梁热"。

牛河梁遗址散落在东西约10000米、南北约5000米的几重山梁上，这里有积石冢、女神庙、大型祭坛和金字塔式建筑的史前祭祀遗址群，发掘了以玉猪龙和玉人、玉凤等为代表的玉器，更有被誉为"中华民族共祖"的女神头像。实证了牛河梁这片厚重的土地是中华五千年文明的起源地之一。

第一节：最老的神庙与最古的女神

"一把黄土塑成千万个你我，静脉是长城，动脉是黄河，五千年的文化是生生不息的脉搏，提醒你，提醒我，我们拥有个名字叫中国……"这首流行于20世纪80年代的歌曲，唤起了无数人的爱国情。而"一把黄土塑成千万个你我"，源自女娲抟土造人的传说。东汉时期的《风俗通》载："俗说天地开辟，未有人民，女娲抟黄土作人。"女娲是神话中人类的始祖，传说她创造人类社会并建立婚姻制度，因此被称为"大地之母"。

2023年伊始，笔者饶有兴致地关注《辽宁日报》推出的"国宝在辽宁"系列报道，该系列报道从辽宁众多国宝中精心挑选了30件文物加以展示，其中首屈一指的就是牛河梁出土的红山女神像。

一、秋天的期待

秋天是牛河梁一年四季中最美的季节。成熟的浆果让鸟儿欣喜鸣唱，秋收后的田野袒露出难得的慵懒。凉爽的秋风漫过牛河梁的大地，此时已是1983年的9月中旬，牛河梁森林上空偶尔传来几声雁鸣。这里是天鹅迁徙路线，如果运气好，仰望天空，还可以看见列队的白天鹅优雅地向南翩然而去。草地上一簇簇野菊花开得浪漫而诗意，像是送给秋天的爱的信物。

又是忙碌的一天。天色将晚，考古队员收拾东西准备返回驻地。参加考古调查的富山公社文化站站长赵文彦走到附近一条冲沟内小解，突然发现冲沟的表土露出一块类似人耳朵的陶土块。方便完，赵文彦用手抠出陶土块，飞也似的往回跑，一边跑一边扬着手里的陶土块喊："孙队长，耳朵！耳朵！"

正准备收工的考古队员没明白赵文彦口中的"耳朵"是什么意思，愣愣地你瞅我我瞅你。

孙守道大步迎上去，接过赵文彦手里的陶土块，只看一眼，满眼放光地说："老赵，你立功了！"

赵文彦领着大家来到刚才的方便处——欺天林场大杖子工区林带内北山冲沟。考古队员们都十分兴奋，他们冲到这条沟里，俯下身来，仔细搜寻，很快，又发现泥塑人像的鼻、乳房和四肢等残块。

孙守道马上对四周进行勘察，并根据泥塑人像残件作出初步判断：这些人像是神像，而神像之所在，肯定是祭祀地点。

这里是祭坛？还是神庙？

考古队员们满怀期待地回到驻地。这一夜，大家睡得都很不安稳，

牛河梁遗址远眺

他们心中都在惦记牛河梁那个冲沟。

二、华夏第一庙

第二天，天刚放亮，考古队员们就都起床了。草草吃过面条，考古队员们就出发了。这时候，太阳刚刚跃上牛河梁松林的树梢，鸟儿们也才起床，叽叽喳喳地唱着晨曲恋歌。

考古队员们迫不及待地投入试掘工作中。

郭大顺根据昨天傍晚的勘察，给考古队员指出试掘的具体地点、范围，并提示大家要小心谨慎，手中活儿要细。孙守道默默不语，两眼紧盯着考古队员铲土的铲子，生怕错过什么。

出人意料的是，仅揭去冲沟东部山坡0.25—0.5米厚的表土，一座迷宫一样的神庙遗址建筑轮廓便逐渐显露出来。考古队继续扩大试掘范围，神庙建筑整体布局全然清晰地展现在大家面前。

女神庙位于牛河梁主梁顶部，海拔为671.3米，向南与猪首山遥遥相对。这里地势高，坐北朝南，无形中给人一种仰视膜拜、庄严神秘的氛围。

庙址所在地点处于牛河梁红山文化分布的中心位置。庙址位于"平台"南侧18米的平缓坡地上。庙址方向为南北向，北偏东20°。平面布局分为北多室和南单室两个部分。北侧的多室是其主体建筑，南侧的单室为附属建筑，两者约在同一中轴线上，间隔达2.65米。北多室为南北长、东西短、多室连为一体的结构，可分出中室、北室、东室、西室和南部约三室，总体南北长18米，东西最宽9米，最窄2米。其中北多室的西室已于20世纪60年代挖林区排水沟时被破坏。经试掘得知，中室与其他各室都有通道相连。南单室建筑址位于北多室南部2.65米处，穴口横长6米，最宽2.65米。庙址总面积约75平方米。

牛河梁遗址第一地点女神庙保护展示馆

面积虽然不算很大,但它却是"中华第一神庙"。

神庙墙壁上彩绘有几何形壁画,可以想见,五千多年前这座神庙的富丽堂皇。

出于考古专业习惯,郭大顺对待考古中的发现一般都很冷静,很少喜形于色。但这一次不同,这位考古专家面对神庙的出土,还是难掩心中激动。郭大顺从事考古工作20多年,对中国的重大考古了如指掌，他心里特别清楚，这座神庙是中国迄今发现最早的史前神殿遗址。这座五千多年前的神庙遗址，就在考古队的久久期待中，在千山万水的踏查中，在一锹一铲的发掘中，在牛河梁这个美妙的深秋，展露在五千年后的蓝天白云下。

考古人员在平息心中的兴奋后，继续接下来的一项项考古工作。考古人员发现，庙址的地下部分有直立的墙壁，在北多室的主体和附属的南单室外发现有炭化木柱围绕于穴口边缘以外，墙壁和仿木建筑构件上多有捆束的禾草一类植物的印痕，墙面抹多层草拌泥，较为光滑。在北多室的南部穴口以上有拱起部分。另在庙址东部与穴口大约同一水平面上发现有散布的烧土和兽骨，由此可以确定，现在的穴口即为庙址地下与地上的交界线，并可推定神庙是一座半地下式建筑，庙址现保存的地下部分即为庙址原地下部分的深度。

在女神庙址内部，考古人员没有发现石质建筑遗迹和遗物，由此可知，这所庙址完全由土木结构筑成，建造时完全没有使用石料。

女神庙墙壁彩绘几何形壁画

笔者曾站在女神庙保护展示馆内，近距离观看回填后的庙址平面，女神庙的轮廓呈"亚"字形，结构直观而清晰。南侧为独立单室，往北依次为长方形室、南室、主室、北室；主室西侧为西侧室，东为东侧室。尽管这些建筑掩映在黄褐色的泥土下方，但想到五千年前红山先民曾在这里祭祀、活动，脚下富丽堂皇的庙

彩绘墙壁面残块

宇内曾庄严地举行着一场场的祝颂仪式，心情也随之肃穆起来。五千年的时光转瞬而逝，女神庙也变作如今深埋地下的无尽想象。它曾经还见证过多少红山先民的生活情境？又是如何在岁月的长河中被无情损毁？

从庙址中已经碳化的木柱和被火烧过的陶器分析，女神庙应该是被一场大火烧毁的，地上部分全部坍塌，只保存了地下部分。这是怎样的一场火，是自然之灾，还是人为之祸？神庙被焚毁，也可能是其他部族方国所为。

考古专家可以大胆假设，但必须小心求证。神庙的发现和其初步的发掘成果表明，该庙址的建筑形制和自身结构都十分复杂，建造者的设计和技术水平已经相当高超。神庙的顶盖和墙体采用木架草筋，内外敷泥，表面压光的建筑方法，使其能够合理承重，又能拥有较强的稳定性。主体建筑包含中心主室和向外分支的多室，两者以中轴线

牛河梁遗址第一地点全景

左右对称，同时还配有附属建筑，使这处祭祀殿堂有中心、多单元对称而又富于变化。女神庙的发掘，为研究中国五千年前早期祠庙的起源与形式提供了极其珍贵的资料。

三、当惊世界殊

1983年11月2日清晨，阳光明媚，云淡风轻，牛河梁附近的黑松林笼罩在淡淡的雾霭中。这天，考古队员们早早地来到神庙建筑遗址，继续前一天的试掘。

突然，忙碌的现场顷刻沉寂下来。考古人员惊讶地发现，在散落的人体残件中，一个头像似隐似现，这一幕一下子吸引了大家的目光。

考古队员戴着手套，小心翼翼地揭去压在头像上的一个陶手掌，再用铲子轻轻刮去周围的泥土，人们屏住了呼吸，现场静得只剩下手铲刮土那清晰而缓慢的沙沙声。考古队员用刷子刷去头像上的泥土，用竹签剔去鼻窝里的泥土，将旁落的鼻子恢复到原位，一件完整的人面塑像呈现在考古人员面前：宽而平的额头，厚厚的上嘴唇，大而明亮的眼睛，仰面朝天、面涂红彩、鲜艳如新……

在场的人不约而同地喊出："红山女神！"

沉睡了五千多年的红山女神，在这个朝霞满天的秋日蓦然醒来，她跨越五千年历史尘埃与世人见面。

女神头像出土于神庙主室西侧北壁下，为一高浮雕的人像头部。头像通高22.4厘米，面宽16.5厘米，大小与真人相似。眼眶长6.2厘米，两眼间距3厘米；鼻长4.5厘米，鼻宽4厘米；耳长7.5厘米，耳宽3.5厘米；嘴长8.5厘米，唇凸起2—2.5厘米。考古队员测量得十分仔细，心情激动得令作记录的手微微颤抖。

女神头像额顶发迹平直起棱，头顶以上部分残缺，额顶有箍饰，

女神头像出土时的情景

鬓角部位有竖行的系带；颜面出土时呈鲜红色，眼眶、面颊尤显，唇部涂朱。眼球的处理尤为独特，眼睛用滑石质玉石制作，呈现淡淡的灰色，正面被打磨得圆鼓光滑，背面为了能深嵌眼窝，被作成钉状，看上去显得炯炯有神。上唇以下为贴面，露出有表现牙齿的似蚌壳质贴物痕迹；女神的左耳已有残缺，靠近耳垂的部位有穿孔，这大约是为佩戴耳饰而钻的孔，右耳保存完整，耳轮简化。

女神头像塑泥为黄土质，有较大黏性，掺草禾一类植物，未经烧制。内胎泥质较粗，捏塑的各个部位为细泥质。外皮打磨光滑。头像的背面和下部均为残面，根据背部的残面推测，塑像应该被贴在墙壁上，尚可见塑造时包以草束的支架痕迹。

考古专家称，女神头像的发现是考古界的一件幸事、大事，也是中国的一件幸事、大事。牛河梁遗址红山女神头像出土的特殊意义在于，这是中国考古界第一次有女神头像出土于神庙。从出土的红山女神塑像可以看出，红山先民已从自然崇拜、图腾崇拜进入较高级的等级观念。

考古界泰斗苏秉琦先生对女神头像进行研究后指出："女神庙塑像称为'神'可以，但她们是按真人塑造的，是有名有姓的具体人物，所以我曾说过，她是'红山人的女祖，也就是中华民族的共祖'。"①

红山女神的出土、苏秉琦先生的论断，迅速传遍了中国考古界和世界考古界，引来一波又一波新闻报道的浪潮。

女神头像如真人头部一般大小，面部保存基本完好。她那方圆形的扁脸，突起的颧骨以及斜立的眼，低而短的鼻，长而薄的唇，都显示出蒙古人种的特征。隆起的额部，圆润的面部，小而纤细的耳，尖而圆的下颌，显示着东方女性的美丽。这个头像含有相当丰富而微妙的表情，富于动感。嘴角圆而上翘，似乎流露出一种"蒙娜丽莎"式的神秘感。面颊随嘴部掀动而起伏变化，颇具节奏感。尤其是眼球的处理，深深嵌入圆形玉片为睛，炯炯有神。可以说，这是一个极富生命力并高度神化的女性头像，是古人的艺术杰作。

---

① 苏秉琦：《中国文明起源新探》，生活·读书·新知三联书店，1999年，第112页。

女神头像

红山女神像的出现，让更多人有机会目睹我们祖先的模样。当然，我们在展厅中观看的是一件仿制品，红山女神头像原件是国宝级文物，现藏于辽宁省文物考古研究院，供考古专家、人类学家作深入研究。

据古人类学专家鉴定，女神头像属于蒙古利亚人种，女性，脸庞和现代华北人脸型基本相同。红山女神的出土，表明这一时期原始宗教已从自然崇拜、图腾崇拜发展到祖先崇拜。

红山女神是不是上古神话传说中的女娲呢？

据诸多史料记载，三皇中的伏羲氏、女娲氏曾游于东海而居，被称为"东夷始祖"。牛河梁红山文化的祭坛、女神庙和积石冢等大型遗迹与这些人类祖先的活动有着密切的联系。炎黄东迁后争战于阪泉之野，黄帝曾定都于今河北涿鹿一带。黄帝、颛顼、帝喾都曾相继统辖北方冀幽之地。红山女神与神话中的女娲的关系还有待后人去探索。

四、神庙诸女神

女神庙，是中国文明起源的重要象征。

在考古工作者的辛苦努力下，不仅红山女神重见天日，曾经与红山女神朝夕相处的其他文物也一同展现在1983年的秋日阳光下。

考古工作者经过清理发掘，发现了大量建筑构件、泥塑造像和陶制祭器文物。根据考证，除却规格不一的女神群像，女神庙中还供奉着熊、鹰等动物神像以及多件彩陶祭器。

在神庙发掘出土的人体塑像残件有很多，这些塑像都是草拌泥质，因宗庙建筑倒塌，塑像多被压碎。这些塑像残件，包含鼻、耳、手、乳房、胳臂等多个人体部位，有的已残缺，有的还可以看出其动态姿势。透过一件件独立的塑像残件，考古人员仿佛可以看到整合后的人体塑像拥有的姿态、面貌和表情，并依稀看见属于红山先人悠远而神秘的古国时代……

具体来看，其中出土鼻1件，位于中室正中部位。这件鼻塑像已不完整，是位于鼻子左下侧的残件，其中有鼻梁、左鼻翼及左鼻孔，鼻梁和鼻孔都为圆形。耳4件，出土于中室正中部位，下部残缺，表面粗糙，有耳郭与耳轮的简化表现。手2件。一个出土于北室和中室连接处，为握拳状的左手，手的表面被打磨光滑，拇指向外伸出，指尖微微上翘，其他四指向内收屈。手的上端保留到腕处，腕扁圆中空。底部是一处较为平整的残断面，好似将整只手托举在平面上。另外一个出土于中室近北壁处。这只手也是左手，但打磨得并不精细，表面也不够光滑。整个残件仅剩下手部，呈伸掌状。五指伸张，全不并拢，指显细长，有指尖的表现，拇指尖稍有上翘，全手作按压状，手下部残断面也较平。

出土乳房2件。其中一个乳房残块在庙址出土，系右侧乳房，较完整，当属少年女性个体。另一个个体较小，表面打磨光滑，显丰满，无乳头的表现。上臂2件。其中一个为左上臂连接左肩头及左前胸部。

鼻部残件

乳房残件

臂为圆雕，左胸部内面露有带斜行草禾的残面，可能为与墙壁相接的部位，这部分当为浮雕，可知此塑件为浮雕与圆雕相结合的一件标本。表面压光，臂甚直而圆，有空腔，从下端残断处可见内收趋势。左胸部正面平直，与臂相接处上部显圆肩，下部内里形成腋窝。另一个外表打磨光滑，略有凹凸不平，似涂有红衣。内面有竖行草禾痕。臂呈下垂状，略向内弯。近肩部有大片接痕，应是肩上另有附加物所致。肩部1件，出土于中室。上已近于颈部，下将及胸部。泥胎细腻，外表打磨光滑。显曲线轮廓，有圆润感，女性特征明显。

经过考古人员的初步统计，上述人体残件大约分属于6—7个人体个体，约为人体的2倍、3倍和人体原等大小等三种规格。他们的形体大小不一，年龄跨度较大，或展臂伸手，或曲肘握拳，多种形态的塑

泥塑人手出土状态

手臂残件

像组成了活灵活现、绚丽多姿的女神像群，具有极高的工艺技巧和艺术价值。依据群像之间的不同大小和体态差别，似乎那时已经形成了有中心、有层次的"神统"。这反映了当时的宗教已经发展到了很高的阶段，步入祖先崇拜。

考古人员根据已出土的多件女性特征的泥塑残块，将神庙遗址命名为"女神庙"。女神庙出土地点被编号为牛河梁遗址第一地点。女神庙和红山女神是牛河梁遗址发掘40年来最重要的发现，是红山文化标志性建筑和代表性文物之一。

秋去冬来，天气骤然冷下来，考古工作者结束了这一年度的考古发掘任务。在告别牛河梁那一刻，考古队员们都有些依依不舍。这是一个硕果累累的秋天，这也是一个值得铭记的初冬。

第二节：女神庙，围绕你的还有多少秘密？

在中国人的传统观念中，许多人一直认为黄河流域是中华文明的故乡，中华文明从黄河的摇篮里孕育出来，然后再传播到华夏各地。这种观念似乎根深蒂固。而牛河梁遗址的重大考古发现，促使人们重新审视中国史前的历史。中华文明的起源是多元的，文明的火花犹如满天星斗，西辽河流域、燕山南北、长城地带也是中华文明的发祥地之一，在中华文明起源的过程中起到重要的作用。

位于辽宁省朝阳市的牛河梁遗址，接连出土祭坛、女神庙、建筑构件、泥塑造像和精美玉器等文物，反映了红山先民已从自然崇拜、图腾崇拜进入较高级的等级观念，证明了中国文明起源的"古国"阶段，丰富了中华古文化参天大树的"直根系"。

一、芳菊开林耀

"芳菊开林耀，青松冠岩列。怀此贞秀姿，卓为霜下杰。"陶渊明的这首诗，很像是写牛河梁的秋天。

牛河梁遗址考古队是由辽宁省文物考古研究所、辽宁省博物馆等单位联合组建的。考古队在牛河梁遗址第一地点女神庙的试掘，经历了3个年度——1983年秋冬、1984年秋和1985年秋。现今，女神庙在原址上进行了原貌保留，其中一个原因，或许是一些关键考古保护技术尚不具备，让遗址原位原貌保留，也许是目前最好的选择。

1983年，考古人员将目标主要放在女神庙主室西侧，对其表层试行下掘，不仅发掘出红山女神头像，还发现诸如肩、臂、手、乳房等塑像残件以及泥塑动物塑像、陶制祭器、建筑构件等。

在出土的泥塑动物塑像中，目前可辨明被神化了的动物形象有兽、禽等。

兽（熊）吻部，长11.5厘米，宽8厘米，厚10厘米。吻端保存完整，为圆吻端，稍显上翘，很匀称。下侧有两椭圆形鼻孔，再下为较平的底面。兽（熊）爪，长14.5厘米，宽12厘米，厚7.5厘米。显四趾，侧二趾，有关节的隐约表现。据分析，兽吻部和兽爪很可能出自一个兽体，从动物形象特征看，应该是熊。

禽（鹰）爪，出土于庙的北壁附近，发现时已破碎，仅剩下两块残余的爪，分别为14.5厘米和13.5厘米长。它们的形制比较接近，各自留存一侧的两个趾头，呈弯曲并拢形状，看起来像在奋力地抓攫物件。每趾三节，关节突出，趾尖锐利，显得此禽极为凶猛犀利。禽的翅膀残余46厘米长，24厘米宽，表面被打磨光亮，后部及左侧残缺。保存较好的右翅分为三部分，有中脊的表现。从猛禽类形象特点看，这两个残件应该属于鹰。

另外，与人体塑像和动物塑像伴出的还有手捏泥团。它们为细泥质地，外观呈现不规则扁圆柱状，泥团坚实致密，在凹凸不平的表面上，偶尔还可以见到残留的指窝印痕，伴随着清晰可辨的指纹和指甲印，它们是雕塑人体像

鸟翅

熏炉器盖

和动物像的坯料，在雕塑师的手中揉搓、攥握、捏掐，粗糙的泥土变为一个个形象鲜活的塑像，剩下的边角被遗弃在角落，成为如今看到的这些手捏泥团。

这是五千多年前雕塑家的手模，细节清晰，手温尚存。

出土的陶制祭器主要有彩陶镂孔大器残片、熏炉器盖、塔形器残块等。

彩陶镂孔大器残片，出土于主室。此器为细泥红陶，火候较高，致密坚实。长方镂孔，壁厚2厘米。外壁磨光涂朱，红地黑彩，饰宽道连续三角几何纹。据同器残片复原，腹部直径可达1米以上，是特大型带镂孔的彩陶器,堪称"彩陶王",当属专用祭器。

熏炉器盖,出土于中室内,口径11.7厘米,高8.4厘米,柄孔径2.33厘米。泥质红陶,陶质较细,火候甚高,质地坚硬,壁甚均匀,形如倒置的豆。盖的沿腹间起明显折棱,盖面饰篦点式压印"之"字纹五周。喇叭状的柄口与柄体交接处和盖面与盖口交接处各饰一周附加锥刺纹。盖面镂孔为长条状,每组5条,间距相等,以中间孔最长,至柄根部,两侧各2孔,长度递减。

塔形器出土的都是残块。为泥质红陶,烧制火候甚高,可能有使用时被二次火烧的情况。壁厚1.5—2厘米,外表平滑或涂红衣,内壁较粗糙,遗有制作时的划抹痕迹。从残片判断,有腹部、束腰部和底座部分。

出土的建筑构件主要有仿方木与圆木以直角相交的残块、带面有

仿木建筑构件

压印圆窝残件等。仿方木与圆木以直角相交的残块出土于北多室的中室，为仿竖圆木与横方木以卯榫相交的结构。平带宽 9.8 厘米，凸起 1 厘米，圆带呈圆脊状，宽 5.5 厘米，凸起 3—4 厘米。表面压光，平带平面稍有内凹，背面有多道秸秆痕。

1984 年秋天，拂面的风逐渐变得清爽，金黄色成为田野的主色调。考古人员继续向下发掘女神庙，他们发现庙宇的主室西侧底部和地面相距 0.7—1.2 米，残存墙壁高度达 0.5—0.9 米。依据现有的考古知识和合理推测，一幅修筑神庙的群像画卷徐徐地在面前展开。

五千年前，红山先民在附近的山林之中寻找直径为 5—10 厘米的原木，这些木质坚硬的原木刚刚经过砍伐，仿佛还带着山林里野花的清香。这些木头是墙壁的骨架，将它紧贴着生土放置好后，红山人开始将禾草一类的材料结扎在原木上，接着敷上 3—4 厘米的底泥，再继续以细泥夯实二至三层，使得整个建筑变得十分坚固。虽然当时的技艺还带有部分原始性，但是女神庙已展示了红山先民的建筑智慧。

考古人员将思绪重新拉回现实，望着眼前的这些遗迹。前方女神庙的室底平整坚实，但因为经历了不同程度的火烧，西侧的庙室只残留了小部分的墙壁和室底痕迹，最初应该有别的庙室和它相连。女神庙的北室则直接在基岩风化壳上开凿，它的形状为长方形，南端和主室相通。北角内填的红烧土较纯且松散，火候较高，呈深红色。东侧室紧接主室，其间有宽 1.52 米的"过道儿"，过道儿两侧壁上部残存向上向内弧曲的痕迹。室为规整的椭圆形，壁面光平。室中部为塌陷的室顶残块堆积，暂未作清理。

1985 年秋，考古队员选择南单室西侧 6 平方米向下进行试掘到底部，知其结构为半地穴式。

1985 年 10 月，苏秉琦先生在辽宁省兴城市作《辽西古文化古城古国——兼谈当前田野考古工作的重点或大课题》的学术报告，主要根据牛河梁遗址的发现，认为红山文化已进入古国阶段。

考古学家以碳-14测定牛河梁红山文化遗存时代，其数据显示：较早的部分距今 4975 ± 85 年，树轮校正 5580 ± 110 年；较晚的时期距今 4995 ± 110 年，树轮校正 5600 ± 135 年。可见在五千年前的古国时代，牛河梁红山文化遗存延续了五百年左右。就考古学编年而言，这段时间开始进入红山文化后期。那么，几百年的群居生活中，红山人是如何处理人与人之间的关系的？社会背景究竟怎样？宗教祭祀、文化艺术、等级关系等属于上层建筑的领域，必然和当时所处的社会生产力相适应。没有相对安稳、繁荣的生产居住环境，是不可能形成女神庙这类宏构巨制的，更不可能塑造出那些艺术性极高的女神群像。

早在多年前的一个夏季，笔者曾与文友一起去牛河梁采风，在大凌河支流第二牤牛河嶙峋沟壑中，我们寻找到五千年前的彩陶，并夜宿牛河梁。那个夏天还作了两首小诗，其中一首是《夜宿牛河梁》：

有松涛打湿耳壁

有野兽云缝间出没

石头都睁着圆圆的眼睛

河水从头顶涌过

牛河梁　牛河梁

你没有沉睡我更不能沉睡

有河床而无水是一种痛苦

我　不能这样被后人挖掘

望着深邃无穷的天宇，聆听无边的飒飒松风，仿佛可以重新回到五千年前。笔者而今仍然保存着那片珍贵的彩陶，那是一片凝固的时间，那是一段鲜活的历史。在时光的印记中，仿佛还可以穿越回到红山先民塑造女神时的情景，他们饱含敬畏，用泥土塑成女神像，对女神诉说着他们的渴望和萦绕于心的无尽憧憬……

二、初度菊花秋

元代朝阳籍文学家姚燧词云："初度菊花秋，霜水痕收。"1986年牛河梁的秋天，因为忙碌而显得有些短暂，又因为太多的惊喜，而被许多考古人永久记忆。

考古队对第一建筑址——女神庙周边的有关遗存进行考古调查勘探，又发现了与女神庙同时期的另外3处建筑遗址和窖穴遗迹，它们与女神庙共同组成了牛河梁遗址第一地点。

第二建筑址由三个山台组合而成，东、西各一个，北部偏西一个，

陶筒形器残片密集散落

近品字形分布。山台有人工砌筑的石墙，揭露并保存下来的石墙有西山台的南墙，存长12米，东墙一段存长0.8米，北墙存长15米；东山台的东、西、北侧各保留人工砌筑的石墙，其中东侧石墙连续，长达83米，北墙存长10米；北山台的西、北石墙也有保存。东山台东墙的坡下和西山台西坡下露有较短呈内弧状的石墙遗迹，疑为"坝"址。北部山台的北缘有大片红烧土堆积，采集到泥塑人像的手臂、耳，清理出泥塑仿木建筑构件残块，形制、规格与女神庙有所区别。这里是否另有一处庙址？有待未来的某一天，考古人员给出答案。

第三建筑址，位于东山台的东南坡，西距东山台东石墙约60米，距女神庙约170米。坑呈不规则的圆角长方形，长约11米，宽约4.4米。坑的北、西壁为基岩，东、南壁为土壁。坑的上部散布有大量筒形陶器残片。近坑底有红陶钵、黑陶罐等陶器残片以及兽骨、石器等，坑壁可见火烧痕迹。

依据陶片统计，坑内堆积的筒形器约有80—100件。都为泥质红陶，其形制基本相同，均为圆唇、敞口、折领、直腹或稍鼓腹，底沿不起"台"或起"台"不显。可称为折领筒形器。筒形器是祭祀用具，这么多筒形器集中在一个"坑"中，令人匪夷所思。

第四建筑址的发现，已经是2009年7月，是在第一地点第一建筑址女神庙作保护棚附属建筑时挖沟发现的。经勘探清理后，可以清晰看出，这个建筑是半地穴式，长方形，南北宽约5米，东西长约10米。从已清理的西半部分看，在第四建筑址地面的周边和中部都布置有柱洞。由于西部有被挖沟破坏部分，东部尚未揭开，此建筑址全貌尚不清楚。已揭出的17个柱洞可见规律有：北、南壁和中部都有东西排列的规律可循，这样可确定建筑址东西共四排柱洞；南北方向柱洞排列情况尚不清。南壁中部两个柱洞甚大而深，且间距甚宽，应与房址中部的轴线布局有关。

在建筑址居住面室内堆积中，发现石器、泥质红陶片和夹砂灰陶片。其中石器有磨制石饼、带钻窝石件，陶器有泥质红陶的折肩筒形器、塔形器、折腹盖盆、彩陶敛口罐、盆式钵和夹砂灰陶的压印纹筒形罐等器物的残片。

第四建筑址位置在东山台的正北位置，方向与山台石砌界墙及女神庙相同，从分布的柱洞和烧土面的位置看，这个建筑址有按中轴线分布的规律，应非一般居住址，而是与庙台有关的建筑物。

围绕女神庙四周和附近，有窖穴分布，已经发掘3处。

一号窖穴在女神庙以南10米断崖处。遗物主要出在灰烬层内，陶器有钵、方形器、斜领罐、塔形器、彩陶罐片等，还有石器、兽骨等。此坑北距女神庙非常近，出土物多为具祭祀性质的特异形陶器和经过加工的兽骨，当为与女神庙有关的遗存。

二号窖穴位于第一、二地点之间的山坡上，西南距第二地点约500米。坑的东、西两侧各有一条冲沟。出土彩陶器残片、钵、器盖等。

三号窖穴位于第二地点东北约200米的山坡上。坑的平面近于圆形。出土陶器等遗物非常多，几乎布满全坑。其中有1件小型人像头部残件给人印象深刻。此人像头部残件系泥质褐

陶折肩罐

陶，制作较粗，但各部位都有明确交代且别具特征。残高3.1厘米，面宽2.1厘米。额上与顶沿前部以一道阴线表示箍形饰，头顶刺小圆坑10余个，集中于右前部和后部。颈后三道横压阴线。圆睛，眼窝甚大而深；鼻部直，显双鼻孔；吻部明显向前伸出，嘴圆鼓似呼喊状。没有耳部的表现，颈部高而直。

三号窖穴还出土有1件折肩罐。系夹砂褐陶，体较大，内壁压光。敛口，圆折肩，腹较深，平底较小。口至肩部饰多道弦纹，折肩处饰锥刺纹一周，肩到下腹部饰压印"之"字纹，为竖压横带，共六带。

牛河梁女神庙试掘至今已经过去40多年，第一地点其他建筑址的发掘也已经度过数十个春秋，那里还有很多谜题等待着考古工作者去破解。

三、王维多妙笔

清朝塔子沟通判哈达清格《塔子沟八景·建昌夕照》诗曰："建昌村隐小河东，暮景天然趣不同。落日半含重岫里，彩霞斜映碧溪中。儿童歌起迎新月，鸟雀归来动晚风。为问王维多妙笔，可能图画一般工。"诗前有小序："建昌沟距塔沟数里，树木阴翳，阳光回照，暮景尤佳。"序中的建昌为塔子沟建昌村。《凌源县志初稿》载："红罗山，山在县河东三里，亦名广山，山后名建昌沟。"

猪首山，也称红罗山、广山、木兰山，在凌源市区东3000米。与努鲁儿虎山脉东侧相连，海拔800米以上的山峰有6座，主峰海拔856.8米。山峰层峦叠嶂，丘陵起伏，山谷相间，沟壑纵横。其中，有三座山峰组成了与玉猪龙头部相似的猪首形态，它与牛河梁遗址第十三地点、第一地点组成了整个遗址群的中轴线。据考古专家推测，这可能是红山先民崇拜的圣山。

2023年3月17日，笔者在女神庙保护展示馆"悬浮的玉匣"外，眺望猪首山，脑中呈现的是云雾朦胧中的玉猪龙，神秘与神圣之感油然而生。这是人文与自然最完美的契合、历史与现实最融洽的结合。

眺望猪首山，遐思远古，是考古工作人员紧张忙碌之余的放松方式。

2020年10月，由中国社会科学院考古研究所、辽宁省文物考古研究院、中国考古学会新石器时代专委会主办的"牛河梁遗址考古发掘与研究现场座谈会"在牛河梁考古工作站举行。会议邀请了来自国家文物局文物保护与考古司考古处、中国社会科学院考古研究所、北京大学、中国人民大学、辽宁省文物专家组、辽宁大学的10余位专家学者，就2020年度牛河梁遗址第一地点二号建筑址调查和发掘成果、牛河梁遗址的考古发掘及红山文化研究的长期规划进行座谈。

2020年，国家文物局批准中国社会科学院考古研究所和辽宁省文物考古研究院组成联合考古队，重启了牛河梁遗址的考古发掘，这是考古专家和考古工作者期待已久的喜讯。

中国社科院考古研究所研究员、牛河梁遗址发掘领队贾笑冰在座谈会上汇报，通过调查和发掘工作，初步确认牛河梁遗址第一地点二号建筑址由近似阶梯状分布的9组山台构成。

考古专家提出，年代测定和考古学分析的结果显示，牛河梁第一地点二号建筑址从建成到废弃至少经过了500年的时间，由于遗址面积大、延续时间长、地层堆积复杂，目前零星的考古工作对整个遗址的了解十分有限，仍有许多问题有待解决。

2022年，考古工作队经过几个月的工作，已经取得初步成果。下一阶段，考古工作队需要确认女神庙与山台是否为一体规划的台上建筑，并在发掘的基础上进一步认识女神庙所代表的祭祀礼仪体系。一

猪首山

且这些设想得到考古证据的证实,不仅可以表明当时的红山先民已经具备了大规模的动员和组织能力,而且还可以证明第一地点是牛河梁遗址最高等级的祭祀场所。牛河梁遗址第一地点的考古发掘工作正在按部就班地进行中。有理由相信,牛河梁会再次带给人们惊喜。

历史的最大魅力就是它永远有秘不示人的东西留给我们去想象,永远有大大小小的谜题等待我们去破解。

第四章

天地之间的方圆密码

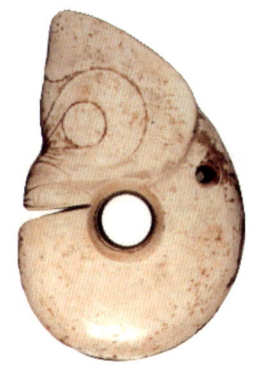

走进古国牛河梁
红山文化发现百年纪实

天圆地方，这个理念反映了古人朴素的价值观和建筑美学。万物由一片混沌变为天地之分。日月更替，天体运动，周而复始的现象好似一个闭合的圆周，大地绵延，伟岸宏阔，恰如方形的物体静止地承载人们的住行。

"天圆"成为阳的象征，"天行健，君子以自强不息"，一切向上的事物，来源于内心积极的追索，来自于双足坚韧的、不停的向前攀登；"地方"成为阴的隐喻，"地势坤，君子以厚德载物"，安稳、和谐的生活，来自于静止的环境，也要靠美好的品德和不骄不躁的内心来得以实现。

中国传统文化中注重天人合一，方与圆的理念也浸润到日常生活之中。小到一枚购买吃食的钱币，大到宏伟壮观的宫廷建筑，都蕴含着天圆地方的构造法则。天圆地方，是古人对于周围世界的感知，也蕴含着辩证的思维方式和实践认知。

第一节：大凌河畔，有我们更老的老家

沿着历史长河回溯，五千年前的中国与印度、埃及、两河流域以及地中海的克里特岛一起，几乎同时迈入文明社会的门槛。但翻阅文明史，中华文明却只有商周以来近四千年的记载，中国五千年文明的源头之水来自何方？

其重要一脉，来自西辽河，来自大凌河。

牛河梁遗址是中国北方重要的新石器时代晚期的红山文化遗址。1988 年，牛河梁遗址被国务院公布为第三批全国重点文物保护单位；2004 年，牛河梁遗址被列入"全国 100 处重点大遗址保护名单"；

2006年，牛河梁遗址被列入国家文物局公布最新确定的《中国世界文化遗产预备名单》；2016年，牛河梁遗址被列入《大遗址保护"十三五"专项规划》；2018年，"中华文明探源工程"成果发布，确认牛河梁遗址是中华五千年文明史的有力实证；2020年底，"中华文明探源工程"第五期研究启动，牛河梁遗址被列入"北方长城地带文明进程研究"子项目；2021年，牛河梁遗址被列入《大遗址保护利用"十四五"专项规划》，被中国考古学会评为中国"百年百大考古发现"。"红山社会文明化进程研究"被国家文物局纳入"考古中国"重大项目。

一、文明之源

人类逐水而居，文明伴水而生。

在水的滋养下，植物得以茂盛，生命得以生息，人类得以繁衍，社会得以进步与发展。北魏地理学家郦道元的《水经注》中有条河，曰白狼水。这条河蜿蜒到了今天，人们称之为大凌河。大凌河是辽西最大的河流。

大凌河是一条神奇的河，一条源远流长的历史的河，一条川流不息的文化的河，一条绵延不绝的生命的河。

大凌河流域的牛河梁，因孕育了灿烂辉煌的红山文化，成为中华五千年文明史曙光初升的文明圣地。

牛河梁遗址属于新石器时代晚期的红山文化，距今约5800—5200年，是一处由女神庙、祭坛、积石冢组成的巨型建筑群遗址。牛河梁遗址于1981年被发现，1983年开始正式发掘，直至2024年，40多年来考古发掘工作从未止步。目前，牛河梁遗址保护范围达58.95平方公里，共发现并已编号的红山文化时期遗址点43处，其中已编号的重点遗址有16处。已发掘完毕4处，分别是第二、第三、第五和第

逶迤而来的大凌河

十六地点；试掘2处，分别是第一地点、第十三地点。

第一地点发现的女神庙是牛河梁遗址最为重大的发现之一，1983年开始试掘，发现了女神庙建筑址、泥塑女神头像、人体泥塑残件等重要遗迹、遗物，专家经过考古调查和发掘推断，这里是五千多年前的一处神庙遗址。

第二地点是群冢组合及祭坛式建筑。1981年4月开始试掘第二地点一号冢1号墓，1983年开始从西部揭露第一号积石冢，1984年继续向东揭露，发现了第二号冢和第三号冢，1986年又向东揭露出第四号冢和第五号冢。1992年，又在第三号冢的北侧揭露出一处积石遗迹，编为第六号冢。这样，经过多年考古发掘，这处由5座积石冢、1座祭坛组成的遗址点终于全部展现在世人面前。

第三地点，是一个圆形独冢，规模较小。1986年开始发掘，发现了中心墓和南部的10座砌石墓。在1995年的后续发掘中发现了环绕冢体的壕沟。沟内出土了陶塑人像面部残件。

第五地点共分3层，代表红山文化发展的3个阶段。第五地点先后进行了4次发掘，发现了两处积石冢和一处坛式建筑。1987年全面揭开，分为3个单体，东、西两个单体各为积石冢性质，分别编号为第一号冢和第二号冢，中间一座类似坛式建筑的被编为第三号冢。1988年继续发掘第二号冢，发掘出两座小型砌石墓。属于上层积石冢的第一号冢内发现了环沟迹象。

第十六地点是唯一一个有被夏家店下层文化遗存叠压和打破的红山文化积石冢地点。1979年开始发掘，发现红山文化时期房址1座，后发现下层及层下墓葬7座，上层发现积石冢1座，墓葬8座。

在牛河梁遗址发掘期间，考古队工作人员不间断地在牛河梁遗址范围内外进行考古调查，又发现了多处以积石冢为主的红山文化遗址点，有编号的为第四地点、第六地点、第七地点、第八地点、第九地点、第十地点、第十一地点、第十二地点、第十三地点、第十四地点、第十五地点。

40多年的考古发掘与研究，证明了以牛河梁遗址为代表的红山文化是中华文明多元一体形成过程的重要组成部分，是中华文明重要源头活水之一。

二、古国"王陵"

中国古人把隆起的高大坟墓称为"冢"。《说文解字》中认为："冢，高坟也。"

古人立高坟为冢，因用途不同，又有衣冠冢、古冢、荒冢、青冢、丛冢等多种形态。黛玉所造的花冢，带有浪漫主义的色彩，冢里为落花，日久随土而化，强于掉入污淖和渠沟。在《葬花吟》中，更是有"香丘"的雅名。

在五千年前的古国时代，红山先民以积石冢作为埋葬场所。积石冢是古代墓葬的一种。所谓积石冢，就是建在山梁或土丘的顶部，垒砌石块，在石砌范围之内砌出石棺墓，中心部位通常砌一座大型的石棺墓，边缘部位砌数座小型的石棺墓，之后在石棺墓的上边再堆放石块，给人一种山陵感觉的墓葬建筑。积石冢是红山文化代表性墓葬，所葬之人都是不同层次部落族群的上层人物，所以说，牛河梁遗址积石冢群是中国五千年前的"王陵"。

红山文化积石冢不仅具有墓葬的性质，而且呈现祭祀迹象，因此一些专家学者认为，红山文化积石冢还具有神格意义。

目前已知的牛河梁16个重点遗址中，有14个是积石冢遗址。每个冢或冢群都各自处于一个独立的山岗之上，围绕主轴线呈对称呼应关系。每个冢或冢群都是同时并存的单元，各自代表一个社会群体。但这些基本单元之间并不是等同的，规模、结构都有所差异。第二地点规模最大，第五地点和第十六地点次之，第三地点较小。已发掘4个地点的积石冢多为一冢多墓，都砌筑石棺。冢以石墙为界，冢界内侧成排摆放无底彩陶筒型器。

红山先民虽然群居而生，相互协作，但在他们的日常活动中，已经有了一定的等级观念。纵观中国漫长的封建历史，等级观念可谓根深蒂固，不但按照权力、财富、身份等将人们分成三六九等，更通过"礼"的方式来维护这种等级制度。《论语》有言："兴于诗，立于礼，成于乐。""礼"是个人在社会立足的内在根基，维持着封建社会的等级秩序。回到数千年前的古国时期，可以看到红山文化中已经有等级制度和"礼制"的萌芽，这也体现在他们建造的墓葬中。

墓葬按建筑规模、随葬品多少分成等级，有中心大墓、台阶式墓、石棺墓、附属墓等类型。有随葬品的墓中绝大多数只葬玉器，形成"唯玉为葬"。从积石冢众多独有特征可以看出，当时社会已出现明显等级分化，其典型的墓葬形式对后世王陵建筑形制产生了深远影响。

刘国祥研究员根据随葬玉器特征将66座积石冢大墓分为八个等级。第一等级为中心大墓，以玉人、玉凤随葬，与同时出土的斜口筒形玉器形成最高级别的玉器组合，以第十六地点4号墓为代表。第二等级为次中心大墓，以目前所知随葬玉器数量最多的石棺墓——第二地点一号冢21号墓为代表，共出土玉器20件。第三等级墓葬出土两件斜口筒形器、鸮形玉器及玉管、玉镯、玉珠等器类。第四等级墓葬出土一件斜口筒形玉器、龙凤玉佩、勾云形玉器。第五等级墓葬出土双猪首三孔器、玉凤首、勾云形玉器、双人面三孔器等。第六等级墓葬以璧、环类为玉器随葬。第七等级墓葬仅随葬一件玉器。第八等级墓葬未见玉器随葬。

积石冢和随葬品的差别，说明了红山人已经有了明确的等级观念，有了等级就出现了阶级，随着阶级的产生，国家也就产生了。

红山文化积石冢早中期以西拉木伦河与老哈河流域为中心，晚期向大小凌河流域转移，再从辽西大小凌河流域，经辽东半岛向朝鲜半岛传播。因此说，红山文化积石冢是东北亚积石冢的源头。

三、墓制突变

在牛河梁遗址第二地点、第五地点、第十六地点，都发现了下层积石冢和上层积石冢。

第二地点下层积石冢（或称"敷石冢"）中各冢的冢界东西相邻或相接，南北相隔较远，有东西成排分布的规律。冢多数为圆形界线，个别冢显露出方形或长方形冢界的迹象。陶筒形器沿冢界环列一周，形成平面为圆形的"墓域"。冢顶平，冢上以积碎石为主，个别有较

第二地点上层积石冢叠压关系和下、上层墓葬分布

大石块。多数冢上曾发现过陶塔形器的残件。每个冢内都只有1座墓，位于冢的中心，为竖穴土坑式，墓壁局部立石板。墓一律为南北向，墓主头向或南或北，多无随葬品，少数墓有带盖陶瓮（罍）、斜口筒形玉器等随葬器物，且多数为单件随葬。

1998年至1999年，在对第五地点的后续发掘中，考古人员发现第五地点在下层积石冢之下还有一层红山文化堆积，这些遗存具有居住址的性质。由此可知，第五地点共有三层文化遗存。

牛河梁遗址上、下层积石冢不但显示出明显的墓葬先后时间关系，而且从下层积石冢与上层积石冢的联系与区别中，可见当时埋葬制度正在发生一次重要变革。

综合分析下层积石冢的结构、墓葬的结构与布置、陶器类型和摆放位置，都可证明，积石冢中许多内涵因素，或者说那些很主要的内涵成分，在下层积石冢中都已具备，上层积石冢的主要特征，大都是从下层积石冢中承袭而来的。但与下层积石冢相比，上层积石冢占地面积大为扩展，所用积石个体增大，数量增多，选料讲究。积石冢的结构上已有明确的冢界、冢台、冢阶和封土积石，形成形状固定、规则的冢体，冢内墓葬数量也大为增加，规模扩大。墓室砌筑整齐、规整，尤其是已出现明确的中心大墓。中心大墓与其他墓葬依墓葬规模、结构和随葬玉器数量、种类而形成若干等级，这些较之于下层积石冢，显然是经历了一次突变。

伴随着这一场积石冢形制的演进，一些埋葬习俗也发生重大变化，如积石冢内墓葬的方向，由下层积石冢的南北向改变为东西向；下层积石冢的墓内多有随葬陶器，随葬玉器的较少，而上层积石冢内的随葬品，陶器基本不见，几乎全部为玉器，并且玉器的类别迅速增多，造型、工艺复杂的高等级玉器多有出现。

从下层积石冢与上层积石冢之间的变化可以看出，这次突变极为清晰，也极为激烈。这是牛河梁遗址红山文化时期在埋葬制度上的一次重大变革，是红山文化向前发展的一个方面。

四、五冢一坛

远眺牛河梁山梁南段的鞍脊状山岗，松涛阵阵，夏季还可以看到一片片茂盛的绿植，在山岗周围恣意地生长着。这里距离建平县红山街道张福店村马家沟村民组西有830米，村民又称这里为"西梁"。牛河梁第二地点就位于西梁上。现今第二地点地表已大面积被辟为耕地，这片曾经哺育了红山先民的土地，依旧在数千年后养育着辽西人民。

牛河梁遗址第二地点，是目前牛河梁遗址群已发掘的4处积石冢遗址中规模最大、出土器物最为丰富的一处遗址。

20世纪40年代在修筑锦承铁路时，将第二地点南侧与第三地点之间的山脊切断；1968年通过这一带的G101线国道改线，将牛河梁梁脊的一段路南移至第二地点的北侧，东西向通过。修筑铁路和公路虽未经过遗迹的主体部分，但仍对遗迹尤其是北侧造成较大扰动。据说修筑锦承铁路时，曾在这里挖取过大量积石，现在遗址西端看到的一条东北至西南的壕沟，就是当年修筑铁路时的人工排水沟，将遗址西部遗迹（一号冢）拦腰切断。

第二地点的发掘从1983年初冬开始，一直延续到1998年。这个地点由六个单元组成，即"五冢一坛"东西一线铺开的群冢组合，东西长130米，南北宽45米。一、二、四、五单元为积石冢；单元六，因遗迹保存很差，疑似积石冢；单元三则为祭坛。

第二地点的各个积石冢遗存总体保存较好。上、下层积石冢都部分保留在原位排列的筒形器群。冢四保存有上层积石冢与下层积石冢明确的地层叠压关系,且陶器形制也随地层有相应变化,这为牛河梁遗址其他地点的分期提供了依据。上层积石冢除冢六以外,每个冢都保存了较多的冢界,可看出冢的基本形状和基本结构;下层积石冢的遗迹在冢四南部保存较多,这部分保存下来的下层积石冢,多数也可看出整体形状和结构。第二地点已发现的50座墓葬中,有10座属于下层积石冢时间段,其余都属于上层积石冢。

从上向下俯瞰第二地点,灰白色的石堆散落在土地上,远处就是

牛河梁遗址第二地点俯瞰图

绿色的植被和寂静的村庄，古与今的时光被定格在视线之中，像是一首悠远而神秘的歌谣。积石冢或是密集地围成一个椭圆形，或是散落在中心大墓的两侧，灰色的石块和黄褐色的土地相互映衬，更显示出中心大墓的突出和威严。

所谓"五冢一坛"，虽然都是平行布局在地面上，但是它们之间的关系却并不是平等的。六个冢之间有主次之分：冢一中部的两座大墓都是一侧起台阶的土圹砌石墓，规格要低于二号冢中心墓。冢二为

第二地点诸冢中的主冢。有中心大墓，位于山岗的顶部，在诸冢群中处于中心位置。中心大墓的墓壁起三层台阶，墓口上有方形冢台，围绕冢台的外冢界也起三层石阶，这种结构在牛河梁遗址已发掘的墓葬中是超群的。

冢三是一个祭坛，紧靠主冢（冢二），也处于第二地点冢群组合的中心位置。坛体内无墓葬，显然不是墓地，而是牛河梁遗址和其他红山文化遗址中规模最大、结构较为复杂也较为明确的一座祭坛。坛体为三层正圆形，由外向内，层层高起，立石规格也层层缩小，选料和构筑都较为别致和讲究。

四号冢冢体结构和地层关系相对比较复杂，冢体由下层积石冢和上层积石冢两大部分组成，冢体的中部明显可见下层积石冢被上层积石冢叠压的地层关系。冢五位于第二地点的最东边，与第二地点其他冢相比，位置明显偏向东北，面积也是最小的。冢六是第二地点位置最靠北的一座积石冢，冢体内发现的陶筒形器碎片较少，墓葬也仅在冢体西部发现了 1 座。

中华五千年文明的第一缕曙光，在西辽河与大凌河冉冉升起。红山文化所覆盖的大凌河流域成为中华民族更老的故乡。

第二节：中华古文化参天大树的"直根系"

历史的长河在时光中蜿蜒流淌，多彩的文化在岁月里积淀生香。2023 年 7 月 13 日，由国家文物局、中国日报社、中共辽宁省委宣传部主办的"文化传承发展　探源中华文明"新时代大讲堂活动拉开序幕。郭大顺、安来顺、梅里·马达沙希、贾笑冰、艾伦·麦克法兰等国内外专家学者齐聚一堂,共同探讨文化溯源与传承,以及关于红山文化的研究和思考。公众的目光又一次聚焦在红山文化的核心区——牛河梁。会后,《中国日报》等媒体对以牛河梁为代表的红山文化进行了全面的深度报道。在国家、省、市对考古工作的重视下,随着各项工作的积极推进和媒体的传播,必将再次掀起一波"红山文化热"。

一、备受瞩目的积石冢

"文化传承发展 探源中华文明"新时代大讲堂活动期间,国内外专家学者和媒体人参观了牛河梁遗址博物馆、女神庙保护展示馆、祭坛和积石冢保护展示馆。祭坛和积石冢保护展示馆就是在第二地点遗址原位建设的展示馆。

牛河梁遗址第二地点一号冢是一座备受瞩目的积石冢。其墓葬数

第二地点祭坛和积石冢保护展示馆

量之多、中心大墓规格之高、随葬品之丰富，都创下牛河梁遗址之最。

而今我们见到的一号冢，其实并不是它的原貌。20世纪40年代修建铁路时，路基排水沟直接穿过此冢的中部，其所受扰动破坏较大，加上附近村民把冢上积石取回家砌墙、垒猪圈，造成约二分之一的冢体消失不存。冢下墓中的随葬玉器也有流失。20世纪80年代，建平县庙后村村民王振铎把拾得的一个玉环上交给了文物管理部门。据王振铎讲述，此件玉器是他童年牧羊时于村南铁路涵洞下的小河泥沙中拾到的。这条小河与切断第二地点一号冢的排水沟相通。

1981年，全省文物普查发现牛河梁遗址后，马上对第二地点一号冢的1号墓和2号墓进行了抢救性试掘。此后，发掘工作紧锣密鼓地

第二地点一号冢1号墓

展开了。1983 年发掘 3 号墓，1984 年发掘 4 号至 9 号墓及 11 号墓，1985 年发掘 10 号墓、13 号至 15 号墓，1986 年发掘 12 号墓，1987 年发掘 17 号至 19 号墓，1989 年发掘 20 号至 22 号墓，1991 年发掘 23 号至 26 号墓，1994 年发掘 27 号墓，2009 年补充清理了 16 号墓。考古工作者前前后后关注此冢 28 年，实际发掘也达整整 10 年。

发掘牛河梁遗址这十年，许多考古工作者将自己的青春岁月、美好时光奉献给了考古事业。考古发掘，是一项默默无闻的甚至有些孤独的工作。考古工作者住在村子里，工作在荒山野外，特别是 20 世纪八九十年代，考古工作者的生活和工作条件都非常艰苦，但他们苦中作乐、无怨无悔。

1983 年 10 月的一天，以郭大顺、孙守道为领队，方殿春、张克举、魏凡、张星德、李世凯、朱达、张军等组成的考古发掘队开进了牛河梁遗址区，入驻马家沟，在开始正式发掘牛河梁遗址第二地点墓地的同时，深入调查新的遗址点。

这个秋天令人期待、令人憧憬。

经实地调查，考古工作者们惊讶地发现，这里的红山文化墓葬遗址星罗棋布。更为出人意料的是，红山人的墓葬，不是那一时期普遍流行的"土坑竖穴式"，而是在墓顶堆满石头的"积石冢"，随葬品唯有玉器，堪称"中国史前墓制一绝"。为取得更大进展，考古队分成几组，有的负责发掘，有的负责遗址调查。大家进入紧张而有序的工作中。

魏凡等人负责发掘第二地点的一个墓葬，即牛河梁第二地点一号冢 3 号墓。3 号墓是石匣墓。魏凡从冢体的东北角入手，逐步揭开表土，然后对墓葬进行清理。3 号墓已被严重扰乱，约 1 平方米范围内，只有几块石板残存，上面散乱地堆放一个颅骨，还有少量肢骨。这是个捡骨二次葬，无随葬品。这样的结果令魏凡等考古队员大失所望。

其他考古队员在郭大顺、孙守道的带领下继续在牛河梁周边山岗寻找新的遗址。考古队员漫山遍野调查了几天，虽然有新的遗址点被发现，但没有预期的收获与惊喜，大家明显露出疲态与沮丧。

经由考古工作者发掘的第二地点，其中的一号积石冢内清理出27座石棺墓。墓葬多分布在冢的横向或纵向中轴线等重要位置上。

一号积石冢的冢上靠近冢界墙处设置有筒形陶器群。以筒形命名，是因为这类陶器外形近于直筒形，且全无底部。筒形器是红山文化遗址中出土数量非常多的陶器。其器外表绘黑彩，纹饰精美，有勾连花卉纹、垂鳞纹及多种几何纹。陶筒形器都是成排或成圈地摆放在积石冢的内部，这种陶器的特点是"上无盖、下无底"，中间贯通，起着贯通天地的作用，也被誉为"灵魂的出入口"。因为在红山人看来，人去世后是有灵魂的，灵魂就可以通过这种筒形器升入天堂，这可能是当时一种美好的向往，同时也是宗教中的一种说法。筒形器用途还有其他解释，其中有学者陈星灿的

陶筒形器

"陶鼓"说、尚晓波的"火焰盛器"说等。

考古并不只是为了获得文物，考古是在寻找人类文明发展史上那些已经丢失的或者埋藏在地下的记忆，是为了理清历史遗址和文物背后整个文化、文明发展脉络，是对历史文化的解读、还原和传承。各地区有不同的历史文化遗产，对其历史文化内涵的解析，离不开考古发掘和研究工作。

二、王者至上的中心大墓

处于母系社会全盛时期的红山文化，已经具有社会的等级分化特征，并逐步向父系氏族过渡。《诗经·小雅·北山》诗云："溥天之下，莫非王土，率土之滨，莫非王臣。"意思是普天之下的土地皆属于王，而这土地上生活的民众皆是王的臣民。《诗经》里的内容大多反映周朝的事情，《诗经·小雅·北山》反映了严格的等级观念和王权至上的思想观念。在红山古国时期，部落首领也拥有其他居民没有的特权，这不仅体现在他生前的尊贵，也体现在其死后的墓葬形式中。

牛河梁遗址积石冢有固定的形制和规格，冢内墓葬类型多样、等级鲜明，中心大墓规格最高，凸显了墓主人"一人独尊，王者至上"的崇高地位。

第二地点二号冢接近于牛河梁山岗的中部。冢的中心是一座大墓，南侧有3座普通墓葬。二号积石冢的中心大墓是已发现的红山文化遗址中最高规格墓葬之一，可惜早年被盗。

这座中心大墓在1984年7月和1997年10月进行了两次发掘。中心大墓是一座设有冢台的大型砌石墓，由地下、地上两部分组成。地下部分辟长方形土圹，内砌筑墓室，墓为东西向，顶盖封石，顶盖与原地表近平。地上部分为一座方正的冢台，冢台以石砌筑，是从墓

牛河梁遗址第二地点积石冢与祭坛

口即地表以上起筑，冢台距地表的高度约 0.7 米，台的四面高度相近，冢台外壁齐整，显内收，使整个方形冢台略呈覆斗状，有稳定感。冢台底层多用较大或较长的石块，转角处石料经过较细的加工，有的边棱还可见明显的剥痕等加工痕迹。冢台四壁砌筑整齐，石料之间相互咬合。顶部封石成较平的台顶。

由于这座冢台保存完整，又提供了较多的人为活动信息，是一处罕见的上古地上建筑。

墓室在方形冢台之下的原地表以下砌筑。墓有土圹，土圹直辟入基岩内，墓室为长方形。墓主人疑为成年男性。

在中心大墓内外的封土里，包含着一些陶器碎片，有筒形器和塔形器等。其中筒形器共 11 件，皆泥质红陶，绘黑彩。塔形器共 5 件，皆泥质红陶。还有折腹盘 3 件、直领罐 2 件、钵 4 件及罐、盆等。在

塔形器

冢上部堆积出土有筒形器和塔形器等陶器，还有石器、蚌器等。

除了第二地点，在牛河梁遗址第三、第五、第十六地点的积石冢中，都可分辨出中心大墓与非中心墓。中心大墓处于整个冢或整个地点的中心，每个地点只有1座。中心大墓规模大，营造技术复杂，砌筑工艺水平高。有的中心大墓在坚硬的山体岩脉上凿出1米多深的墓穴，可以想见，在铁器还未出现的新石器时代，完成这样的工程是何等艰难，是多么费力费时。也正是这超乎想象的难度，从另一个角度说明墓主人身份地位之高。据专家分析，在坚硬的基岩上凿墓穴，红山先民采用的方法是，把木柴铺到岩石上，点上火烧，烧一层起下来一层，再烧一层再起一层，日夜忙碌，终于大功告成，足见红山先民的智慧。

中心大墓和一般墓葬的诸多差别，突显了红山先民的社会等级分化。

三、祭坛的方圆密码

坛，为高台，在古代多用于祭祀，当人们进行祭祀天、地、社稷等重要活动时，往往来到"坛"这种台型建筑，形式庄重而肃穆。最早的祭祀活动比较原始，常常选定林中空地的土丘为活动地点，伴随生产力的发展，逐步用土石等材料筑坛。时间向后推移至封建社会，坛成为当时最高统治者专门使用的祭祀场所，建筑规模也从简到繁，并依据天、地等祭祀对象而产生方圆不同的造型。

中国最早的坛在哪里？是怎样的形式？在东山嘴遗址、牛河梁遗址，我们可以看到中国最古老的祭坛。

进入红山文化晚期阶段，祭坛成为最重要的祭祀形式之一，人们围绕着不同层次的祭坛来规划墓地和墓区，展现了朴素的祖先崇拜和天地崇拜。

"天圆如张盖,地方如棋盘",这是古人延续了数千年的传统宇宙观。所祭必像其类,红山先民筑圆坛祭天,筑方坛祭地。除却坛祭之外,牛河梁遗址中还有庙祭、坎祭和墠祭等祭祀形式。坎祭以祭祀坑为主体,墠祭主要以陶筒形器等为祭祀器物。

牛河梁遗址圆形祭坛位于第二地点,长方形祭坛位于第五地点。

圆形祭坛位于第二地点的中部,即山岗"漫梁"的高点。对该祭坛先后进行过两次发掘:第一次为1984年,全面揭露积石坛体;第二次为1991年,选取现坛体保存不佳的东南部分,进行解剖发掘,解剖面积约占坛体的四分之一。

祭坛平面近正圆形,由三层以立石为界桩的阶台和坛上积石组成。三层坛阶台每层都以排列的立石组成石界桩,形成由外、中、内共3周同心圆状石界桩圈框定坛的三层阶台,它们由外到内,渐有高起,如此,三周石桩圈即构成向内逐一分阶递收、层层叠起的圆台状祭坛。

牛河梁遗址第二地点祭坛

由于祭坛所在的原地势南侧比北侧低约1.2米，为保持坛体的平整，在坛下普遍铺有一层垫土，其中有陶器残片包含物。

祭坛石桩全部选用安山岩，呈棕红色，为天然多棱体柱状。外、中、内圈选用石桩的规格大小不一。以外石界桩圈的石桩最大，中石界桩圈石桩次之，内石界桩圈石桩最小。

祭坛外石界桩圈直径22米，中石界桩圈与外桩圈相距3.15—3.4米，所围桩圈直径为15.6米。由于这一圈石桩保存较多，可以看出立桩时也注意到应对北高南低的地势，为保持坛阶台和坛体顶面的水平，选植石界桩时北部的石桩较短，有的甚至改立置为横置；南部则选用较长的石桩。内石界桩圈距中桩圈1.8—2米，内桩圈直径约11米。

五千年前的红山古国，生产力尚且处于原始状态，不可能有现成的数学公式指导人们进行修筑，那么他们是如何画出这么规整的圆形？并且在三个圆形建筑之间，恰好围成等比相同的石界呢？古人的智慧往往超出人们的想象，摆在人们面前的祭坛也犹如神助，令人钦佩。

经过考古人员的推测，红山先民的建筑程序得以复原。首先，是将凹凸不平的地表进行修整，在低洼的地方填土，力求让整个建坛场地保持平坦。建造者在垫土的同时，进行石界桩圈的布置，将石桩按布置的方向和位置逐层逐个埋入。第二步是坛顶封石，封石限于内桩圈之内的坛顶中部。依据封石中部高、四周低的现状推测，坛顶封石可能还要起筑一层阶台。已发现的原位保存的3件陶筒形器和大量残片也证明，在内桩圈与封石阶台边沿间，应该是陶筒形器并排摆放的台面。

祭坛坛体堆积出土遗物以陶筒形器为主，皆泥质红陶，绘黑彩。祭坛垫土内发现较多的泥质红陶筒形器和红顶钵、红陶大钵、瓮、直腹罐等其他类陶器残件，另外还有两个管钻所遗玉芯。

红山文化对中国的建筑史产生了深远影响，在其晚期阶段，还产生了以农业为主的经济形态。"在红山文化遗址中发现有牛、羊、猪等家畜骨骼以及野生的鹿、獐等动物骨骼，可见狩猎、畜牧业在红山文化时期的社会经济生活中占有很大比重。所有这一切都表明，红山文化时期的经济类型属于以农业为主，兼营渔猎和家庭畜牧业的综合型经济类型。居民们过着定居生活，但定居状态相对不太稳定。"①

白居易在《观刈麦》中写道："田家少闲月，五月人倍忙。夜来南风起，小麦覆陇黄。妇姑荷箪食，童稚携壶浆。相随饷田去，丁壮在南冈。"诗歌描绘了劳动人民的辛苦耕作，我们也可以从这首诗的叙事场景中，想象红山先民在牛河梁一带土地上，翻地播种，浇灌收割。炎热的太阳炙烤着红山人的皮肤，冰凉的雨水也曾经淋湿他们粗陋的衣服。对于他们而言，耕作和狩猎是同等重要的生存方式，辛苦劳作一年，只为在秋天收获果腹充饥的食物。

对于农耕，季节的交替关乎人们的生存，耕种必须遵循节气，顺应天时。在古人看来，一年之中最重要的时间点是春分、秋分、夏至和冬至，而在这四个时间点，太阳的运动轨迹恰好呈现了三个同心圆。于是红山先民把太阳在冬、夏两至和春、秋两分的三条太阳视运动轨迹，看作神祇。牛河梁遗址的三层圆祭坛就是这种认知的具体表现。它不仅反映出红山人天地崇拜的文化传统，也体现了红山先民的宇宙观，同时准确地表现了二分二至日的昼夜关系，是迄今所见中国最早、最完整的盖天图解。

《周礼·大司乐》中记载："冬日至，于地上之圆丘奏之，若乐六

---

① 于明：《中华文明的一源：红山文化》，中国档案出版社，2002年，第121—122页。

变，则天神皆降，可得而礼矣。……夏日至，于泽中之方丘奏之，若乐八变，则地示皆出，可得而礼矣。"牛河梁遗址祭坛的"方""圆"中藏着中华文明的密码。

曾任中国社会科学院考古研究所国外考古研究室副主任、红山文化牛河梁遗址考古发掘领队的贾笑冰曾说："早在中华文明发端阶段，祖先们就认识到了天人关系的重要性，就建立了沟通天人关系的祭祀礼仪体系。"

中国考古学的重要奠基者、考古学家苏秉琦先生对牛河梁遗址祭坛、女神庙、积石冢有着精辟而深刻的阐述："红山文化坛庙冢，中华文明一象征。"

牛河梁遗址博物馆馆长王轩龙在《文明圣地牛河梁》中写道："牛河梁遗址作为东亚区域人类早期文明阶段的精神圣地，它的发现对中国上古时代的社会发展史、思想史、宗教史、美术史、建筑史的研究都产生了重大影响；它是中华文明起源和形成的重要源泉之一，更是中华民族五千年文明史的有力物证。"[1]

2023年7月13日，本书作者之一的邱凌以《朝阳日报》记者的身份，参加了"文化传承发展 探源中华文明"新时代大讲堂活动，聆听了来自中国、美国、英国和联合国教科文组织共7位嘉宾发表的精彩演讲。7位嘉宾对世界文明发展、文化传承创新等问题发表自己的看法和见解，他们对以牛河梁为代表的红山文化的研究和思考广泛而深邃，让大家分享了一场文化盛宴。

中国考古学会名誉理事、原辽宁省文化厅副厅长郭大顺在大讲堂

---

[1] 盖丽艳：《中国史前遗址博物馆·文明曙光·牛河梁卷》，陕西科学技术出版社，2020年，第5页。

上作了生动而严谨的演讲。他认为：以牛河梁遗址为代表的红山文化，既是中华五千年文明的象征，也是中华文化和文明连绵不断的实证，是中华古文化这棵参天大树的"直根系"。

"直根系"的概念是 30 多年前由苏秉琦先生提出来的。苏先生在《中国文明起源新探》中指出："从中原到北方再折返到中原这样一条文化连接带，它在中国文化史上曾是一个最活跃的民族大熔炉，六千年到四五千年间中华大地如满天星斗的诸文明火花，这里是升起最早也是最光亮的地带，所以，它们也是中国文化总根系中一个最重要的直根系。"

松涛起伏，松风阵阵，根植于牛河梁这方土地的四季常青的万顷松林，神秘而幽深，庇护着牛河梁红山文化厚土，守护着一个五千年前的文明古国。

第三节：中国史前玉文化发展的鼎盛时代

在司马迁的《史记·廉颇蔺相如列传》中，曾记载蔺相如巧妙地与秦昭襄王周旋，最终保全了赵国的十五座城池，并将和氏璧完整送回赵国的故事。完璧归赵是家喻户晓的成语典故。和氏璧，为美玉，外观举世无双，秦统一六国后，将和氏璧雕琢成至高无上的传国玉玺，希冀这块美玉能与秦国政权世代相传。

玉，取之于自然，琢磨于远古，为古人地位、身份、等级的象征物，是维系社会统治秩序"礼制"的重要部分。在红山文化的墓葬用品中，玉的特殊作用也令其带有至高的神秘宗教意义。其温润，其质坚，是东方精神生动的物化体现，是中华传统文化精髓的精神内核。

牛河梁遗址墓葬出土了大量玉猪龙、玉凤、玉人、勾云形玉器等各类题材的精美珍贵的玉器，说明红山人制玉水平达到同时代高峰，同时反映出红山先民"唯玉为葬""以玉礼神"的精神信仰。以牛河梁为代表的红山文化玉器构成了中国史前玉文化发展的鼎盛时代。

一、龙行踏绛气

1984年夏天，牛河梁遗址考古发掘紧锣密鼓地进行着。10个月前女神庙和红山女神的出土，让红山文化产生的热度在经过一个冬季和一个春季后仍然不减，直到这盛夏来临，人们对牛河梁遗址的关注度仍然颇高。

而身处考古发掘现场的考古工作者，则是冷静而平和的。8月4日上午，王矛、方殿春、魏凡等考古队员对牛河梁遗址第二地点一号冢4号墓的发掘工作有条不紊地进行着。领队孙守道、郭大顺一边和大家一同清理墓葬，一边指导年轻队员。

第二地点一号冢4号墓墓室

清理完表土，4号墓逐渐清晰起来。这是一座长方形砌石墓。墓室四壁是用比较规则的石灰岩薄板立置而成。墓室顶上是封石，揭去封石，就可以见到墓室里的情况了。

郭大顺叮嘱："大家一定要手上长眼，心中有数，不能有丝毫马虎大意。"

大家小心翼翼地一块一块拿走封石。墓室顶的封石有两层，上层为石块，下层由三块大石板拼接。大家齐心协力搬开三块大石板，墓室完全显露在大家面前。墓室内葬一成年男性，两腿膝部互相叠压，左腿在上。

这是一个令考古队员迷惑不解的墓葬。首先，墓主人的右侧顶骨有砍痕。牛河梁遗址主要是部落联盟的公共墓地和祭祀中心，这个头骨被砍的男人生前是做什么的？他为什么被砍死呢？难道他是部落的战斗英雄，在与其他部落厮杀中被砍死而葬在这里？这些谜团，因为时间久远，一时还难以解开。其次，这座墓不是二次葬，墓主人的两条腿为什么会出现相交叠压的奇特姿态？这些谜团还有待后人不断去探索、去思考。

考古队员继续清理墓室。墓室内充满黑色淤土，里边夹杂少量红陶片。接着，在墓主头下又发现一个斜口筒形器。此玉件深绿色，质匀，通体内外磨光，光泽圆润。扁圆筒状，一端作平口，一端作斜口。长面较平而宽，面上稍显内凹。

令考古工作者欣喜若狂的是，在墓主的胸前，发现两个形态相近的龙形玉，在墓主胸部左右相背而置。龙形玉又称玉雕龙，以头部突出和如环似玦的身体为特点，首部以猪为原型（也有人认为是以熊为原型），俗称"玉猪龙"。

两件玉猪龙分别编号为第二地点一号冢4号墓第2号标本和第3

号标本。

2号标本玉猪龙高10.3厘米，宽7.8厘米，厚3.3厘米。为淡绿色，微泛黄。通体精磨，光泽圆润。背及底部有红褐色斑块，背面斑块大，颜色尤重，且不够光滑，疑为河磨玉的皮壳部分。龙体一侧有白色瑕斑，近耳部有1道裂纹。龙体蜷曲如环，头尾长切开又似玦，体形扁圆而厚。环孔由两侧对钻，孔缘经磨光，圆而光滑。背上部钻单孔，孔的边缘不够规则。兽首的短立耳较大，两耳之间从额中到头顶起短棱脊。目圆而稍鼓。吻部前凸，有鼻孔，口略张开。前额与吻部刻多道阴线，吻部阴线较少而深，为鼻下2道，鼻上3道。

所谓"河磨玉"，顾名思义，就是指玉矿料在河床里经过久远时间的冲击、磨砺，表层形成石皮的玉。"河磨玉"属于岫岩玉，"蛇纹石玉"也属于岫岩玉。

3号标本玉猪龙是用白色蛇纹岩制成。个体较小，通高7.9厘米，宽5.6厘米，厚2.5厘米。玉猪龙的头尾处未完全切断，在环孔处尚有连接。头部刻画的线条甚为粗简，神态的表达远不如2号标本玉猪龙。有学者指出，此非挂饰，而是下葬时摆于墓主人胸前的。

这两件玉猪龙是首次获得的红山文化代表性玉器，其价值与意义重大，在全国产生巨大影响，成为牛河梁红山文化标志性文物之一。

考古界泰斗苏秉琦先生曾赋诗曰："华山玫瑰燕山龙，大青山下斝与瓮。汾河湾旁磬和鼓，夏商周及晋文公。"关于"华山玫瑰燕山龙"，苏秉琦先生在《华人·龙的传人·中国人：考古寻根记》一文中阐释，中国古文化有两个重要区系，一个是源于渭河流域的仰韶文化，一个是源于大凌河流域的红山文化。仰韶文化的一种标志是玫瑰花，而红山文化的一种标志是龙或龙鳞纹。华山脚下的玫瑰与燕山以北的龙结合到一起，迸发出中华文明的"火花"。同时，这两个不同

玉猪龙

文化传统共同体的结合是花（华）与龙的结合，使人联想到华人、龙的传人和中国人。

龙，是中华民族的象征之一。

龙是远古先民想象中的神物。商代甲骨文就有龙字。《史记·五帝本纪》记载：黄帝在打败炎帝和蚩尤后，不仅统一了各部军令的符信，确立了政治上的结盟，还从原来各部落的图腾身上各取一部分元素组合起来，创造了新的动物形象——龙。古人认为龙是神兽，掌管降雨的"大权"，而降雨又与农耕收成息息相关，收成多寡决定着人们的生活质量，以农耕为主的红山先民由此崇拜龙，将龙看作日常生活中最重要的图腾。

中华文明探源工程首席专家王巍高度评价玉猪龙："从牛河梁出土的玉龙的精美程度可以看出，在距今5500年前后，这里的确曾存在一个相当发达的、以动物造型为主要标志的远古玉器中心。"

玉猪龙出土39年后的2023年8月4日，贵州卫视在17：45播出的《历史上的今天》栏目中，详细介绍了牛河梁遗址第二地点一号冢4号墓出土的玉猪龙，足见其影响的广泛与长久。

二、蚕眠桑叶稀

转眼到了深秋。秋季是辽西最好的季节，天高云淡，风微雨少，一年的辛苦劳作终于有了回报，收获的喜悦洋溢在一张张年长或年少的面孔上。这个时候，桑树叶子开始稀疏，秋蚕也结束了自己的工作。

1984年11月1日，立冬前6天，张星德等考古队员开始发掘第二地点一号冢7号墓。墓室顶封压三层石块，室顶中部略微高起。墓室内葬3人，为二次葬。

清理出随葬玉器5件，分别放置在三堆人骨架上。其中玉环2件，一件白色，微泛绿，精磨，圆润光滑；另一件玉环也是白色，磨制光滑。玉璧3件，均为白色。

发掘清理完7号墓，张星德等人连续工作，开始发掘一号冢8号墓。

该墓室所用石板都经过加工。东、西端壁分别用1—2层很厚的块石砌筑。墓室顶封盖一整块石板。内葬一成年女性，年龄40±岁，为二次葬。

"二次葬"，又称"迁葬"，是一种非常古老的葬俗，其显著特征是将死者的尸骨进行两次和两次以上的埋葬，多数是易地安葬。《墨子·节葬》中有对二次葬的描述，称啖人国的葬俗是在人死后先入土埋葬，等几年之后尸体腐朽，再重新将骨骸捡出安葬。除了《墨子·节葬》，还有《列子》《隋书》等史籍记载过荆楚地区的这类葬俗，可知这种埋葬方式在古代并不鲜见。这种古老的葬俗从远古开始一直延续至今。红山先民为了纪念先人，常常把死者的遗骨跟随生者迁移并重新埋葬，形成二次葬的习俗。

张星德以女性特有的细腻，仔细搜寻，在墓室西南角发现1件玉环。

紧张忙碌的一天结束了，张星德等考古队员带着发掘的收获返回驻地。

秋风飒飒，寒意渐浓。

11月3日，张星德按时来到现场，开始发掘第二地点一号冢9号墓。墓室为长方形。墓室内葬一成年男性，年龄50±岁。出土1件石钺，1件勾云形玉器。

石钺前身是上古时代作为生产工具的石斧，后来演变为武器，又逐渐成为象征权力和威严的礼器，多为酋长、部落首领所占有。

整个上午，都是平淡无奇的发掘。下午会有意外的惊喜吗？

下午发掘的是第二地点一号冢11号墓。

墓室内有一具骨架散布于墓室中部，为二次葬，系成年男性，年龄25—30岁。

在墓室南壁下，张星德发现1件随葬的白色玉环和1件白色玉璧。玉环通体磨光。

就在张星德有些失望之际，突然发现一个奇怪的东西：一个10多厘米长的子弹形玉棒，上有刻痕。

张星德拿起玉件细细端详，觉得很像一只蛹，随即交给领队郭大顺鉴定。郭大顺是红山文化研究专家，见多识广，他马上联想到1982年赤峰市巴林右旗那斯台遗址出土的典型的玉蚕，只不过11号墓出土的这件玉蚕（蛹）比较概括简化。

这个玉蚕（蛹）长12.7厘米，最大径1.9厘米。白色，磨制，两侧有内凹的坑点，应为玉料的原面。体甚长，上体较直，下腹略显内弯。头端圆，下腹显肥厚，尾端尖。颈部以一周阴线显示首身分隔，以下有二匝凸起。

得到考古专家郭大顺的肯定，张星德非常高兴。她激动地猜想，古人熟知蚕的用途与价值，才把它当作崇拜物。红山人或许已经用蚕结的茧来缫丝织绸。

的确，考古证明，我国的丝织历史十分悠久。早在新石器时代，我们的祖先就开始利用蚕茧抽丝织出各种织物。传说黄帝的正妃嫘祖是养蚕治丝方法的创造者。据《通鉴前编·外纪》载："西陵氏之女嫘祖，为帝元妃，始教民育蚕，治丝茧以供衣服，而天下无皴瘃之患，后世祀为先蚕。"商周时期，已出现精美的罗、绮、锦、绣等丝制品种。甲骨文中也出现了蚕桑丝帛的文字。丝织工艺在秦汉以后逐渐完备，柔软细滑的丝绸，还在历史上开启了中外文化交流的先河。现今，许多女士依旧钟情于丝织品，流连于精致的商铺橱窗前。或许，五千

玉蚕(蛹)

年前的某个晨曦,红山先民看到左右晃头的蚕吐出蚕丝的那一刻,也惊异于造物主的慷慨神奇,小心翼翼地思考如何将这些丝用于生活,去装饰那些夜晚降临的平淡琐碎的梦。

三、云间双凤鸣

1985年9月30日,国庆节即将来临,考古队员们却依然忙碌在牛河梁发掘现场。

正在发掘的第二地点一号冢14号墓呈长方形。墓室内葬一成年女性,年龄45±岁。仰身直肢,头朝西。

令张星德、史晓英两位女考古队员兴奋不已的是,在墓主的左手腕和右手腕处,各有一个玉镯,说明这是死者生前所戴之物,入葬时也戴在手腕上。玉镯呈淡绿色,有些许白色瑕斑。

两位女考古队员不禁感叹,五千多年前的女人就懂得美了。

在博大精深的中国传统文化中,玉是其中重要的组成元素,玉文化以玉为核心载体,贯穿了厚重的中国文化史,并对古人的思想意识产生了深刻的影响。玉之文脉绵延不竭,如江河般流淌至今,它是中国文化中不可缺失的组成部分。时光流逝五千年,而今时尚女子手腕所戴的温润玉镯与五千年前红山先人手腕戴的玉镯几乎一模一样。温润的,还有绵绵不息的光阴。

张星德收回思绪,投入细致的发掘。在女墓主胸前,发现置放1件勾云形玉器。此玉件通长 15.8 厘米,宽 6.9 厘米,厚 0.6 厘米。中心镂空,作勾云形盘卷,线条简洁流畅。

玉镯

一位远古女子能够随葬三件玉器，可见其不是一般女性，而是有较高地位之人。

一个月后的11月7日，是二十四节气中的立冬。在这个传统节日里，考古队员魏凡、张星德、张军等人仍然工作在牛河梁考古现场。

他们先是发掘第二地点一号冢15号墓葬。此墓室内葬一成年女性，仰身直肢，头朝西。

在墓主颅骨顶部出土1件斜口筒形器，斜口面覆地，平口端朝北。系深绿色玉，较小，透明。通长11.6厘米。

出土2件玉镯，一件在左手腕处，另一件移位到颈下。均为淡绿色，半透明。出土玉环1件，为白色，微泛黄，如象牙白。体精磨，非常规整。正圆形，内外缘薄，中部显圆鼓。

寒来暑往，岁月如流，一晃就到了1987年秋天。10月28日，考古队员正在发掘第二地点一号冢17号墓。这个墓葬的墓室非常小，好像一个方形箱匣。墓室由4块经修整的高度不一的石板竖着搭砌。墓室内仅见一人的颅骨与一只手的掌骨，为成年女性。

这是一个令考古队员大惑不解的墓葬，其虽然是二次葬，但墓主人的身体部分哪去了？墓主年龄在50—55岁之间，这个年龄，在新石器时代算是比较年长的。这样一位年长女人，额骨左侧为什么会出现砍创痕？又是一桩疑窦丛生的"谜案"，也许未来某个时间的机缘巧合，其真相会大白于天下。

朱达和孙力开始清理墓室内充填的黑色淤土，1件双人首三孔梳背饰显露出来。此玉件长6.8厘米，最宽3.1厘米，厚0.6厘米，大孔径1.5厘米。为白色，通体磨光。两面对称雕刻。器身两端各雕一人首，有冠，冠上阴刻短斜线，额前突，面部稍有内凹，圆目，鼻较大，鼻头圆，口微张，颌长，颌端稍有外突。因为出土时压在墓主的头下，

双人首三孔梳背饰

有专家认为此双人首三孔梳背饰是装饰物。

紧接着,在墓东壁外半米处又有新的惊喜发现——1件玉凤首。玉凤长3.1厘米,最厚0.7厘米。滑石质,淡黄色,表皮间深褐色。形小,片状。正面以较粗的阴线雕出如钩的啄弯,臣字目,目四周阴刻波状、斜或直线,头顶有冠羽的表现,冠羽为窄带状,延至头后部。背面磨平,显磨制时所遗较密的横线,背面中部有对钻的单坠孔。

这是牛河梁遗址第一次发现凤的形象物。凤是传说中的百鸟之王,头顶华冠,羽披百眼,形似今天的孔雀或红腹锦鸡。雄的称为"凤",雌的称为"凰"。它们代表着祥瑞、美好、幸福。凤源自红山古人对鸟类的崇拜,玉凤首不仅是装饰物,也是祭师用来祭祀通神之物。

玉凤首

第四节:玉魂国魄,"玉"见华夏

《说文解字》中记载:"玉,石之美者。"玉器,是用玉石雕琢而成的器物。中国玉器起源于新石器时代早期,至今已有近万年的历史。兴隆洼文化遗址和查海文化遗址已经出土相当可观的玉器。这些重要遗址都分布在大凌河支流流域,与红山文化有着千丝万缕的联系。查海文化是红山文化的源头之一,查海遗址发掘出的"查海龙"是中国迄今为止发现年代最早、形体最大的龙的形象。中国考古学会理事长苏秉琦先生曾为查海遗址题词:"玉龙故乡、文明发端。"

玉的使用贯穿中华民族整个发展历程,是中国传统文化的重要组成部分。"玉魂国魄"是玉器在中华文明中重要地位的最好诠释。红山文化玉器对后世玉文化的发展与演变产生了深远的影响。

一、溪光摇玉璧

1989年秋天。这是20世纪80年代最后一个秋季。

80年代是一个思想解放、改革开放的时代，是一个充满活力、勇于创造、蓬勃向上的时代。

80年代，中国考古学随着社会的高速发展而进入了"黄金时代"。

1989年10月6日，考古队启程奔赴400多公里以外的凌源，按照计划继续牛河梁遗址的发掘。

关山初度尘未洗，策马扬鞭再奋蹄。考古队员未作任何休整，第二天就进入了发掘现场，开始进行第二地点一号冢21号墓的发掘。

21号墓最深达1.2米，墓圹辟入基岩风化层，墓圹东西长约2.66米，紧贴北圹壁下砌筑一长方形墓室。墓室内葬一30岁左右男性。

打开这座墓的刹那，考古队员都被震惊了，只见琳琅满目的各种玉器遍布墓主周身，仿佛穿着金缕玉衣下葬的。

曾担任牛河梁工作站站长的朱达是这座墓葬的主要发掘者，他是第一批参与牛河梁遗址考古发掘的考古队员，经多见广，经验丰富，可面对这眼花缭乱的玉器，也同样难以抑制激动的心情，惊呼："奇迹！太神奇了！中心大墓也没有随葬这么多玉器啊！"

朱达和其他队员一丝不苟地一件一件提取、记录、拍照，玉器数量竟然多达20

第二地点一号冢21号墓

件。这是红山文化区域单个墓葬随葬玉器最多的一座墓。

在墓室西端壁下出土璧形饰1件。长4.8厘米，宽4.7厘米，孔径0.6—0.8厘米，厚0.35厘米。淡绿色玉，有黄白色斑痕。精磨，光泽圆润。平面似菱形，中心处对钻一椭圆孔，孔周磨出较长的线凹槽。体薄如片状，外缘薄如刃，内缘磨平。

在墓主头顶部出土一件淡绿色玉斜口筒形器。通长10.6厘米，平口径5.1—6.9厘米，斜口最宽8.5厘米，壁厚0.5厘米。斜口外敞，上下开口边缘部不太规整，且磨薄似刃状。

斜口筒形器也称"马蹄形玉"和"箍形玉"，是红山文化玉器中流传较广且具有代表性的一种。在本书伊始，考古学家郭大顺专门骑车拜访建平人马龙图，在他家中柜面上看到的玉器，就是斜口筒形玉器。马龙图在两年前翻地时不经意的举动，让这块斜口筒形玉器得以被世人看见，借由他提供的线索，考古人员找到了发现了这块玉器的地点——牛河梁，并在这里陆续发掘了积石冢和女神庙，牛河梁遗址由此惊艳世人。在牛河梁遗址16座墓中共出土了18件斜口筒形玉器，出土位置为9件枕于头下，9件置于腰侧或手部以下。

关于斜口筒形器的用途，有人说是手腕上的装饰，有人说是束发用的发箍，也有人认为它是一种打击礼乐器、盛火器具，众说纷纭，不一而足。时间来到2007年，专家对安徽凌家滩遗址出土的斜口筒形玉器给出龟形器的判定，为破译红山遗址中此类玉器功能提供了新的思路。发掘于凌家滩遗址23号墓的斜口筒形玉器，出土位置有近半数位于墓主右侧骨盆处，这和在大汶口等地墓葬中发现的实体龟壳出土位置相同，因此有人将这些斜口筒形玉器与"龟壳"形玉器联系到一起。有学者提出，这类玉器虽然光素无纹，却用料甚大，掏如此大而长的孔也非常费工费时，说明这在当时是很受重视的一类玉器。

斜口筒形玉器

在 21 号墓墓主左肩上部，出土 1 件淡绿色勾云形玉器。此器通长 8.8 厘米，宽 4.3 厘米，孔径 1.2 厘米，厚 0.5 厘米。

勾云形玉器是目前所知红山文化玉器中同类器出现数量最多的器物之一，因其图案如卷云而被冠名为"勾云形玉器"。勾云形玉器不仅是精美的装饰品，因为主体图案是天上的"云"，有可能是红山先民宗教礼仪中作沟通上天、祭祀先灵的媒介。

出土玉璧 10 件，有的放置于墓主头骨左侧与右侧，有的出于左小臂、右小臂内侧，有的出于左、右手下端，有的置放在双小腿骨下，基本是对称陈置。

出土双联璧 2 件，均为淡绿色玉。体扁平，上小下大近梯形，上部从两侧磨出外宽内窄的短槽沟，将璧体隔为两段。形似双璧相连，上璧顶端磨有系沟，内外缘薄似刃。

在墓主人上腹处，出土玉珠 1 件。长 3.8 厘米，宽 3.2 厘米，孔径 1.1—1.4 厘米，通高 2.8 厘米。

出土圆筒状玉饰 1 件。上下口沿面磨平，壁较厚。通长 3.5 厘米，细端径 3.1 厘米，粗端径 4 厘米，壁厚 0.35—0.5 厘米。出土时已残碎，置于墓主人右肩角处。

在墓主人右腕部出土一件淡绿色玉镯，这显然是墓主人所佩戴之物。

21 号墓出土的玉镯、玉环、玉珠、玉璧形饰等，应该是戴在人体的腕、颈、耳等部位或坠挂在衣物上的装饰品。

10 件红山文化常见的方圆形玉璧和两件双联璧，成双成对置放在墓主人身体的上下左右相对称的部位，应该是神灵崇拜之物。玉璧形似天空中的一轮太阳，也有可能是红山先民祭天的礼器。

21 号墓的发掘，整整用了 3 天时间，工作量很大，很辛苦。考古队员一直处在兴奋之中，没人喊累，没人叫苦。

21号墓墓内没有陶器，摆放的全都是玉器，为典型的玉殓墓，具有浓厚的宗教祭祀色彩。墓葬规格的高低和随葬玉器的多寡代表了墓主人生前的社会地位。21号墓的墓主人生前地位显然是非常高的，很可能是专职巫师。

21号墓发掘出这么多内涵丰富的玉器，考古工作者当然非常高兴，而笔者在牛河梁遗址博物馆参观第六单元"玉礼开端"和第七单元"玉魂国魄"文物时，看到玉猪龙、玉斜口筒形器、勾云形玉佩、玉人、玉凤、玉龟等珍贵的玉器，和考古工作者一样为古人的智慧而叹服，为能与五千年前古人的器物相见而庆幸。

二、龟息芝兰丛

"云飞琼瑶圃，龟息芝兰丛。玉篆掩不开，天窗微微风。"这是唐代杨衡写的有关道教的一首诗。"琼瑶"是指美玉，亦指仙宫。"篆"是预言吉凶得失的文字，也是道教记载上天神名的书。"龟息"的意思是呼吸调息如龟，不饮不食而能长生。

第二地点一号冢21号墓出土了一件玉龟，这件玉龟经过五千多年的时间沉淀，终于展现在世人面前。

玉龟出于墓主人左胸部，腹面朝上。淡绿色玉，一侧边缘有褐色瑕斑。平面近椭圆形，首部稍窄，尾部稍宽。龟背隆起，背面以减地起三道竖脊，中脊高于两侧脊，龟背的周边磨薄，显示裙边。以阴线刻出龟背纹，裙带边缘处刻画多道放射状短线，头与尾处背、腹甲都作出凹口，腹甲凹口较宽，背甲以双阴线表现尾部，头部刻单短阴线，或显示头尾收缩于体内状。线条规则、清晰、简略而形象。腹甲近尾部残断，可见残断的斜棱。龟背甲与腹甲之间以比较深的楔形槽相隔。

玉龟

腹甲的中心部位钻一大圆凹窝，窝面可见数道管钻痕，在凹窝内顶壁又前后各钻一孔，可用于竖向穿插挂缀。整体造型与刻纹都十分生动逼真。龟背长5.3厘米，宽4.1厘米，腹部残长4.5厘米，宽3.8厘米，圆凹径2.3厘米，龟体通高2.7厘米。在牛河梁遗址的发掘中，还是第一次看到这种缩头无足的玉龟，淡绿色的龟壳呈现出柔和的光泽。其用料精良，雕琢工艺精湛，设计师以精简而夸张的造型，将龟的形象自然生动地复现出来，也体现了牛河梁红山文化玉器中动物造型形神兼备的特点，是一件不可多得的稀罕之物。

龟，又称乌龟，最早见于三叠纪初期，在地球上生存了上亿年，和恐龙是同时期的动物。古人认为龟是长寿、通神之物。《述异记》中记载："龟一千年生毛，寿五千岁谓之神龟，寿万年曰灵龟。"《淮南子》中记载："必问吉凶于龟者，以其历岁久矣。"殷墟遗址出土的甲骨就有占卜的记录。能有玉龟随葬的墓主人，其身份地位一定是极为尊贵的。

21号墓还出土了1件兽面牌饰。兽面牌饰平正地置放在墓主的腹部。淡绿色玉，有白色瑕斑。通高10.2厘米，最阔14.7厘米，厚0.4厘米。通体磨平，光泽欠佳。体薄而两面都非常平整，两面都雕出兽首图案。双耳修长竖立，耳朵末端有尖状，雕刻者在其面部钻孔，用来表现它的圆目和鼻孔。眉际、额间皱折、耳根端和鼻、嘴部轮廓线都以阴线仔细刻画，兽首吻部宽大，嘴角向下咧开。口部与下颌之间起棱相隔，下颌窄收，端起尖，颌面对钻二小孔，可穿系捆绑。玉器下部有粗糙面，似插于另一器件的件饰。此玉件神态庄重神秘，线条简洁明快，主要特征突出，具有很高的艺术性。

有人认为此兽面玉牌饰疑是玉龙头面部展开，只是从实物看，两

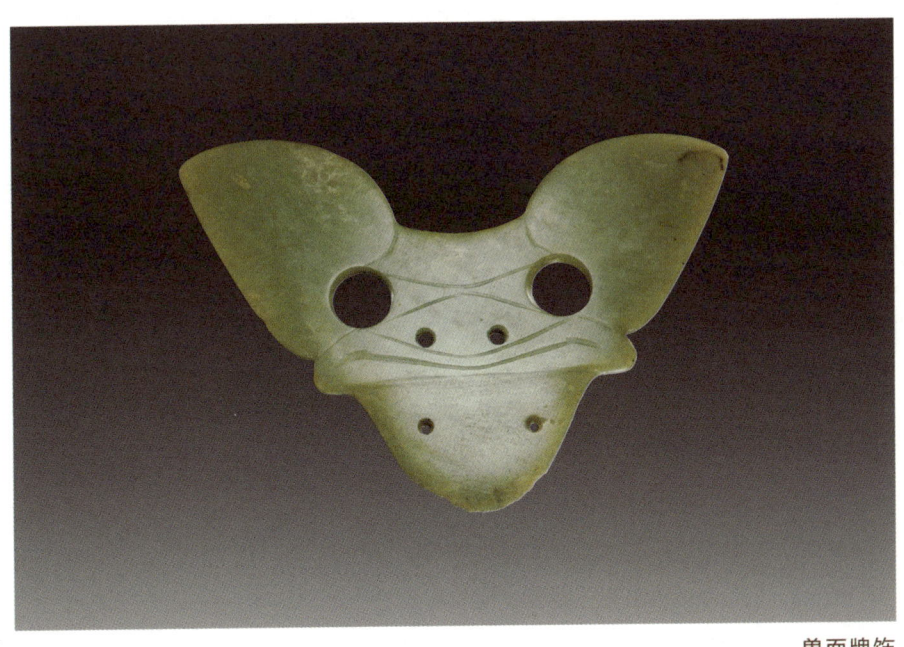

兽面牌饰

者形象差距太大了些。兽面牌饰给笔者的直观感觉，像是狐狸的面目。特别是那两只大大的尖耳朵，几乎就是仿照狐狸制作的。

狐狸在古人眼里是神异动物。《山海经·海外东经》记载："青丘国在其北，其狐四足九尾。一曰在朝阳北。"①《山海经·南山经》记载："又东三百里，曰青丘之山，其阳多玉，其阴多青䨼。有兽焉，其状如狐而九尾。"②青䨼（huò）是一种矿物颜料，古人常用它来涂饰器物。狐狸生性机智多疑，产子多，在辽西是常见动物，很容易被红山先民视作神祇。

从兽面牌饰的大耳朵、眼睛、鼻子和嘴的特征看，又与狗非常相像。辽宁省博物馆馆藏的1件红山文化兽头玉器也很像狗。《山海经·大荒北经》中记载："黄帝生苗龙，苗龙生融吾，融吾生弄明，弄明生白犬，白犬有牝牡，是为犬戎，肉食。"③犬戎是狗图腾，而且还是白犬图腾。由此证明黄帝族内红山文化区可能有狗图腾。

艺术来源于生活，龟、狐、犬之类的动物被古人熟知，于是将其模样刻画于玉器之上，并有了形神兼备、生动自然的展现。古人在这些动物身上，或崇拜其长寿不老的神性，或惊叹它们机智聪慧的神异，图腾的刻画是古人内心深处的投射，表达了古人对天地、自然万物的敬畏之情。

三、长河卷云色

1989年10月24日，已入深秋。片片黄叶在萧瑟的秋风中旋落在

---

① 袁珂：《山海经全译》，贵州人民出版社，1991年，第225页。
② 袁珂：《山海经全译》，贵州人民出版社，1991年，第2页。
③ 袁珂：《山海经全译》，贵州人民出版社，1991年，第319页。

地，长空寂寥，偶尔掠过一只飞鸟，带走牛河梁这片土地上的寂静。考古人员已经备上厚外套，他们铆足干劲，开始发掘第二地点一号冢22号墓。

此墓大部分被冲沟所毁，考古队员很快就将墓葬清理出来。依据近处的地层剖面，可知墓圹凿入基岩风化壳中，墓底距原地表深1.3米。墓中有一具人骨，仰身直肢，头东足西。

在墓主人颅骨顶部，出土1件斜口筒形器，横置，斜口朝下，平口朝南。平口近缘部的长径两侧各钻一小孔，是由外向内的单钻孔。通体光洁无纹饰。

在墓主人右腕部发现1件玉镯。玉镯呈黄绿色，有淡褐色瑕斑。

能有这样深的墓葬且随葬有玉器的人，生前地位不会太低。

在墓主人右胸侧面出土1件勾云形玉器。器长14.2厘米，宽4.6厘米，厚0.45厘米。黄绿色玉，有白色瑕斑。

勾云形玉器

牛河梁遗址目前已发掘的4个地点共出土玉器183件，加上在附近采集的13件，共计196件。其中第二地点出土98件。

在牛河梁遗址45座有随葬玉器的墓葬中，随葬2件玉器的有5座、3件的有8座、4件的有4座、5件的有4座、7件的有3座，随葬8件、9件和9件以上的各1座，这些玉器分为人形玉器、斜口筒形玉器、勾云形玉器、动物形玉器、玉璧、装饰性玉器、特形玉器等类型。

根据史书记载，黄帝氏族的图腾物有熊、龟、云、龙等。《史记·五帝本纪》中记载："黄帝，有熊国君。"《史记·天官书》中记载："轩辕（黄帝），黄龙体。"《史记·五帝本纪》中记载："官名皆以云命，为云师。"

牛河梁遗址出土的玉器造型、纹饰设计质朴精美，切割、钻孔、抛光等工艺使用纯熟，体现出当时社会分工进一步细化，制玉用玉已达到非常高的阶段。墓葬中出土的玉器有多有少，玉器数量和精美程度与墓葬的规模等级成正比。最初，因运输玉料路途遥远，加工困难，玉器数量比较少，只有族长、祭师等人才有资格佩带，其功能已不是简单的饰品，逐渐演变成礼器、祭器或图腾，成为等级、权力、地位、财富的象征。这对后世产生以玉为礼的制度，形成以玉为信、以玉为美的传统文化，都具有深远的影响。

笔者可以想见，红山巫师在牛河梁祭坛将各种具有神秘色彩的玉质法器或佩戴于身上，或紧握手中，口中念念有词，祈祷风调雨顺，五谷丰登，众多红山先民虔诚地向天跪拜，那场面何等庄严，气氛又多么神秘。

玉是天地精气的结晶，玉是精神凝聚的精华。发源于新石器时代早期而绵亘至今的"玉文化"是中华文明有别于世界其他文明的显著标志。玉在中国人心中蕴含着非同寻常的情感与意义。

大凌河在光阴中流淌，在云影中蜿蜒。大凌河虽然没有"河磨玉"，但历经河水千万年琢磨的"凌河石"和名贵宝石一样晶莹剔透、五彩缤纷。久经时间长河淘漉的，才有可能是精品，历经岁月之水积淀的，方可能是精华。经过淘洗与积淀的文化，是值得珍惜的。

第五节：龙凤呈祥，"玉"满神州

四年前的 2020 年 10 月 17 日，中国国家博物馆"玉出红山——红山文化考古成就展"正式开幕。这次展览分为"礼重在祭""唯玉为葬"和"文明曙光"三个单元。成就展的大量精美文物出自牛河梁遗址，其中包括玉雕龙、玉凤、勾云形玉器、龙凤玉佩等一批红山文化代表性玉器，展现了牛河梁红山文化在中华文明进程中的重要地位。

在中国神话中，龙族、凤族、麒麟一族在盘古开天辟地后一度成为霸主级别的存在。龙族统领鳞甲，执掌海洋；凤族统领飞禽，执掌天空；麒麟族统领走兽，掌管大地。三族共同统治着当时的世界。龙凤呈祥，牛河梁遗址出土的龙凤玉器是中国龙凤文化的重要来源。

一、龙凤翔九州

南朝梁简文帝《七励》曰："鸟变龙工，凤书云纪。"龙和凤，是华夏民族最重要的图腾。

最早的龙凤图腾物在哪里？这或许是许多人的疑问。

牛河梁遗址第二地点一号冢 23 号墓是在 1991 年 5 月 23 日开始发掘的。因为是两个墓葬同时发掘，所以前后发掘了 6 天。

23 号墓是土阶砌石墓。此墓已遭冲沟破坏，墓室内存有一具骸骨，仰身直肢。墓主人疑是成年男性。

对于破坏如此严重的墓葬，还能否出土有价值的文物，考古队员几乎不抱任何希望。

主要发掘人孙祖初也同样没有任何幻想，只是按部就班地认真清理墓中散落的石块和泥土。就在孙祖初用刷子轻轻刷去墓主骸骨上的浮土时，突然眼前一亮：墓主人的小腹部，露出一角淡绿色的玉器。孙祖初小心谨慎地将玉器提取出来，发现竟然是一件龙凤玉佩。大家争相传阅，欣赏品评，兴奋不已。

龙凤玉佩长10.3厘米，宽7.8厘米，厚0.9厘米。呈青白色，泛绿。长方形，长边两侧有红褐色间白色瑕斑，应为原玉料的皮壳部分所遗。有正、背面之分，板状体，较厚，稍向背面内弯。正面以减地阳纹与较粗的阴线雕出一龙一凤，都以头部雕刻为主，身体简化。龙首横置，圆目较鼓，吻长，吻端圆而上翘，有圆窝状鼻孔，额与吻边饰有表现皮毛的短阴线，顶后部有两个斜长突尖，应为双角。龙体作外卷状，上颚与角旁的边缘深刻如凹槽，有似系绳的卡槽。凤立置，勾啄，啄体弯曲且长而宽，啄端甚尖而锐，圆目有外鼓，顶冠以短阴线表现羽毛，背有下垂状的三尖突，应与表现长羽有关。凤体亦外卷，与龙体相对相接。反面平而无纹。佩体上钻孔较多，中心以一桃形孔将龙凤体相隔，近短边有与龙凤卷体相应的两个圆孔，另外，短边近侧边的两端也各有1小孔，都为两面对钻。背面另有3组隧孔。龙凤玉佩设计别具一格，造型神化，制作精美，令人叹为观止。

据研究，这种异种动物合雕的玉器，在中原地区到商代晚期才出现，在新石器时代，只在凌家滩遗址发现一例，是一件龙凤首玉璜。

凌家滩遗址是位于安徽省马鞍山市含山县一处距今5800—5300年的新石器时代中心聚落遗址。红山文化与凌家滩文化南北两大区域

龙凤玉佩

之间存在着交往交流交融关系。中国社会科学院考古研究所研究员、玉器专家刘国祥认为，在玉器交流互鉴上，红山文化对凌家滩文化的影响主要包括斜口筒形玉器、勾云形玉器、玉龙、玉人、玉璧、玉玦等，凌家滩文化对红山文化的影响主要包括玉璜、玉石钺、玉环（镯）、亚腰形玉珠等。

23号墓这件龙凤玉佩在形象、工艺上要比此前出土的凌家滩龙凤首玉璜精致很多。其审美、想象力和工艺水平都达到相当高度，在史前玉器雕制史上是一个标尺。23号墓龙凤玉佩是迄今为止出土最早的龙凤合雕的史前玉器精品，是龙凤文化的鼻祖，可谓神龟献瑞、龙凤呈祥。此龙凤玉佩现藏于辽宁省文物考古研究院。

《礼记·礼运》云："何谓四灵？麟凤龟龙，谓之四灵。"龙为百鳞之长，凤（凤凰）为百禽之长，龟为百介之长，麟（麒麟）为百兽之长，龙、凤、龟、麟乃上古四种灵兽、瑞兽，被尊为图腾。在牛河梁遗址第二地点一号冢已经出土了玉龙、玉凤、玉龟，加上陶器上的麟纹，"四灵"已全矣。

龙凤玉佩的出土令考古队员精神大振，马上投入接下来的工作中。让考古队员们没想到的是，随后的发掘惊喜连连，又出土了玉镯、钺形璧、绿松石坠各1件。

玉镯，直径8厘米，孔径6.4厘米，厚0.8厘米。钺形璧，淡青色玉，长12.4厘米，最宽10.5厘米，厚0.6厘米，小孔径0.4厘米。玉钺系军权的象征，为礼器。出土的绿松石坠长5.2厘米，宽1.6—3.8厘米，最厚0.5厘米。表层为绿松石质，底层为黑色石皮。绿松石坠墓葬出土多在头部附近，应为耳部或颈部的坠饰物。如同今天人们戴的耳坠或项链。

饰品是人类外在形象的点缀，也是身份的象征，五千年前23号墓

绿松石坠

的主人，想必也是一位注重仪表和身份的尊贵之人，那些玉镯、钺形璧和绿松石坠，或许在他生前就是极其珍爱的宝物，因此死后还要将它们置于身边。凝碧于形的玉，状如松球的石，都是美丽的饰物，是红山人创新能力的展现和审美意识的具象。美，无论在何时何地，都是人们共同的追求。

二、云纪轩皇代

唐朝边塞诗人高适《营州歌》可谓家喻户晓，营州就是今天的辽宁省朝阳市。其实，他写了许多有关辽宁朝阳的诗，比如《信安王幕府诗》中曰："云纪轩皇代，星高太白年。庙堂咨上策，幕府制中权。……倚弓玄兔月，饮马白狼川。"诗中说的是，开元二十年（732）正月，唐玄宗命信安王李祎征讨屡犯唐境的奚和契丹。唐军在白狼川（今大凌河）流域将奚和契丹的军队打败了。"云纪轩皇代"中"云纪"是指黄帝以云作百官，"轩皇"此处指黄帝，这里称赞唐玄宗之时为盛世。"星高太白年"是祝李祎将星高照、出征告捷。

牛河梁遗址出土的勾云形玉器与轩辕黄帝有关吗？

与第二地点一号冢 23 号墓同时发掘的，是 24 号墓。24 号墓是一座与其他墓不大相同的墓葬。这座墓不但有两个墓室，而且葬的是一男一女。这种男女"合葬墓"在红山文化墓葬中是极少见的。据专家研究，新石器时代晚期也讲究"一夫一妻制"，那这墓室中的一男一

第二地点一号冢 24 号墓

女是夫妻吗？

墓室为南、北双室，北室宽 0.4 米，南室宽 0.35 米。土底，上口平封 2 层石盖板。南室葬的是一成年男性，仰身直肢。

南室随葬玉镯 1 件，佩戴于墓主右腕上。玉镯淡绿色，直径 7.2 厘米，孔径 6 厘米，厚 0.5 厘米。从此玉镯可见，红山文化时期，男女都佩戴玉镯。

北室葬一成年女性，仰身直肢。右腕部戴有 1 件玉镯。玉镯淡绿色。直径 7.7 厘米，孔径 6.1 厘米，厚 0.6 厘米。

在女墓主下腹部，置勾云形玉器 1 件。勾云形器系绿色玉，泛黄。此器原已残断为三块，两处残断面有磨痕，一处无磨痕，说明此器非一次断裂。断裂处穿孔系为一体，共 3 组，孔以单钻为主，两组由正面单钻，侧面一组由反面单钻。

勾云形玉器在牛河梁遗址的 9 座墓中各出土了 1 件；在第二地点一号冢上发现 1 件，在四号冢出土残件 1 件；在第十六地点 13 号墓出土残件 2 件，在地层出土残件 1 件，总共 14 件。其中，27 号墓的勾云形玉器竖置于墓主头部左侧，24 号墓的勾云形玉器横置于墓主腹部，其余都在墓主胸部右侧。将其称为佩饰不够准确，应另有特定用途，或与代表权力的斧、钺一类有关。这些玉器的玉料虽然采自不同地区，但多数质地精良，光泽温润。云高远而变化多端，新石器时代，人们出于对自然的崇拜，将云视作图腾。《左传·昭公十七年》记载："昔者黄帝氏以云纪，故为云师而云名。"云的奇妙变化给予古人充分的想象空间，它飘逸流动的身形、回转交错的姿态，带着一份不可预判的神秘，它和雨的相互转化、与农耕采集之间的密切联系，又使之成为日常生活中不可或缺的气象。勾云形玉器成为沟通天地的重要载体，是"云图腾"的物化展现，表达了红山先民对于天空流云的敬畏和向往。

三、绕腕双跳脱

众多形态各异、做工精湛的玉器，相继从牛河梁遗址的第二地点出土，考古人员喜不自胜，在艰苦工作之余体验到充实的快乐。他们在一块块温润的玉器中，推测五千年前红山先民的文化生态，在晶莹的碧玉里，寻找那个沉睡在牛河梁地下的古国印记。

牛河梁遗址第二地点的发掘，依旧有条不紊地进行着。考古工作者在牛河梁遗址第二地点一号冢台中部发现两座大墓，分别为第二地点一号冢 25 号墓、26 号墓。

这两座墓都属于土阶砌石墓的大型墓葬，墓圹深凿入风化基岩层，墓口近于方形，都在南侧墓壁凿出台阶。墓室筑于北侧墓底，墓室的方向均为东西向，墓主的头都向西。由于这两座大型墓葬的规模、形制、墓向和头向都一致，尤其是墓的后（北）壁也处于同一条延长线上，

第二地点一号冢 25 号墓

显示位于冢中央部位的这两座大墓,有东西对称分置的趋向。这些有分布规律的现象也表明,这两座墓葬的布置曾预先有所规划,故两墓的埋葬时间相隔也不会很远。

第二地点一号冢 25 号墓,1991 年 6 月 3 日至 8 日发掘。发掘者有郭大顺、辛占山、朱达、方殿春等。

这是一座 Bb 型土阶砌石墓。其位置正处于一号冢体东侧的中部。早年铁路排水沟从该墓顶穿过,幸运的是,排水沟虽然深约 2 米,但由于此墓较深,故只将墓口部大部分破坏,南侧圹口部分和墓下部得以完整保存。墓圹东西横长 3.15 米,南北纵宽 3.5 米,墓深达 2.7 米。这是牛河梁遗址凿入基岩最深的墓葬之一。

墓室内葬一成人,仰身直肢。性别尚不确定,年龄近 40 岁。葬在这座大墓的主人,身份地位不同凡响。

随葬品均为玉器,出土斜口筒形器 2 件。其中一件出于墓主颈部,横置,器平口端朝北,斜面朝下。平口近口缘的长径两侧由外向内单钻双孔。上下口沿的沿面磨平或磨薄似刃,斜口缘处平整,稍有残痕。尾端内壁遗有掏取内芯时的线切割痕。器通长 13.3 厘米,斜口端最宽 8.3 厘米,平口端长径 6.8—5.9 厘米,壁厚 0.5 厘米。另外一件斜口筒形器出于墓主右腹部。

出土玉镯 2 件。出于墓主右腕部的玉镯,为淡黄绿色。外径 6.4 厘米,内径 5.2 厘米,厚 0.6 厘米。出于墓主左腕部的玉镯,外径 6.5 厘米,内径 5.4 厘米,厚 0.6 厘米。其色泽、形制与右腕部的相同。

"何以致契阔,绕腕双跳脱。何以结恩情,佩玉缀罗缨。"这是东汉文学家、曾任曹操丞相主簿的繁钦写的《定情诗》。契阔,是生死相约的意思,引用自《诗经》名句"死生契阔,与子成说。执子之手,与子偕老"。跳脱,即手镯。《周礼》记载:"以金镯节鼓。"注曰:

"形如小钟。"明代顾起元《客座赘语》云:"古之所谓钏,又曰臂钗,曰臂环,曰条脱,曰条达,曰跳脱者是也。"罗缨是系结玉佩的丝带。《定情诗》中的这句可以阐释为:用什么来表达我们至死不渝的爱情呢?就用手腕上的这对玉镯吧。

红山人无论男女,都流行戴玉镯。汉代呢?从《定情诗》来看,玉钏是男子送给女子的定情物,可见还是女子戴镯子。

25号墓出土珠形玉2件,一件出于墓主颅骨右侧,另一件出于墓主颈部。

珠形玉在牛河梁遗址4座墓中出土了5件,加上牛河梁第五地点地层所出2件,共7件。

珠,由"玉"和"朱"二字组成,本义是指蚌壳体内所生的珍珠。珠字从玉,表示珠与玉同等珍贵。

玉珠

第六节：礼出牛河梁，美玉韫九州

2023年3月，"璀璨星光——凌家滩文化展"在安徽博物院完美落幕，以红山文化、良渚文化和凌家滩文化为主要构成的我国史前三大玉文化中心，共同亮相安徽博物院，描绘出中华文明多种文化交融与南北文化互鉴的壮丽图景。

2023年5月，"玉韫·九州——中国早期文明间的碰撞与聚合"大型文化展览，在陕西历史博物馆圆满结束。工作人员历时两年精心筹备，专门设置了"辽西圣地——红山文化"单元。辽宁省牛河梁遗址出土的勾云形玉器、龙凤玉佩等珍贵文物，在这场文化展览中惊艳亮相。此次展出以玉为载体，呈现中华文明起源与早期中国形成的进程，在古城西安吸引了无数人驻足，甚至成为年轻人的网红打卡点。

此前，"礼出红山——红山文化精品文物展"在山西博物院会展中心落下帷幕。152件精美而珍贵的文物展示了以牛河梁为代表的红山文化遗址历次考古重大发现与考古成果，见证了红山文化的独特魅力。

2024年10月24日，由赤峰博物院主办的"华山玫瑰燕山龙——文明交流互鉴视野下的红山文化"开展。展览从"满天星斗""融合创新""承继发展""古国初现""汇流归海"5个部分展示中华文明一体化进程的缩影。本次展览吸收了来自甘肃博物馆、陕西历史博物馆、山西博物院、河北省文物考古研究院等仰韶文化器物，同时还有赤峰市博物馆馆际联盟成员单位的红山文化器物参展，共展出仰韶文化和红山文化近90件（组）文物。

全国各地"博物馆热"持续升温，彰显了公众对历史文化的浓厚兴趣，是人们对文化的认同感和认知能力的提升。"博物馆热"有利于中华优秀传统文化的发展，促进了文旅产业的蓬勃发展。

一、鸮如拜月魄

1991年8月，三伏天的最后一周，暑热释放着余威，中午前后，鸟儿都藏在浓绿的树冠中不再鸣啼。

牛河梁遗址第二地点一号冢26号墓发掘现场，考古队领队郭大顺带领方殿春、朱达等人紧张工作着。

26号墓位于T0305探方内，即一号冢体西侧中部，与25号墓东西对称。揭去封土，墓的整体轮廓清晰显现出来。26号墓的形制、结构与25号墓几乎一样。该墓保存完好，墓穴直接凿入基岩中。基岩是地表层中的坚硬岩层，凿入基岩这么深，对于手无寸铁的红山先民来讲是非常难的事。

墓的南侧壁凿留5级台阶，紧靠北侧壁下砌筑墓室。墓口内壁长1.94米，宽0.45米，深0.42米。墓圹内填黄花土，夹有基岩细砂，似经砸实，有一定硬度。墓室内葬一成年男性，仰身直肢葬，头西足东。这座墓属于土阶砌石墓的大型墓葬，墓主的身份地位相当高。

方殿春和朱达戴着手套，仔细查看墓室情况，突然发现一丝异样：人骨架似乎有错动。方殿春和朱达分析，这是一座原葬墓，骸骨摆放稍有错位，很可能是遭老鼠或者其他啮齿类动物扰动所致。

有多少墓，就有多少故事，也就会有多少疑问与探寻。

继续发掘，考古队员所期待的一幕终于出现，墓中有玉器随葬品。随葬品是私有制在丧葬礼俗中的体现，它是墓主身份、等级、财富的象征。随葬品的出现、发展是与人们的社会意识、宗教、信仰密切相关的。中国自古就有"视死如视生"的传统观念，古代墓葬中的随葬器物，多为生活实用物或专为死者而制的冥器，人们想象死者能在另一世界使用它们。

方殿春和朱达两个人分工合作，一个负责登记、绘图，一个负责提取文物。

先是在墓主右胸部发现一件黄绿色管状玉器，接着，在墓主右桡骨下发现一件玉镯。玉镯呈黄绿色，有瑕斑，正圆形，内缘面平，外缘较圆，横截面呈馒头状。在墓主右肘部，又出土一件玉坠饰。

在仔细清理中，再次有了新的发现，令考古队员兴奋不已。在墓主腹部，发现一件双兽（鸮）首饰。此玉件通长12.9厘米，宽9.5厘米，厚0.6厘米。

此墓随葬的4件玉器，质料相近，疑为同一块玉料制作。其中以双兽（鸮）首饰最为别致，不但设计巧妙，而且制作精美。

元代善画墨梅的宋子虚《建业怀古》诗云："鸮如拜月魄，蝶化寻芳魂。草遗旧裙色，花泫新啼痕。"诗的首句是写夜行的猫头鹰仿佛在拜月神，第二句写化蝶的爱情传说。

双兽（鸮）首玉饰

鸮，俗称猫头鹰。鸮有敏锐的双眼，矫健的翅膀，尖锐的利爪，钩状锐利的喙，是自然界常见的猛禽。鸮听觉神经发达，是昼伏夜出的夜行动物，加之面目奇特，飞行无声，来无影去无踪，所以给人以神秘感和诡秘感。红山先民把祭器做成鸮的形状，是出于万物有灵的观念，希望借助鸮来通达神灵，驱邪避凶，让自己减少邪恶的烦扰，多拥有一些平静安稳的生活。平安喜乐，是红山先民朴素的期盼，也是现代人能拥抱的幸福。

二、勾云开雪霁

春去秋来，花开花落。时光轻抚过牛河梁那片苍翠的松涛，如同流星划过深邃的夜空，转瞬即逝。每天在晨曦中苏醒的牛河梁山脊，弥漫着湿漉漉的青草香味，也向世人展开它那宏大而神秘的怀抱。

牛河梁遗址第二地点一号冢27号墓的发掘，已经是1994年秋天。自9月18日开始发掘，到9月20日结束，前后进行了3天。

此墓为一单人葬与一二次葬的合葬墓。墓圹口平面略为圆角长方形，沿南侧壁平留两阶生土台。墓室内原葬一成年女性，仰身直肢，头西足东，年龄40岁左右。

一次葬女墓主随葬一件勾云形玉器和一件玉镯。生前用玉，死后随葬玉，这个女人身份不一般。

玉镯出土时套在墓主左腕部。外径6.3厘米，内径5.4—5.5厘米，厚0.4厘米。

勾云形玉器置放在墓主头部的左侧、左肩上。系绿色。瓦沟甚浅，致使瓦沟纹随光线变化而多隐少现，而当光线角度最为适当时纹饰则显示十分清晰。此勾云形玉器系长方形，竖高9.8厘米，横宽28.6厘米，最厚0.5厘米。形体规整，以非常窄或甚小的镂孔将组成器体的各部

勾云形玉器

第四章　天地之间的方圆密码

位卷勾分隔，并在非常薄的器体两面都磨出线条甚细而流畅富于变化的起地阳纹装饰。这是牛河梁遗址出土玉器中个体最大，也是集高水平的切片、起地法、镂孔技法为一体的一件非常典型且精美的玉器。

关于勾云形玉器造型来源，众说纷纭，有说是动物中的鹰、鹿角、猪的獠牙，植物中的玫瑰花，自然界中的云朵等，还有学者认为是龙的正视图，是写实向抽象的一种变化。笔者的直观感觉，还是卷云的造型。

明朝沈采的戏曲《千金记》唱词曰："多少凌云豪气，望淮阴何时可归，怎能勾云开雪霁。"从古到今，人们对天空的云一直充满各种各样的神奇幻想，天空是童年最好的画板，那上面画满了人类童稚无穷的想象。

天空是人们最大的精神版图与情感牧场。

三、片玉值万金

秋深,繁华落尽,山野大地一片宁静。很多冬眠的动物已经开始寻找温暖巢穴,但是考古人员依然忙碌在野外,并没有停止追寻红山文化遗迹的脚步。

牛河梁遗址第二地点二号冢 2 号墓,由郭大顺、方殿春于 1994 年 10 月 5 日、6 日发掘。

墓的圹口平面略呈圆角长方形,土圹的南侧壁留有两级生土台阶。墓室板灰上下的填土硬度不同,下边的填土(即墓内)非常松软。联系已发掘墓室口处存有板灰者,多发现于那些较深、较大、无石盖板的墓,考古专家推测该墓葬原葬时可能有木质类的盖板。

墓室内壁长 2.1 米,宽 0.4—0.5 米,深 0.4 米,底至墓口深 1.2 米。墓室内葬一人,男性,仰身直肢,头西足东,年龄 15±岁。这是牛河梁遗址墓葬中年纪最小的墓主之一。

方殿春用毛刷清理浮土,在墓主右腕上发现 1 件玉环。其外径 4.9 厘米,内径 3.71 厘米,厚 0.4 厘米。

红山先民都有佩戴玉环、玉镯等饰物的习惯。玉环、玉镯等玉饰后世逐渐变成女子的饰品。

古人曾有诗云:"腕摇金钏响,步转玉环鸣。纤腰宜宝袜,红衫艳织成。"诗中描述一位北方佳人,手腕的金钏随着双手的摇动发出清脆的玎玲之声,腰间的玉环因为舞步转换而传出悦耳的玲珑之音,可谓"鸣环佩玉生光辉"。因为玉的装饰,可以让人顾盼生辉,光彩照人。想必红山先民也是极为欣赏玉的特质,才巧夺天工地将其打磨为一件件精美的饰物吧。

数日后,方殿春独自担负起发掘第二地点二号冢 3 号墓和 4 号墓

玉环

第四章 天地之间的方圆密码

的工作任务。

　　这两座墓都被严重扰动，两墓关系被破坏，局部不易辨别。3号墓有圆角长方形土圹。圹中以石灰岩板石砌筑墓室，墓室东半部与上口已毁。墓的原有石板底也被破坏。墓室内无人骨，也无随葬品。4号墓室西端还保存5块石盖。在墓南和西外侧还以大石块封护半周。墓顶层土质多较坚硬，似经拍打，且表面有火烧迹象。再上为冢的封土覆盖。墓室内葬一人，由于骨架扰动严重，大部分已不存，因此性别、年龄无法判断。

　　这两座墓都未发现随葬品。但在4号墓残乱的骨骼上，发现似玉璧器类的附着痕。因为墓葬浅，随葬玉器可能被种地的村民或者放牧人捡走。究竟墓主人是否有玉器随葬，他的身份又和其他墓主有何差别，只能随着那些破坏的墓室一起，成为一个永久的谜。

四、惊世浴火成

急急流年，滔滔逝水，转眼又过去两年。

1996年，考古队开始对牛河梁遗址第二地点二号冢5号墓进行发掘。此墓系长方形土坑墓，直接开穴于墙外垫土带上。内葬一女性，年龄50岁左右。仰身直肢葬，人骨架保存较好。

考古队投入大量时间，对二号冢体堆积遗物进行了细致清理。依出土情况，分为封土内出土遗物和冢上部堆积出土遗物两部分。

在中心大墓内外的封土里，出土了11件筒形器和5件塔形器。筒形器皆泥质红陶，绘黑彩；塔形器皆泥质红陶。出土有泥质陶器折腹盘3件、直领罐2件、钵4件、盆1件、大钵2件。另外有夹砂陶器筒腹罐1件、折腹罐1件、盆1件。

二号冢上部堆积出土遗物，有筒形器7件，皆泥质红陶，绘黑彩垂鳞纹、勾连涡纹等。

龙也是红山先民的崇拜物，红山先民在制作陶器时，时常绘垂鳞纹。

另外，二号冢第48号标本"鱼龙"刻纹陶片，也很独特。"鱼龙"刻纹陶片为腹部残件，存宽14.8厘米，高16.8厘米。泥质红陶，器壁较薄。器表施红陶衣，入窑烧制前以细线刻画"鱼龙"纹饰。

二号冢出土的1件塔形器具有代表性，为泥质红陶，有红陶衣。此塔形器通高55厘米，上腹径18厘米，束腰径15厘米，底径44.6厘米。这个塔形器是此类器物中唯一近于通体复原的一件。

曾参加牛河梁遗址发掘工作的吕学明回忆说，红山文化的塔形器十分特别，最初，考古人员以为这是一种陶盆，但在牛河梁工作站老技工的修复过程中才认识到，这个"盆"应该是倒过来用，通过镂空的颈部连接一个球状体，看起来呈塔形，于是便命名为塔形器。根据对器型和纹饰的研究，结合出土位置，可以确认这是一种仪式性的器物。

关于塔形器的功能用途，有多种说法，莫衷一是。有专家认为，牛河梁遗址出土的大型彩陶塔形器和豆形器应该是男祖和女祖的造型。它们具有生殖崇拜、祖先崇拜的祭祀功能。郭大顺先生在《写在牛河梁遗址发掘报告出版之际》一文中认为：塔形器是一种对男性的生殖崇拜物，故也可称之为"祖"形器。

玉不琢不成器，土不烧不成陶。五千年前红山先民用勤劳的双手和经验智慧，在不断探索与创新中，创造了一个属于人类文明前所未有的新世界。我们追寻过往，探究历史，还是为了今天与明天走得更好。

陶三足杯

第七节：莫与墓，五千年前红山先民的生死观

"墓"，形声字，从土，莫声；"莫"表否定，为没有；"土"为土地。"墓"字的"莫"在"土"上，意为土上空无一物。上古时期凡掘穴葬棺，盖土与地平，不植树者称"墓"。"莫"的甲骨文为日落林中之形，是"暮"的本字，表示黑暗。"暮""土"意为黑暗的土地，意指地下。借指人死后所葬之处，即坟墓。《广雅·释丘》："墓，冢也。"

五千年前红山先民的墓地是什么样的？积石为冢，伴有祭祀，是基本特征。牛河梁积石冢群的发掘及随葬品的出土，让人们看到五千年前红山先民如何看待生与死。

一、冢下的世界

冢，逝者的住宅。冢的形式有荒冢、丛冢、衣冠冢、山冢等，冢类似于坟，其高于地面而被人看见，但是冢大多零落孤独，鲜少有人祭拜。冢中可能没有逝者的遗体，只以衣物来代替死者下葬，因此有了衣冠冢的出现。

唐朝耿沣在一个落日西斜的黄昏，写下《晚次昭应》，描绘出"藤草蔓古渠，牛羊下荒冢"的景象，并生发了人事易逝的感慨。荒冢散落在无人知晓的地方，却也曾寄托着亲友对死者的思念，同古渠般久远的冢，经历岁月流逝，仍然印刻着有关逝者的讯息。

积石冢，便印刻着有关红山先民的信息。位于牛河梁遗址第二地点东部的四号积石冢，分布面积非常大，南北长 34.6 米，东西宽 37.4

第二地点四号冢

米，占地面积达 1294 平方米。1981 年 4 月，考古队曾对此冢西部的中间部位及第二地点四号冢 1 号墓进行了试掘。1984 年开始大面积揭露此冢体。之后，又连续数次对该冢进行发掘。

1993 年 6 月，夏季的牛河梁，因为比四周海拔高，又有万顷油松的遮阴，如果是休闲，这里要比城里清凉通透许多；可若是在野外工作，浑身的汗水还是少不了的。

6 月 15 日，朱达、张春坤等考古队员开始发掘四号冢下层积石冢 5 号墓，一干就是 4 天。

此冢的冢面平铺角砾岩碎石。筒形器置于冢界附近一周，共有 9 件筒形器的圈底仍保存在原位，但筒体上身尤其是器物的上口残碎严重。筒形器均为泥质红陶，部分绘黑彩，均为单勾涡纹。

冢中心部位是一座近长方形的土坑墓，开口在角砾层下。角砾层是由粒径大于 2 毫米的岩石碎块形成。墓室内葬一 25—30 岁女性。

在墓主脚下随葬一件带盖彩陶瓮（罍）。此器以肩腹部绘三周连续的勾连涡纹带为主体，近口沿处绘四周平行线纹，间饰斜宽带纹四组。器盖似倒置的钵碗，圆顶，顶部有桥状小纽，施无勾涡纹黑彩纹带。盖口径 15.7 厘米，高 6.2 厘米；罍口径 10.5 厘米，腹径 35.2 厘米，底径 11.6 厘米，通高 40.4 厘米。这是一件造型圆润端庄，纹饰清晰

第二地点四号冢带盖彩陶瓮（罍）

雅致，色彩明丽古朴，制作精美的彩陶器。

牛河梁遗址的发掘，都是按照工作计划进行的。发掘四号冢下层积石冢7号墓，时间已经是1996年6月。朱达、吕学明、张春坤等人从6月8日开始连续发掘了3天。此冢东面接近自然冲沟，致使冢的东侧和东南侧都遭到不同程度的破坏。

墓室内原葬者为成年男性。在墓主头顶两侧的填土中，又各出土一块人颅骨。这些颅骨分属于两个不同的个体，系二次捡骨葬。

在原葬墓主人足下，发现一件彩陶瓮（罍）。彩陶瓮（罍）泥质红陶，口径12.4厘米，腹径36.4厘米，底径10.5厘米，通高29.5厘米。这样的尺寸，在彩陶瓮中算是中等。

在彩陶瓮（罍）上还扣一件红陶钵。此钵系泥质红陶，口微敛，方圆唇，平底有凹进。口径22.4厘米，底径6.8厘米，高6.4厘米。此钵应当是作为同墓彩陶瓮（罍）的器盖使用的。

陶器是红山文化遗址中比较有代表性的器具，主要由泥质红陶和夹砂灰陶两种类型构成。5号墓和7号墓的随葬品以泥质红陶为主，不乏纹饰精致、色彩明丽的精品。冢下的世界寂寥无声，却也有这些陶器与墓主相伴，让这数千年时光不算孤单。

二、墓中是何人

发掘完下层积石冢7号墓的第三天，朱达、吕学明、张春坤等人开始发掘8号墓。6月13日、14日连续发掘两天。

朱达认真细致地清理墓葬，突然发现在墓主人脚下有一件陶双耳罐，罐口还扣着一件陶折腹盘。吕学明和张春坤赶紧过来拍照、绘图，朱达小心翼翼地将陶器提取出来，登记在册。

陶双耳罐为泥质红陶，敞口，直领外折，折处内起棱锐，方唇，溜肩，鼓腹。器身瘦高，小平底。桥形双耳位于中腹偏下。口径22厘米，高40.8厘米，底径10厘米。

陶盖盘系泥质磨光黑陶，火候不高，陶质较软。敞口，方圆唇较薄，中腹曲折，折处内壁起锐棱，口径31.8厘米，高8.5厘米，底径8厘米。

随着发掘的推进，令朱达、吕学明、张春坤没想到的是，在提取完两件陶器后，他们又有了惊奇的发现：在墓主的腹部，随葬一件斜口筒形玉器。这让三人感到十分惊喜，又感到意外。

根据发掘经验，下层积石冢墓，随葬品多为陶器，随葬玉器的相对较少。而随葬品既有陶器又有玉器的，在牛河梁遗址已经发掘的所有下层积石冢墓葬中，只有这一例。

能享受如此高规格葬礼的墓主，会是什么人呢？墓主人的神秘面纱能否被揭开？

随葬的这件斜口筒形器，通长16厘米，平口长径7.4厘米，斜口端最宽9.5厘米，壁厚0.1—0.5厘米。此斜口筒形器与其他墓葬出土的斜口筒形器相比，并无明显区别。此斜口筒形器有的采用桯钻的痕迹。桯钻俗称"实心钻"，起源于新石器时代，一直沿用到近代。最早的桯钻工具为玛瑙、火山燧石等制作的箭头，人们用其直接在玉器上带动潮湿解玉砂进行旋转打孔。后来出现了弓，利用弓来带动钻头加工，大大提高了钻孔效率。此斜口筒形玉器证明五千年前红山先民的制玉技术已经相当成熟。

1996年中秋节，因为冬季即将来临，发掘工作任务繁重，考古队员没能回省城与家人团聚，中国传统的团圆节，他们是在辽西乡间驻地度过的。三秋之半，花好月圆。

1996年中秋的那轮圆月，明亮皎洁，轻轻地将乳白色的银纱铺满大地。月明如水，它曾经照亮了红山先民粗陋的屋舍，也见证了几千年来人世间的聚散悲欢。中秋夜里的牛河梁，安静地沉睡在柔和的银辉里。伴着静谧的夜晚，考古队员只能望月怀古、吟诗思人了："人有悲欢离合，月有阴晴圆缺，此事古难全。但愿人长久，千里共婵娟。"

过完中秋节，朱达、吕学明、吉向前、张春坤等考古队员马上回到考古发掘现场，开始了对下层积石冢9号墓的发掘。

冢中心的墓葬为圆角长方形，土圹，口大底小。墓内填土中夹杂红陶碎片。墓内葬一女性，仰身直肢，年龄20—25岁。

出人意料的是，在女墓主头顶左侧位置，同样发现一件斜口筒形器。此器深绿色玉，泛黄，有大片白色瑕疵。扁圆筒状，长面内凹不显，一端大斜口，平口一端为小斜口，口部边缘磨薄，斜口和平口边缘都遗有多处残缺痕。小斜口端可见掏孔芯时的钻痕两道，平口近端未见钻孔。通长12.7厘米，平口长径8厘米，斜口最宽9厘米，壁厚0.2—0.5厘米。此斜口筒形玉器比8号墓的斜口筒形玉器稍微小些。

时间到了11月初，天气已经转凉，清晨的荒草上凝着霜。

考古队员开始发掘下层积石冢16号冢墓。冢中心的墓葬为嵌石墓。考古队员发现在墓主人右胸部摆放着一件斜口筒形玉器。斜口筒形器为淡绿色。玉器通长达9.3厘米，平口长径为7.2厘米，斜口最宽8.5厘米，最厚0.55厘米。这个斜口筒形玉器比9号墓的斜口筒形玉器又小了一圈。

牛河梁遗址第二地点四号冢共有19座墓葬，下层积石冢发现10座墓葬。下层积石冢10座墓葬中只有3座墓随葬玉器，且都是一件。相比上层积石冢中发现玉器的种类和数量，可以清晰地看到红山文化中"礼制"的发展过程。

三、迁出到何处

时间回到 1989 年秋。

暑气消退，秋凉来袭，无风无雨。这样的季节是考古发掘的黄金季。

1989 年 10 月 13 日，朱达、李新全就随考古队来到牛河梁遗址现场，开始发掘下层积石冢 4 号冢墓。先发掘冢体，在冢体堆积中密密匝匝地散落着一批陶器残件。其中筒形器残件 53 件，皆泥质红陶，可复原筒形器 4 件；塔形器残件 3 件，皆泥质红陶，绘黑彩。

接着发掘冢中部的墓葬。

发掘完下层积石冢 4 号冢墓，考古队员开始发掘下层积石冢 6 号冢墓。此冢依筒形器圈测冢界直径约 6 米。其东南半侧的冢体与筒形器圈，因临冲沟而全部被毁掉，西北半侧剩余部分也已残碎严重。筒形器的残陶片形成一环状条带堆积，条带宽约 60—80 厘米，厚约 20 厘米，圆月形的红色筒形器残陶片特别醒目。经过考古队员认真清理，原位保存的筒形器圈底尚有 14 件。

冢界和冢体堆积所出筒形器多为泥质红陶，陶色分红、红褐色而略有差异，质地细腻，烧结温度较高。器表打磨光滑，多涂施红陶衣，素面。有少量彩陶，彩陶纹样以黑彩单勾涡纹为主。

出土一件带盖彩陶瓮（罍），出土时已残碎。带盖彩陶瓮（罍）为泥质红陶，敛口，圆唇，领甚短，圆肩，陶衣，从肩到下腹部绘四道勾连涡纹宽带黑彩。器盖似倒平行线间斜宽带纹。瓮（罍）口径 13.2 厘米，腹径 42.4 厘米，底径 12 厘米，高 42.36 厘米。

1996 年 10 月 4 日至 6 日，考古队员开始发掘下层积石冢 12 号冢墓。11 月 18 日，开始发掘下层积石冢 13 号冢墓。冢中心的墓为长方形土圹竖穴墓。

带盖彩陶瓮（罍）

第四章 天地之间的方圆密码

考古工作者依据考古发掘推断，以上 4 个墓葬疑为迁出葬。如果是迁出葬，那么，这些墓主人被迁葬到哪里去了呢？迁葬有多种原因，或者随生者生活地点变动而迁，或者是英雄骸骨回归故里，或者是其他原因。牛河梁遗址是红山文化祭祀中心，是高规格的"王陵级"墓葬区。这些墓主是因为什么被从这么重要的"王陵"迁走？他们新的陵墓是怎样的墓葬规制？迁葬背后藏着一个个难解之谜，有待考古工作者在日后的考古发掘中继续研判探求，有待专家学者进行深入探索研究。

四、灰坑的秘密

1986 年 7 月上旬，考古队员在清理第二地点四号冢时，发现在冢体北部上层积石冢下还叠压一座灰坑。

灰坑是考古发掘中常见的遗迹。因坑中填满灰色土壤，故称"灰坑"。在考古学业界有个约定俗成的看法，认为所有凹陷的坑状遗迹，都可以被称为"灰坑"。依据灰坑的大小、形状、遗物出土和特征等，可以判断灰坑所处的时代和它所承载的性质、用途，它是考古人员研究古时经济、文化和社会生活的重要资料。

四号冢北部这个灰坑内，堆满较纯净的灰烬土。在填土中发现较多陶器残片以及少量玉器、石器，且伴出数块经严重火烧、大小不一的花岗岩质的河光石。河光石是一种具有独特颜色和纹理的石头，俗称鹅卵石。该灰坑遗迹未发现明确的柱洞、门道之类的迹象，只在坑壁上留有较明显的火烧痕迹，但坑内又遗存大量灰烬，推测为临时用址。

灰坑出土遗物主要有陶器，近于复原器物约14件，其中陶罐最多，还有筒腹罐、折肩罐等陶器。

随着发掘的细致深入，考古队员又有了新的发现。随着木刷刷去一层灰烬，考古队员惊呼："快看！这是什么？"

原来是一件陶纺轮！

纺轮为泥质黑灰陶，圆饼状。直径3.8厘米，孔径0.5厘米，厚0.9厘米。

小小的纺轮，印证五千年前，红山先民已经掌握了纺织技术，穿上了用来蔽体的人工纺织衣服。

一个普通的灰坑，竟然喜讯频传，刚出土陶纺轮，又发现一个特型玉器。此玉件高3.4厘米，底边宽0.55—1厘米，体宽0.5—1.1厘米，厚0.35—0.45厘米。这块玉是以黑色的滑石质打磨而成，外观小巧规整，表面光滑。在玉的两个侧边留有多条划线痕。它由长条状器体、长方形底面和饰对称三凸尖的顶部构成，一条纤细的纽带状凸棱将顶部与器体之间连起。总体形状和我们今天使用的方印章一模一样。于是，此特型玉器被定名为"印章形玉"。

寒来暑往，四季轮回，有沧海桑田，亦有亘古不变。通过考古，我们更加清晰地看到，红山先民和我们一样，也是有血有肉、有思想有审美的人。他们曾经与我们生活在同一片蓝天下，享受着同一轮日月，经历着生死，创造着世界。因为考古，我们走进了历史，走近了古人。这就是考古的魅力和意义吧。

第八节：古人的智慧超出我们的想象

墓葬是灵魂不灭意识的反映，是安置去世的人的方式和建筑形式。在不同的历史时期、地域和民族，墓葬形式都会因当时的文化传统、宗教信仰、经济状况、地理环境及逝者的社会地位和财产占有量而千差万别。《荀子·礼论》曰："事死如事生，事亡如事存。"红山文化的墓葬形式，是五千年前社会生活的真实写照，是红山先民思想观念的直接反映。通过古人的墓葬及随葬品，可以看到超出我们想象之外的事物。

一、历史在昨天

1987年10月26日，朱达、李世凯、孙力，三位来自不同单位的年轻人，为了考古这同一个目标相会在牛河梁。来自辽宁省文物考古研究所的朱达1983年就开始参与牛河梁遗址考古发掘，来自朝阳市博物馆的李世凯1984年开始来到牛河梁工作，辽宁省博物馆的孙力则是1987年刚刚参与牛河梁遗址考古发掘。

在秋风习习中，他们开始了新一天的工作：发掘第二地点四号冢上层积石冢2号墓。

2号墓墓室口内壁长1.65米、宽0.43米，室底长1.75米，宽0.45米，口至底深0.35米。2号墓结构特殊，四壁砌石内嵌石板，石板所框墓室，被称为"石棺"。墓室内葬一女性，年龄40—45岁，仰身直肢葬。

如此特别的石棺，一定花费了建造者不少的心力，在这座墓中能够有什么特殊的发现呢？朱达和其他两位考古人员相互看了一下，心中充满期待。他们将手上的动作变得更加细致，慢慢地清理着四号冢上层积石冢2号墓。

"石棺"果然没有让考古队员失望：在墓主人右胸部，置放着一件斜口筒形玉器。竖置，短边朝上，平口朝向头部。

此斜口筒形器系绿色玉，料不精，有黑色斑痕，且显原玉料岩面。扁圆筒状，一端作平口，一端作斜口，斜口端粗于平口端。斜口外敞，斜口靠长壁的一边较平，缘面磨制较薄，长壁微凹。平口缘面磨平或磨薄似刃。斜口内壁近中部有掏孔桯钻痕，平口内壁则显两处因线切割遗留的凹槽。平口端近缘部两侧由外向内各钻一小孔。通体磨制光滑。

在墓主双膝下外侧，又左右各出土一件玉环。玉环均为淡绿色，两个玉环质地、色泽、大小、形制相近，应该是由一块玉料作成。

接着，考古队员在墓主下颌骨处和左侧颅骨下分别发现一个绿松石坠。两个绿松石坠形制、大小相同，为一对。

这是一次令考古队员难忘的发掘。

转眼九年过去了，时间到了1996年。这期间，牛河梁遗址的考古发掘工作从未停止。

1996年9月26日至28日，考古队员发掘第二地点四号冢上层积石冢10号墓。该墓为长方形砌石墓，墓室中残存男性人骨，无遗物，系迁出葬。

1996年10月2日，朱达、吕学明、张春坤等发掘四号冢上层积石冢11号墓。这是一个长方形砌石墓。墓室西端与上口均遭破坏，只有东端壁保存稍好，是由5层较规整的灰岩石板砌筑，错合紧凑。墓内填土中夹杂陶片及人骨碎块。疑为迁出葬，无随葬品。

1996年10月29日至30日，开始发掘四号冢上层积石冢14号墓。据墓室的长度与遗存遗物判断疑为迁出葬。

考古队员在14号墓北壁下发现2件玉环。色泽、形制和大小相同。

1996年11月3日至7日，开始发掘四号冢上层积石冢15号墓。此墓为长方形砌石墓。墓室结构和筑法与2号墓相同，即选用较规整的灰岩石板、石块平砌四壁，再以立板嵌贴于内壁面。其中东、西端壁各用1块石板，南、北侧壁则各用5块石板，多块板材有修整。顶有石板盖1—2层。室底无铺石，为土底。墓室内长1.99米，宽0.62米，深0.69—0.73米。近北侧壁下葬一女性，35—40岁，仰身直肢葬。

红山文化的晚期属于父系氏族公社阶段，逐渐由男性掌握耜耕的劳动用具并占据生产力的主动权，女性则留守在家中负责生育和照看家务。经济地位的变化带来话语权的改变，男性逐渐占据部落首领和大祭司一类的显赫地位。从红山文化遗址中发现的中心大墓，大多以埋葬男性为主。而这位在上层积石冢15号墓的女性墓主，显然拥有极高的身份地位。考古人员不禁对这座墓产生了浓厚的兴趣，他们在墓中发现了多块精致的随葬玉器，具体如下：

出土两件淡绿色玉环。其中一个玉环出土于墓主头骨上方。外径6.85厘米，内径5.35厘米，厚0.68厘米。另一个玉环出于人骨左肩处。外径6.8厘米，内径5.2厘米，厚0.65厘米。

出土斜口筒形器 2 件。一个出土于墓主人头顶，横置，短边朝上，平口朝北。深绿色玉。扁圆筒状，一端平口，一端作斜口，平口和斜口缘部均有残缺。平口两侧近边缘处各有一小孔，均为由外向内的单面钻孔。长背内凹有弧度。平口端斜向长面方向。通长 11.1 厘米，平口长径 6.8 厘米，斜口最宽 8.3 厘米，壁厚 0.1—0.65 厘米。另一个斜口筒形器出于墓主胸部，竖置，短边朝上，平口朝向头部一侧。淡绿色玉。形制与前一个相同，只是平口处无小孔，斜口缘部略有残缺。

在死者脚下，还出土一件长条块状玉石件。淡绿色，实心体，通体磨光。长面显平整，短面圆弧，两端边缘起棱锐，两端粗细不一，粗端作斜面，斜面稍圆鼓，细端面平，整体形状似斜口筒形玉器。长面中部有大片残损凹坑。

一个墓随葬 5 件玉器，尤其是有 2 件斜口筒形玉器，15 号墓的墓主实属身份尊贵，非同寻常。

时间来到 1997 年 5 月 22 日，前一年进入牛河梁遗址考古队的吉向前负责发掘四号冢上层积石冢 3 号墓。3 号墓为一长方形的小型石匣墓。石匣内壁残长 0.56 米，宽 0.14 米，深 0.18 米。

这座小小的石匣墓，内有少量破碎人骨，系二次葬，无随葬品。墓主为女性，年龄 14—15 岁。这位五千年前的妙龄少女因何而死？由何处迁葬而来？未成年人也二次葬是当时盛行的葬俗还是另有其他原因？这些谜题恐怕永远都解不开了。

二、铜耳饰谜团

牛河梁红山王国的更多秘密，即将经考古工作者之手揭开。

1985 年夏天来临的时候，牛河梁遗址考古发掘已经进行了两年时间，一个个新发现令考古界兴奋不已，一个个新成果令世人惊喜不断。

考古队员在剥揭第二地点四号冢体上的表土时，于该冢体西部的 T1906 探方内又先后清理出了三座墓葬，分别编号为 N2Z4-85M1、85M2 和 85M3。这 3 座墓葬均开口于冢上地层的第二层下，各墓的保存状况不好，人骨破碎严重。

N2Z4-85M1，现存墓北侧一段圹线，土坑残长 0.9 米，宽 0.3 米，最深 0.1 米。疑为小孩墓，无随葬品。

N2Z4-85M2，墓坑两端已毁。残长 1.1 米，宽 0.4 米，深 0.1 米。人骨性别难辨，成年，无遗物。

考古队员清理完 1 号墓和 2 号墓，因为墓葬都比较简陋，没见一件随葬品，挖掘现场气氛陷入沉闷。他们在牛河梁第二地点稍作休息，呼吸着来自墓室外的新鲜空气，头脑也随之变得清醒起来。不管考古发掘能否达到预期，手上的工作还是要坚持下去，这是他们在长期的职业生涯中必备的心理素质。

但是，令考古队员万万没想到的是，一个惊喜正等待着他们，这个发现远远超出预期。

N2Z4-85M3 外观十分简单，墓长 1.5 米，宽 0.5 米，深 0.14 米。墓的北侧圹线有一段不清晰；墓底不平，内填黑杂土，其间夹杂冢体碎石与陶筒形器残片。墓主骨架腐朽严重，但其头骨、骨盆等保存稍好。头向东南，疑为成年女性。

就在清理女墓主骸骨时，在头骨左侧近于颈部处，考古队员突然发现一小截红黄色的铜丝状的器物。考古队员用刷子小心翼翼地刷去浮土，物体完全显露出来：竟然是一件铜耳饰！

这件铜耳饰，铜丝弯成长圆形。有范制、锻打痕迹。两端均显断茬，一端似趋尖细，另一端稍宽而扁平。曲环长径约 2.4 厘米，铜丝截面径 0.3 厘米。

铜耳饰和玉坠珠

令考古队员惊喜后又迷惑不解的是,这样一个不成格局的普通墓葬,所葬之人为什么能够佩戴铜耳饰?这个铜耳饰是墓主人生前随葬的,还是后人遗落墓中的?要知道,五千年前,铜比玉还要珍贵。铜是人类最早使用的金属之一。《史记》记载:"黄帝采首山铜,铸鼎于荆山下。"这反映了我国的铜器早在史前时代就已出现。仰韶文化史前遗址曾经出土铜器。1987年,考古工作者曾在牛河梁遗址第十三地点丘顶采集到带铜渣的坩埚片,是不是红山先民已经掌握了冶炼铜的技术?

这个尘封地下五千年的秘密,不知能否水落石出。这有待专家学者进一步深入研究,通过更多的考古信息得出结论。其实,我们应该相信,古人的智慧远远超出我们的想象。

兴奋之余,考古队员继续清理,又在女墓主颈部附近发现一颗玉坠珠。玉坠为天河石质，淡蓝色。系多面体、规则形，体中一单向钻孔。最长1.1厘米，孔径0.25厘米。天河石是微斜长石的蓝绿色变种，半透明至微透明，与翡翠相似。

考古队员还在第二地点四号冢发掘出土了玉器、石器和骨器。其中有陶筒形器1件。通体器壁匀称向外弧鼓，最大腹径位于器中腹处。口沿近宽平，稍内斜，底部微内收，底内沿面有弧曲。内壁刮抹粗糙，外壁施红衣，沿下起至下腹部饰勾连涡纹4组。复原口径26厘米，腹径31厘米，高47厘米，底径25厘米。该器物的口径大于底径，是仅见的孤例。勾云形玉器1件，残件，为勾云形玉器的一角。出土于四号冢东部边缘的中部。色淡，略显淡黄色。

在四号冢表土层中发现的一件鸟形坠，造型独特，小巧精致，令人印象深刻。鸟形坠系青白色玉，宽3.3厘米，高2厘米，厚0.4厘米。整体呈简化的展翅飞翔的小鸟状。

鸟形坠

想象，是一种神奇而强大的力量，因为想象，激发出人们心中无限的潜力，并成为创新能力的源泉。五千年前的红山先民，在想象中迸发灵感，在创新中摸索生存，他们雕饰玉器、创作饰品，就像四号冢中出土的这只小鸟，乘着想象的翅膀而自由飞翔。

三、寂寞的五号冢

牛河梁遗址第二地点五号冢是在1988年6月下旬开始发掘的，后于1992年6月至7月进行了第二次发掘，1997年10月中旬又进行了第三次发掘，成为牛河梁遗址发掘次数最多、发掘时间跨度最长的积石冢之一。

第二地点五号冢全景鸟瞰

五号冢位于第二地点的最东边，与西部相邻的四号冢和其他冢相比，位置明显偏向东北，因此也就显得偏僻寂寞许多。

五号冢在第二地点诸冢中，面积最小，又不见明确墓葬的一座冢。冢体四边石墙整体构筑简陋而草率，且石材很少加工，所以给人的印象是存在感很低的冢。

经由发掘，考古人员在五号冢发现两座灰坑。

1号灰坑于1992年

发掘，位于冢北部石堆下，因被石堆所叠压，为保存石堆结构，仅将分布于 T2508 探方北隔梁内的局部进行了解剖。疑近圆形，圆底。填土黑灰色，内含破碎的陶器片。

2 号灰坑于 1997 年发掘，此坑位于 T2506 探方中部，开口于第 2 层垫土层下。平面为不规则的圆形，圆底缓凹。坑口长径 2.4 米，最深 0.57 米。内填灰黑土，夹少量陶片。出土塔形器 2 件。

在五号冢垫土层中，发现三具保存完好的人骨架，分别编号 N2Z5RJ1、N2Z5RJ2、N2Z5RJ3。

N2Z5RJ1，1988 年 6 月 24 日由朱达负责发掘。人骨架位于 T2707 探方西壁下，东距冢东墙外缘 3.5 米，北距冢中石带 1.5 米。仰身，双曲下肢，左小腿反压在右腿上；右臂平肩折回，左手置于中腹。附近未见遗物。

N2Z5RJ2 和 N2Z5RJ3，1992 年由孙祖初负责发掘。N2Z5RJ2 人骨架位于 T2506 探方西北角，距冢西墙约 1 米。仰身葬，左手搭于腹部，双下肢右向微屈伸，未见左膝部以下骨骼。附近未发现遗物。N2Z5RJ3 人骨架位于 T2507 探方东南角处，足部稍被石带叠压，仰身直肢葬。经过仔细搜寻，附近没有见到任何遗物。

五号冢灰坑内只有破碎的陶器残片，三具骨骸旁也没有放置随葬遗物，相比其他大墓的墓葬规格，的确显得有些简陋。到底为何将五号冢与其他墓冢隔得如此远呢？它是预先设计为其他墓葬的附属？还是纯粹属于偶然？带着这样的疑问，考古人员将五号冢的发掘资料与其他冢比较，发现有三点不同：

第一，这座冢规模较其他冢明显偏小，冢的结构和内含也与其他冢有较多不同处，位置也在整个冢群组合的最东侧，且偏向东北方向，推测此冢在整个第二地点群冢中似居附属地位。不过此冢有南侧界墙，似又比不见南墙的其他各冢要完整。

第二，在冢北半侧的中部，独立出现一石"圆丘"。这种情况也见于牛河梁遗址第五地点一号冢。第二地点五号冢中部石堆位于中心大墓墓主人的头前，以此推测，五号冢有可能是处于入葬墓主前的建冢阶段的遗迹，冢北半侧的石堆可能就是即将构筑的中心大墓的位置。

第三，从冢中部石条带往南，冢体下普遍有人工垫土层。冢体下有垫土也见于牛河梁遗址第五地点三号冢和四号冢等处，起到筑冢前平整自然地势的作用。但在第二地点五号冢的垫土层中还发现3具人骨，骨架头向相同，姿态则与常见的仰身直肢葬不同，是墓葬，还是与建冢时的奠基有关，有待进一步发现证实。

或许多年之后，我们能够对五号冢的性质了解更多，而它在被读懂的那一瞬间，也便可以不再寂寞。

四、孤独的六号冢

少时学习古筝，常听闻古筝老师讲《高山流水》的典故，笔者那时坐不住板凳，只喜欢《打虎上山》《彝族舞曲》之类的快板，年长再听这些古筝传统曲目，却觉得令人心神安宁，余韵悠长。高山流水遇知音，伯牙得知钟子期去世的消息悲痛欲绝，来到他的冢前将七弦琴狠命摔断。那一刻，伯牙的心中是极致的孤独吧？世间纵然有太多抚琴之人，但再无高山和流水琴音相和。

孤独的人，静对孤独的冢，此情此景令人断肠。可见孤独虽然是一种主观感受，却也受制于客观环境的变幻无常。

在牛河梁遗址的第二地点，也有一个孤独的六号冢，它是第二地点位置最靠北的一座积石冢。冢北紧邻公路，在20世纪40年代修铁路挖排水沟和60年代修筑公路时，冢体都曾遭受过严重破坏。现揭露出的冢体，仅是冢剩余的南半部分。推测是方形或者长方形冢。在冢体分布范围内，陶筒形器碎片发现很少，墓葬也只在冢体偏西部位发现一座。

该冢因为破坏严重，所发现的遗物很少，只见一些陶器残片。其中有筒形器8件，扁钵式筒形器1件，塔形器2件，大钵口沿残片1件，陶罐底部残片1件。

六号冢唯一的墓葬为Ca型无圹砌石墓。墓室内未见人骨，也没见随葬品。它似乎被墓主人舍弃，迁出到别处。

笔者对牛河梁遗址第二地点的墓葬情况作了初步统计，以此了解红山先民的相关情况。

一号冢共有27座墓葬，其中12号墓和18号墓葬时代不明。1号墓，女，35—40岁；2号墓，女，30—35岁；3号墓，人骨未鉴定，二次葬；4号墓，男，35±岁；5号墓，男，40±岁；6号墓，男，35—40岁；7号墓，3人二次葬，均为男性，年龄，1号人骨30—35岁，2号人骨18—20岁，3号人骨30±岁；8号墓，二次葬，女，40±岁；9号墓，男，50±岁；10号墓，二次葬，女，40—45岁；11号墓，二次葬，男，25—30岁；13号墓，二次葬，女，22—24岁；14号墓，女，45±岁；15号墓，女，40—45岁；16号墓，二次葬，人骨未鉴定；17号墓，二次葬，女，50—55岁；19号墓，二次葬，人骨未鉴定；20号墓，人骨未鉴定；21号墓，男，30±岁；22号墓，人骨未鉴定；23号墓，疑是成年男；24号墓，双室，成年男、女；25号墓，女，35—40岁；26号墓，男，成年；27号墓，原葬女，30±岁，二次葬女，40±岁。（12号墓，时代不明，女，25—30岁；18号墓，时代不明，女，45—50岁。）

二号冢共有5座墓葬。1号墓，人骨未鉴定；2号墓，男，15±岁；

3号墓和4号墓，人骨未鉴定；5号墓，女，50±岁。

三号冢为祭坛，无墓葬。

四号冢共有16座墓葬，另外在冢体上发现3座墓葬。1号墓，女，40—45岁；2号墓，女，40—45岁；3号墓，二次葬，女，14—15岁；4号墓，疑为迁出葬，男，22—24岁；5号墓，女，25—30岁；6号墓，疑为迁出葬，女，50—55岁；7号墓，原葬者为成年男性，另有二次捡骨葬2人，未鉴定；8号墓，男，45—50岁；9号墓，女，20—25岁；10号墓，疑为迁出葬，成年男性；11号墓，疑为迁出葬，无人骨；12号墓，人骨不存，疑为迁出葬；13号墓，疑为迁出葬，人骨未鉴定；14号墓，无人骨，疑为迁出葬；15号墓，女，35—40岁；16号墓，葬1人，未鉴定。冢体3座墓葬：N2Z4-85M1，疑为小孩墓；N2Z4-85M2，成年，性别难辨；N2Z4-85M3，疑为成年女性。

五号冢破坏严重，没有完整墓葬，只发现3具人骨架，未鉴定。

六号冢破坏严重，只发现1座墓葬，未见人骨，疑为迁出葬。

似乎五千年前和今天一样，女性寿命比男性寿命要明显高些。这些男女死亡年龄的差距，原因是多方面的，比如男性在部族战争或狩猎中死亡率高，女性在生育中死亡率高，等等。

葬在牛河梁遗址的红山人，应该都是社会地位比较高的成年人，其物质生活和精神生活质量估计要比部落其他成员要高，如此说来，当时普通人的平均寿命应该低于35岁。

这些数据仅仅是一个地点的、经检测的人骨数据，数量很小，不能真正说明问题，仅供参考。

历史似乎距离我们很远，彼此相隔数千年，其实它也距离我们很近，仿若就在身边，触手可及。我们都将成为历史的一部分。当然，仅仅是历史中的一粒尘埃而已。

第五章

来自远古的文化碎片

走进古国牛河梁
红山文化发现百年纪实

悠远厚重的中华文明，涵盖了人文、艺术、建筑、医药等多个领域，它在千万载时光的流逝中，不断演变和发展，成为历史长廊中一颗璀璨的明珠。

从洪荒时期先人刚刚了解自然、打磨石器、钻木取火，到王朝阶段不断拓宽精神领域，在雕塑、陶器、音乐、绘画等领域沉淀审美意识，创造经史子集等浩如烟海的文字篇章，一路传承至今，成为刻在中华民族血液之中的精神基因。它在春夏秋冬的变化中，呈现出鲜活而深远的价值内涵；在江河湖海的奔腾中，焕发出富有永恒魅力的勃勃生机。

第一节：在中华文明曙光里见证生生不息的力量

2023年8月29日晚，《似是故人来》第三季第9期，中国网总编辑王晓辉对话中国社会科学院考古研究所世界考古研究室主任贾笑冰，对话主题为《走近红山文化：见证中华文明生生不息的力量》。两人一起登上红山之巅，一同参观考察牛河梁遗址，在中华文明曙光升起的地方寻古探源，更深一步解析中华民族的昨天。

一、孤傲的存在

40年后，年逾八旬的考古专家郭大顺回忆起20世纪80年代的那个秋天，仍然记忆犹新。

1983年10月，秋收后的牛河梁田野在辽阔的蓝天下显得格外空旷、安静。

牛河梁遗址第二地点被确认为红山文化积石冢性质后，辽宁省牛河梁遗址考古队领队郭大顺、孙守道带领部分考古队员，对第二地点周围约20平方千米范围展开了深入调查。收割后的农田地表，散布着零星的泥质红陶筒形器残片，偶尔在垄沟或者地头还能发现和第二地点积石冢相同的白色硅质石灰岩大石块。

当冬季的第一场小雪飘落至牛河梁时，考古队带着满满的收获结束了1983年度的田野调查工作。刚刚过去的这个收获季节，他们在调查中发现并确认了第一地点女神庙和第三、第四、第五地点红山文化积石冢遗迹。

牛河梁第三地点位于凌源市红山街道石灰窑子村北的山岗上。石灰窑子村是个只有几十户人家的自然村，村子南面有一条季节河，由东向西流，丰水季流水潺潺，滋润着小村平静而朴素的日子。山梁南面的山像一只站立的鹰，鹰嘴凸出，被村民称为"鹰山"。

与第三地点在同一山梁的还有第四地点和第五地点的积石冢，第三地点西面距离第四地点570余米，距离第五地点880余米。第三地点向北，隔着锦承铁路是第二地点积石冢，两个地点相距仅200米，第三地点地势高出第二地点10余米，站在第三地点岗顶，可俯视第二地点全貌。第三地点与第一地点女神庙之间的距离为1000余米。

通观第三地点位置，其奇异之处在于：它在牛河梁遗址区所处位置最靠近第二地点，且位置高于第二地点，又正对着第二地点的中心大墓和祭坛，而第二地点是现知牛河梁遗址群中规模最大的积石冢群，再向北的山梁就是女神庙的分布范围。所以，第三地点虽然规模较小，但在整个牛河梁遗址群中，仍有其特殊的地位和意义。这是一个孤傲而神秘的存在。

第三地点积石冢上的积石，石质以白色硅质石灰岩为主，少数为片麻岩和砂岩。考古工作者在附近考古调查中发现，第三地点南面的鹰山一带，山体多为石灰岩结构，部分灰白色山体基岩裸露，有暴露

第五章 来自远古的文化碎片

从第二地点南望第三地点

于外且形状较规则的石块，尺寸、形状与积石冢所用石料相近。同时，在鹰山脚下的石灰窑子村前，可见变质岩山石。由此推测，第三地点建筑积石冢所需石材应为就地取材。

二、文化的碎片

　　顺着中华文明的长河溯游，穿越回五千年前的时空。那些充满创造力的红山先民，在彩绘的庙宇中虔诚地向红山女神祈愿，在牛河梁这片土地上农耕狩猎，他们用双手抚摸着那些泥质红陶，恭敬地将那些精美的玉器放入死者的墓冢。时光荏苒，一幅幅画面成为古老的文化碎片，等待我们拼合、重组，让它们在数千年后的今天重新焕发出光彩。

　　1986年7月，炎炎酷暑中，辽宁省考古队开始对第三地点进行正式发掘。考古队员以山体最高点为中心关键柱布方，然后分头发掘。

　　牛河梁第三地点是一个圆形的单冢，直径约16米。在山岗最高处的中心部位修建中心墓葬。此冢扰动严重，明确的冢界已不存在。从陶筒形器的形制变化可知，此冢也曾有下层积石冢遗迹，现已不存，只保留有上层积石冢遗迹。在中心墓的四周分布有筒形器及其他陶器的碎片。

考古人员首先发现第三地点中心分布有一座红山文化石砌遗迹和一座砌石墓，按其发现与发掘顺序编号为1号墓、7号墓。第三地点东北部与西南部各有一条呈条状分布的黑土堆积。西南部"黑土带"堆积内分布有砌石墓7座，编号为2号墓、6号墓、8—12号墓；"黑土带"堆积外侧分布有砌石墓3座，编号为3号墓、4号墓、5号墓。第三地点积石冢共计发现墓葬11座、石匣1座。

在第三地点第一层文化堆积中，夹杂着一些战国至汉代的陶盆和陶罐等遗物残片，还有被扰动的属于红山文化积石冢的泥质红陶筒形

牛河梁遗址第三地点全景

器残片等遗物。说明在红山先民之后，战国至汉代有人在此生活。

第二层为红山文化积石冢封土层。呈黑、黄两色混合的斑驳颜色，即黑土和黄土的混合土，当地老百姓俗称"花土"。此封土层中包含泥质红陶筒形器等陶器残片及石块等。两条"黑土带"堆积、积石冢墓葬、部分石砌遗迹全都在此层中或者压在此层下。除5号墓外，其他墓均凿入基岩层。基岩是陆地表层中的坚硬岩层。一般多被土层覆盖，埋藏深度不一，少则数米到数十米，多则数百米。由沉积岩、变质岩、岩浆岩中的一种或数种岩类组成。

发掘中，令人触目惊心的是冢体及周围散落的红山文化陶器碎片，其数量之多、面积之大令人咋舌。经过考古队员仔细提取，认真清点登记，其中在冢体一层出土610片，在冢体二层出土3967片，在环沟内出土841片。也就是说，第三地点出土的红山文化陶器残片总数高达5418片。这些陶器残件多数表面有一层灰白色斑点的土沁，没有复原器。

陶器为红山文化的代表器物，在土与火的调和淬炼中，人们对于制陶工艺的掌握也愈加娴熟。一些原始的纹饰和色彩出现在陶器之上，陶器呈现出审美和实用性相结合的双重特征。

考古工作者对冢体二层出土的3967片红山文化陶片进行了详细统计与技术分析。其中，泥质红陶片3962片，占总数的99.87%；泥质黄褐陶片1片，占总数的0.03%；夹砂黄褐陶片4片，占总数的0.10%。

泥质红陶成为三号冢出土占绝对比重的陶器，它表面上泛着红色、砖红色或褐红色的光泽，由入窑高温焙烧而成，是中国历史上最早的陶器品种之一，也是新石器时代普遍存在的器具。以红陶为主的文化还有裴李岗文化、仰韶文化、马家浜文化等。它的存在，反映了茹毛饮血的原始部落，经由狩猎、捕鱼、农耕等生存方式的摸索，生产力逐步提升，并在祭祀礼仪、绘画构图和陶器制造等领域得到很大发展。

出土于三号冢的陶器，表面上可清晰地看到原始而朴素的花纹，它们或凹或凸，以弦纹和棱纹作为主要的纹路点缀，像是在平整陶器上缠绕的丝带，将红山人动人的故事轻轻地束缚在一起，不同的纹饰勾勒出各式图案，将这些散落在地的陶片装点得古朴雅致。

这些陶器残件中带纹饰的陶片计 1438 片，占总数的 36.25%。其中包括凹弦纹 531 片，占总数的 13.39%；凹弦纹及凸棱纹 154 片，占总数的 3.88%；压印窝纹 3 片，占总数的 0.08%；环形泥饼 1 片，占总数的 0.03%。

上述陶器残件中，彩陶片共有 749 片，占总数的 18.88%。均为黑彩纹饰。其中纹饰较清晰，可辨认出图案类型的 50 片，占总数的 1.26%。图案类型包括：宽带纹 26 片，占总数的 0.66%；大斜三角折线纹 8 片，占总数的 0.20%；垂鳞纹和勾连涡纹各 1 片，各占总数的 0.03%；菱格纹 9 片，占总数的 0.23%；细条纹 5 片，占总数的 0.13%。纹饰不清晰或陶片太小，已无法辨认图案类型的 699 片，占总数的 17.62%。其余泥质红陶片为素面，多为筒形器腹部残片。

这些陶器残件器形，可辨出泥质红陶（彩陶）筒形器上（口）部残片 177 片，占总数的 4.46%；筒形器下（底）部残片 234 片，占总数的 5.90%；筒形器腹部残片计 3532 片，占总数的 89.03%；其他如扁钵式筒形器 12 片，占总数的 0.30%；塔形器 4 片，占总数的 0.10%；钵 3 片，占总数的 0.08%；罐和盆各 2 片，各占总数的 0.05%。

这些陶片，是时间的碎片，是历史的碎片，更是文化的碎片。那上面残留着红山先民的指纹与手温，保留着他们物质生活与精神世界的点点滴滴。

三、"护城河"的前世

第三地点与已经发掘完的第二地点最大的不同，是其冢外有圆形环沟。这道封闭式的土沟围拢着两条神秘的"黑土带"，静静地圈绕着积石冢，像是忠心耿耿的卫士，和这片石头墓冢走过了几千年的四季变换，最后在被掩埋的黑暗中得以重见天日。

1986年的夏天，考古队员发掘第三地点时意外发现，在它的外边缘，围绕积石冢有一条封闭式土沟，土沟平面接近圆环形，考古人员将其称为"环沟"。环沟有一定深度，沟壁较为整齐。与环沟同时发现的还有奇怪的"黑土带"堆积，环沟将两条"黑土带"堆积围拢，并共为一个中心。

1995年7月至11月，考古队领队郭大顺和孙守道带领吕学明、朱达、吉向前、张春坤等考古队员再次对牛河梁遗址第三地点进行发掘。实际发掘面积468平方米，完成了对整个第三地点的发掘工作。这一次，除了发掘11号墓、12号墓两座砌石墓外，重点发掘清理了环沟，使掩埋了五千年的环沟本来面目得以呈现出来。

环沟平面近圆形，内直径为21.7—25.6米（东西），外直径为24.3—28.9米（南北），南北比东西长约4米。沟底深（距现地表）0.28—1.26米，宽0.4—1.2米。环沟深浅不一，南部较深而北部较浅，沟口宽窄，沟底深浅之间相差分别近1米，底宽相差约0.8米。环沟之所以深浅不一，可能是因为第三地点北部山体基岩较坚硬，挖掘艰难，南部已渐沙化，挖掘较容易。沟壁修凿较平整，未见明显的工具加工痕迹。

第三地点环沟均匀地围绕在积石冢四周，打入风化基岩层。因为第五地点一号冢也发现有一段环沟，所以不排除第三地点环沟为该地

第三地点东南部环沟

点积石冢组成部分的可能性。但因沟内出土既有红山文化遗物，又有战国至汉代遗物，且埋藏情况有一定的复杂性，其时代有待进一步考古发现来证实。

环沟堆积土内普遍发现红山文化时期陶片，与战国至汉代陶片混在一起出土，其数量比战国至汉代陶片略少，计841片，均已残损，有剥蚀，不能复原成器。其陶质、陶色、器形与纹饰，多数为泥质红陶筒形器腹部残片，素面居多；还有少数泥质红陶（彩陶）筒形器口沿、器底，以及泥质红陶（彩陶）扁钵式筒形器、夹砂灰褐陶筒形罐残片等。其中，筒形器口沿和器底84片，彩陶器残片151片，约各占环沟出土红山文化陶片总数的10%和18%。

第三地点和第五地点一号冢环沟，如果确定属于红山文化时期，那么其功能是什么呢？是防止积石冢和墓葬被外界侵扰？还是祭祀时所界定的特殊范围？这个环沟像不像古老城郭的护城河？旧时都邑四围有城垣及护城河，以资防守，因有城池之称，"池"指的就是护城河。

五千年前的重要聚落，应该有了类似护城河的防御设施。这道圆环状的环沟是否具备了护城河的防御功能，将随着考古探源的脚步而呈现更为确切的答案。

四、圣殿外女神

时光不老，岁月峥嵘。牛河梁红山女神已经闻名海内外，但其实，除了大家所熟知的女神庙出土的红山女神，在牛河梁遗址第三地点也出土了一件女神陶塑人像，只不过这个女神头像是一件残件，又出土自不显山不露水的第三地点，所以名声不够响亮。

那是女神庙红山女神横空出世后的第12年，即1995年夏天，考古队员在发掘牛河梁遗址第三地点环沟时，一位细心的考古队员突然发现在环沟西北部下部的堆积土内，露出一个很小的类似嘴唇部位的陶器。考古队员屏住呼吸，用竹签一点一点剔去粘在陶片上的泥土，用刷子轻轻刷去土粒，再按压橡胶气吹吹去浮尘，一个陶塑人像渐渐显露出来。十多年后再次发现陶塑人像，大家激动不已。

考古人员小心翼翼地将陶塑人像提取出来，略感遗憾的是，这是一个残件。此陶塑人像残件是泥质红陶材质，掺杂少量的石英岩颗粒。这件塑像以高温烧制而成，正面经抹光，背面不平整。在下面靠近残断的地方，可以看到两个明显的手指尖压痕。面部施以较厚且均匀的红陶衣，包括鼻底、唇上；背面未施红陶衣。此陶塑人像鼻梁是平的，鼻头较宽，鼻底则平，上有双鼻孔，鼻下正中凹进明显。嘴唇微闭，上下唇作高隆起，上唇稍薄，中间凹进，下唇稍厚，中间凸起。面部轮廓似方圆形，鼻、嘴及面部起伏过渡自然。虽大部分残缺，但从遗留部分看，其总体及各部位，甚至细部处理，都符合人体解剖学原理，极为写实。表情丰富生动，具有动感。

陶塑人像面部残件

其面形近似方圆,颧骨不高;嘴大小适中,唇不厚,唇线圆润;鼻部扁而宽,鼻尖不凸出。根据这些特征判断,此陶塑人像似属于东亚蒙古人种。陶塑人像为女性。残件的面部与真人相比略小,塑造写实,以高超的艺术手法表现出庄重的神态,应为红山先民崇拜的神像。此陶塑人像在积石冢被发现,应该是当时在积石冢举行祭祀活动的重要证据。

在牛河梁遗址第十六地点,也出土了陶塑人像残件,有人上臂残件和足部残件各一块,个体较真人略小。此外,在建平县东山岗积石冢也曾发现泥塑人像残块,其规格与牛河梁遗址的相近;在喀左县东山嘴遗址发现的女性陶塑人体残件有两种规格,较大的相当于人体的三分之一,说明较大规格的人体塑像是红山先人崇拜的偶像。

牛河梁遗址出土的多种陶塑人像似乎说明,以人的偶像为祭祀对象,又分不同层次。积石冢与女神庙发现的人像,属两个不同层次。这说明每个地方都有专属的祭祀活动,也有自己的崇拜偶像。女神庙则是更大范围的群体举行祭祀的公共场所,具有"共祖"性质。女神庙内的人像又可分出多个层次,在这多层次的众神中,有一尊主神,这尊主神个体最大,位置在庙的最中心,其他神像应该是围绕主神而设的。所以,女神庙内供奉的神像具有围绕主神的多神崇拜内容。

事实再一次证明,牛河梁遗址是一个具有祭祀性质的遗址,是红山先民的祭祀中心。

五、"黑土带"疑云

在第三地点的东北部和西南部,各有一条呈条状分布的黑土堆积,显得尤为醒目。这两条"黑土带"堆积,平面分别呈折角和弧形,围绕冢的中心部位,大体互相对称分布。

折角"黑土带"堆积位于第三地点东北部。由北向东，平面略呈折角形，土带的边缘不规则，靠北侧的一段长 11 米，靠东侧的一段有隔断，总长度为 11 米，土带宽 1.3—2 米。

1995 年，考古队在发掘时，曾在折角"黑土带"堆积上布设两条探沟（东西、南北向各一条），得知此"黑土带"为一条"土沟"式堆积，沟打破基岩层，深 0.2—0.4 米。口大底小，"沟"南壁呈弧形内收状，北壁近垂直，"沟"底较平。"黑土带"内堆积的黑土颗粒较细。除黑土堆积外，还有石块堆积，石块为石灰岩石，尺寸都较大，未经加工修整。石块堆积有垒砌石墙迹象，可能与第三地点冢界的石墙有关。折角"黑土带"堆积内无墓葬或其他遗迹。

弧形"黑土带"堆积位于第三地点西南部。土带平面呈弧形，两端窄，中部较宽，边缘不规整，土带两端直线距离 14.5 米，土带宽 1.6—3.6 米。有 7 座墓葬置于此"黑土带"堆积范围内，墓上部被黑土覆盖。弧形"黑土带"堆积未解剖，发掘墓葬时可见此"黑土带"堆积结构与折角"黑土带"堆积相似，也为一条"土沟"式堆积，打破基岩层，口大底小。

第三地点墓葬大部分置于西南一侧的"黑土带"堆积内，说明红山先民在营造积石冢和墓葬时，有先挖沟槽的程序。"黑土带"堆积以外很少有积石冢堆积，说明"黑土带"堆积应与第三地点的冢界有关。

第二节：那些与我们同享一片沃土的逝者与生者

墓的由来与敬畏自然、追思先祖、传统风俗、宗教信仰等因素紧密相连。从史前时期至今，墓葬形式与规制不断演变，从一个方面反映了人类文明的发展和多样性。墓地不仅是埋葬死者的地方,也是祭祀活动的重要场所。从远古祭祀天地,到现在的清明节扫墓祭祖、祭奠先烈,墓地成为连接生者与逝者、历史与现实的载体。因此,中国的墓葬具有特殊的文化价值和现实意义。

一、起伏跌宕的发掘

1986年夏天,是牛河梁遗址最火热的"出彩季"。

1986年6月,辽宁省人民政府为牛河梁、金牛山、姜女石三大遗址的保护与建设召开了第一次省长办公会议,牛河梁遗址被列为省级重点文物保护单位。紧随这一消息而来的,是众多大型媒体关于牛河梁遗址的报道。1986年7月25日,《光明日报》头版刊登消息:"中华文明起源问题找到新线索,辽西发现五千年前祭坛、女神庙、积石

1986年的《人民日报》(海外版)刊载新闻《五千年中华文明史的力证——辽西发现红山文化重大遗存纪实》

冢群址。"《人民画报》第 8 期以《中华五千年文明的曙光》为题介绍牛河梁遗址考古发现。文物考古界权威刊物《文物》第 8 期发表了牛河梁发掘简报及女神头像相关研究的文章。牛河梁遗址凭借一波波的新闻浪潮，开始被世人关注，展现出独特的魅力和重大的价值。

随着凉爽的秋风拂过 1986 年牛河梁的松林，牛河梁遗址迎来了更多的考古学者，前来探寻它深厚的文化内蕴。1986 年 9 月，以"东北考古"为主题的中国考古学会第六次年会在沈阳召开，会后宿白、安志敏、顾铁符等 100 多位专家到朝阳市牛河梁遗址考察。

看到自己的考古发掘成果引起社会各界的高度关注与重视，参与牛河梁遗址考古发掘的工作人员欢欣鼓舞，群情振奋。带着激动与希望，大家投入到牛河梁遗址第三地点的发掘工作中。

考古队员各就各位，各司其职，开始发掘第三地点 2 号墓。这是一座未经扰乱，保存较好的墓葬。墓圹平面为不规则长方形，圹口东西长 2.26 米，南北最宽 0.8 米。土圹内为石砌墓室。墓有顶盖，由 1 块砂岩大石板和 5 块石灰岩质的不规则板状大石块平铺而成，间以若干小石块，大石板经人工修整。墓顶长石板中部发现有两堆已残碎的陶筒形器残片。

墓室两头宽，中间窄，生土底。墓内葬一女性，头东足西，仰身直肢，年龄 30—35 岁。

墓内没有任何随葬品，这让考古队员从开始的兴奋高亢状态一下子跌入失望情绪的低谷。

考古队员冀复兴望着墓中的骸骨感到纳闷：这位女墓主年纪轻轻就死了，她生前是做什么的呢？能埋葬在牛河梁积石冢墓，肯定不是平民，可为什么一件随葬品都没有呢？

考古队员冀复兴不死心，继续仔细清理。最终在南侧墓壁外与墓圹间的夹缝，发现一块手掌大小的彩陶片，红陶衣上饰黑彩宽带纹。冀复兴一眼就看出来，这不是随葬品，而是积石冢周围所置筒形器的残片。

张军在一旁边笑边说："蚂蚱腿儿也是肉。"冀复兴也笑了："那是，聊胜于无，有就比没有强。"

平淡的开局，并没有影响大家接下来的发掘工作。

第三地点3号墓稍微有些复杂。它和4号墓、5号墓分布紧凑，方向基本一致，且有叠压和打破关系。墓顶的石盖是两层经人工修整的砂岩长石板平铺而成。上面的一块较完整。墓圹平面为长方形，土圹内以石砌筑墓室。石砌墓壁板，上部再平置一至二层小石板和平整的石灰岩石块。墓室平面为长方形，长1.71—1.74米，宽0.26—0.34米。生土底，墓室较窄。墓内葬一人，头向西，仰身直肢。为女性，年龄25岁左右。

考古队员李琴兴奋地喊："快看！这么多玉器！"

大家惊喜地发现，在墓主人头骨左侧顶结节上放置着一件玉璧；在人骨架右肱骨上有一件玉环；在人骨架右腕部有一件玉镯，已断为三截；在人骨架左腕部有一件玉镯，已断为两截，另一截在人骨架左肱骨旁。墓主人显然是一位年轻的女权贵。

大家分头行动，将随葬的4件玉器拍照、绘图、登记、提取、装箱。

玉璧

出土的玉璧呈淡绿色，泛青，形小而体薄。外径长 3.5—3.8 厘米，内径长 1.6 厘米，厚 0.3 厘米，孔径 0.15—0.4 厘米。玉环呈白色，外径 4 厘米，内径 2.9 厘米，厚 0.4 厘米。两个玉镯都是淡绿色，均磨制得非常光滑，外缘薄如刀刃。

带着收获的喜悦，大家结束了一天的工作。因为辛苦劳累，这一夜，大家睡得很香、很踏实。

雄鸡啼鸣，小鸟欢唱，新的一天又开始了。

第三地点 4 号墓的发掘在有条不紊地进行。4 号墓圹平面为长方形，土圹内以石砌筑墓室。墓壁下部砌以砂岩石板和石灰岩石块，立置，石料经人工修整。墓室残长 0.98 米，宽 0.46—0.52 米。墓内葬一人，为男性，年龄 50—55 岁。人骨架经扰动，堆放于墓室内西部，头骨仍在西端，似乎是在葬 3 号墓时将骨架移位。墓中未发现随葬品。

在后续的几天里，发掘工作按部就班地进行。墓葬的文化意义和价值是综合的，墓葬随葬品的多寡有无，并不影响考古发掘的进行。

第三地点 5 号墓位于第三地点西南角，叠压 3 号墓东北侧及 4 号墓东北角。墓圹口接近现地表，土圹，平面呈较规整的圆角长方形。南壁石仅余几块，多不在原位。西壁已不存。东、北壁残存壁石紧靠圹壁，为立置的经人工修整的砂岩石板。墓室内东、西两端各置一堆人骨，各包括头骨及部分肢骨，北端人骨较少。尚未发现随葬品。

5 号墓应该是二次葬。墓中两位死者是什么关系？为什么葬在一个墓室？虽然疑问重重，但没有确凿证据，考古工作者也难以给出答案。

一天很快又结束了。连续一个多月的发掘，使考古队员明显有些疲惫，但他们工作热情不减。

第三地点 6 号墓是普通的砌石墓。墓室为长方形，深 0.3 米（距现地表），长 1.93 米，宽 0.34—0.46 米。墓内未发现人骨及随葬品。

墓上积石冢填土内出土少量人骨。

从 2 号墓到 6 号墓，大家的情绪如过山车一样起起伏伏。从开头只寻得一块筒形器残片的平淡，到中间发现多件精美玉器的欣喜，再到 6 号墓的骸骨谜团，其中不乏提振考古人员信心的墓葬文物，让他们在惊叹红山先民的智慧之余，充满对未知墓葬的期待。或许，接下来的工作可能一无所获，或者在汗水风干之余只是重复的探索，但是这就是考古工作者的职责。不亲身体验，难以体悟到考古队员情绪上的波动、心理上的落差。

二、中心墓的落寞

1986 年夏天的暑热，在一场小雨后草草收场，天气立时凉爽起来。

由于天气凉爽，发掘第三地点 7 号墓时，考古队员心情大好。大家等待了一个夏天，现在终于动手解析 7 号墓这道重要谜题了。

7 号墓位于第三地点积石冢的中心部位，为此冢的中心墓。中心墓在冢群中地位最高，规格和档次都极为突出。望着这座长方形的大墓，考古人员充满了想象，这座墓的主人想必生前极其尊贵，也许他曾佩戴着精美的玉器，在祭祀的时候发号施令，口中念念有词，那是对其他红山先民不可违背的"神谕"。他的住所宽敞明亮，常常有许多人到这里询问生活事宜。他或许年纪不大，但却充满威严，言语间尽是令人信服的力量。他死后有众多红山先民为他建造墓冢，或许他的墓冢中，能够有前所未见的玉器随葬……

望着这座中心大墓，一幕幕场景在考古人员的脑海中浮现，那是有关这座墓穴的想象，而接下来的发掘能否和这些想象一致呢？考古队员你看看我，我看看你，内心充满期待。尽管知道接下来的考古发掘是一场硬仗，但想到可能在这座中心大墓有所收获，考古队员们仿佛已经尝到了冰镇西瓜的甘甜，浑身充满了斗志。

7号墓墓圹平面呈较宽大的圆角长方形，东西长2.9米，南北宽1.35—1.85米。土圹内中央以石砌筑墓室。墓壁的大石块错缝平铺叠砌，每层石块厚度大体相当，个别缝隙处以小石块、小石板填塞，砌筑规整而严谨。所用的砂岩、石灰岩都经过人工修整。可能是地势北高南低的缘故，西、北两壁为四层石块，东、南两壁为三层石块；南、北壁中部略向北凸，南壁上部微向内倾斜。东、西、北墓壁表面平整。墓室西口外侧上方，平铺一层经人工修整的石块和石板，紧靠西壁石。作为中心墓，其营建之精心显而易见。

大墓被打开，只见墓室平面为长方形，四周是石板。墓底深0.31—0.44米，长1.83米，宽0.52米。墓内葬一人，头向正西北，仰身直肢，为男性，年龄在45岁左右。

不出大家所料，这个中心墓果然随葬有玉器。

在墓主人头骨后部，发现一件斜口筒形器。长面朝上，平口向东北。此斜口筒形器为淡绿色玉，有大片黄褐色瑕斑。磨制光滑。器身作扁圆长筒状，一端边缘平齐，即平口，其两侧近边缘对应各有一个小孔，由外向内钻，二孔两侧的尾端有三缺口；从平口开始，筒壁作逐渐外敞状，微弧曲至另端口部抹斜而成斜口，扁圆筒上、下两面一长一短；斜口边缘呈由外向内的钝斜刃。两端口部均有残缺。短面内壁遗有线切割内芯时遗留的弧形凹槽，短面斜口一端外壁中部有一组两道横置的弧状痕。通长13.1厘米，平口长径6.9厘米，斜口最宽9厘米，壁厚0.4—0.6厘米。

在人骨架右腕部发现一件玉镯。淡绿色，磨制光洁、规整。外径6.9厘米，内径5.9厘米，厚0.45—0.5厘米。内缘比较厚，外缘薄如刀刃。

在人骨架右胸部还放置一颗造型小巧的淡绿色玉珠。

在牛河梁遗址第二、第三、第五、第十六地点的积石冢中,都有中心大墓。而第三地点7号墓这座中心墓,是4个地点中唯一的墓壁不起台阶的土圹砌石墓,且只随葬3件玉器,也是4个地点中随葬玉器最少的,可见,此墓规格在4座中心大墓中是最低的。这与该冢在4个地点中规模最小相对应。这明显说明,7号墓的墓主人生前身份地位较其他中心大墓的墓主人要低。

还有一点与其他中心大墓不同的是,距中心墓第三地点7号墓西北最近约0.8米处,分布有红山文化石砌遗迹石匣和石墙。石匣和石墙均为石板平铺砌筑。石匣平面近正方形,形制十分规整。石匣内虽无遗物出土,但所选石料、砌筑都很讲究,结构也有一定的复杂性和特殊性,应是与中心墓有关的规格较高的建筑,推测可能与在积石冢举行祭祀有关。

玉镯

玉珠和玉环

三、前所未见的玉器

1986年夏，热浪再次席卷辽西。

第三地点8号墓的发掘工作有序推进。8号墓发现少量人骨和一些彩陶筒形器残片。

第三地点9号墓是一座普通的石砌墓，墓土圹平面呈圆角长方形，土圹内以石砌筑墓室，仅见南、北墓壁：南壁两块经人工修整的石灰岩石块上叠砌一砂岩小石板，石板平面有一个直角；北壁为立置的经人工修整的石灰岩石板，垂直紧靠墓圹。墓室深0.8米（距现地表），长1.78米；墓底深0.34—0.46米，长1.8米。墓内填土中含碎石和红陶筒形器残片。内葬一人，头向北偏西，仰身直肢，为男性，年龄25—30岁。

考古人员在人骨架右腕部发现一件玉镯。玉镯为淡绿色,有两处白色瑕斑。玉镯外径8.4厘米,内径6.7厘米,厚0.8厘米。此玉镯磨制精工,光泽温润,是红山文化玉镯中的精品。

在人骨架右胸部出土了一件玉臂饰。臂饰系淡绿色玉,泛黄;质匀细腻,光泽圆润,造型匀称,做工精巧。直边的两侧向外有对称凸出部分,将臂饰分为宽直边与窄弧边两段,窄弧边的一段正中距弧形边0.35厘米处对钻单孔;宽直边两侧凸出部分近边缘处一边钻三孔,孔为上一下二排列,另一边钻二孔,为上下竖列;两侧上下与孔对应的位置,均磨出深约0.1厘米的短卡槽。器身外弧的外表磨出减地阳纹式的五道回字形瓦沟纹,五道瓦沟纹间距最窄0.9厘米,最宽1.2厘米;沟深与凸起分别为0.2—0.3厘米。内弯的背面未作磨光处理,无光泽,且稍显瑕斑。此器的弯度似斜口筒形玉器,疑为截斜口筒形

玉臂饰

玉器之斜口侧的一段再加工而成。通高6.2厘米，弧长8厘米，宽3厘米，厚0.3厘米。这件瓦沟纹玉臂饰在牛河梁遗址各地点出土玉器中，是较为精美的玉器。

一座极为普通的石砌墓，竟然出土了两件玉器精品，给疲惫不堪的考古队员注入了一针兴奋剂。

在接下来发掘第三地点10号墓时，大家有了一丝轻松感。因为按照工作进度，这是此阶段最后一座待发掘的墓葬。

10号墓土圹平面略呈圆角长方形。土圹内以石砌筑墓室。墓壁以经人工修整的石灰岩、砂岩石板和石块平铺叠砌四至五层。墓室平面为长方形，深0.98米（距现地表），长1.84—1.86米，宽0.28—0.48米。

墓内填土中有一块人髌骨及一些红陶筒形器残片，未发现人骨架及随葬品。

紧张忙碌的发掘工作告一段落，考古队员终于可以回到久别的温暖的家里，休整几日。

第三地点11号墓和12号墓的发掘，是在1995年进行的。

第三地点11号墓，土圹内以石砌筑墓室。墓壁以经人工修整的石灰岩石块平铺叠砌而成，南、北壁保存较完整，砌石均为六层；东西壁仅存两端壁石一至四层。墓室平面为长方形，长2.08米，宽0.52—0.56米。墓内没有发现随葬品。

第三地点12号墓，墓圹平面呈较宽大的圆角长方形。土圹内以石砌筑墓室。墓壁以经人工修整的石灰岩石块错缝平铺叠砌三层，每层石块高度基本一致，缝隙紧密，壁面较平且垂直，砌筑规整。墓室长2.2米，宽0.5—0.64米；墓内没有发现人骨架，也没有发现随葬品。

光阴似箭，日月如梭。时光之箭看似射落每一天的日月，却射不了四季轮转，时间之梭编织着历史与现实的经纬。

走进古国牛河梁——红山文化发现百年纪实

我们从哪里来？我们都从遥远的祖先那里来。从茹毛饮血到刀耕火种，从石器时代到青铜时代，从农耕文明到工业文明，再到今天的信息时代，我们走过了漫长、艰难而曲折的成长和发展之路。我们深深懂得，读史可以明智，知古方能鉴今。

第六章

倾听五千年前的蝈鸣

走进古国牛河梁
红山文化发现百年纪实

2024年深秋，笔者再次来到牛河梁遗址，此时天气渐入寒凉，不远处的树木跟随瑟瑟秋风摇动，耳旁已经听不到夏虫的鸣响。历时近半年的维护修缮，牛河梁遗址博物馆焕然一新，巨大的环幕投影上，放映着五千年前红山先民的生存图景。一帧帧画面仿若时空列车，带领笔者驶向五千年前的古国牛河梁，那里也曾四季更替，红山先民在盛夏时节来到树荫下乘凉，倾听着属于夏季的自然乐章。当然，其中少不了蝈蝈的叫声，它清脆明亮，像是释放着勃勃生机，那一声声悦耳的蝈鸣，曾点缀着红山先民们夏夜的梦，并回荡在五千年的悠远时空中。

第一节：牛河梁红山先民在此留下最初的印记

一、断代标尺

与其他几个地点不同的是，牛河梁遗址第五地点的显著特征是地层文化堆积分为3层。那神秘的第3层遗存是牛河梁红山先民最初的活动遗迹，那里埋藏着5500年前怎样的秘密呢？

第五地点在凌源市红山街道庙前村民组东北、石灰窑子村民组西北约700米处的小山岗上。因岗顶置有指示大地测量基点的木质三脚架，故当地村民俗称其为"架子山"。101国道和锦承铁路由山岗北侧通过。山梁顶部地势平整，视野开阔，已被开辟为耕地，主要种植玉米和谷子。第五地点以北为丘陵山地，海拔550—650米，植被很好，主要是人工种植的松林；南部为东北至西南走向的努鲁儿虎山脉，最高海拔近千米；高山与遗址所在山梁之间是低缓的沟谷，海拔400—

牛河梁遗址第五地点全景

500米，哈海沟、石灰窑子两个村落就散布其间。在第五地点向西南眺望，正对形似猪首的木兰山（亦称"猪首山"）。

　　1986年至1988年，辽宁省考古队曾对第五地点进行重点试掘。这次试掘揭除了遗址表土，显露出两个积石冢和一个祭坛遗迹。1987年9月18日，考古工作者在上层一号积石冢的中心部位发现了一座大墓；1988年10月，发掘了上层二号积石冢的1号墓、2号墓和9号墓；1998年夏秋和1999年夏秋，对第五地点进行了全面正式发掘，发现红山文化时期墓葬6座、灰坑30个、祭祀坑9个，大型堆石遗迹1处、环壕1段，另外还发现时代不明确的墓葬7座。

　　在牛河梁遗址已经发掘完成的4个地点中，第五地点是唯一有3层红山文化遗存的遗迹。即下层遗存、下层积石冢、上层积石冢，这代表了第五地点红山文化的三个发展阶段。

下层遗存出土的彩陶钵、筒形罐、瓮等陶器，都具有红山文化前期晚段的特征。上层积石冢主要是距今 5000 多年的遗迹，而下层遗存是距今约 5500 年红山先民在此生活留下的印记。书本上与影视剧中的历史，包括考古学的历史，往往将历史概括与浓缩，而现实中的历史是相当漫长的。

第五地点有下层积石冢与上层积石冢的叠压关系，验证了第二地点下层、上层积石冢的地层关系，又在下层积石冢下发现了更早的层位，为其他地点零散出现的早期遗存提供了断代标尺。

参加过第五地点发掘工作的人员有孙守道、郭大顺、冀复兴、方殿春、朱达、李新全、梁振晶、孙祖初、吕学明等。他们是历史的发现者，也是文化的守护者。

二、垃圾宝藏

第五地点下层遗存，主要遗迹是灰坑，考古人员在灰坑和地层中发掘出土了大量石器、陶器、骨器，还出土较多兽骨。

下层遗存中虽然没有见到房址，但这些生活遗迹、遗物说明，早在建积石冢之前，红山先民就曾在这里活动过，具有居住地性质。按照推算，时间距今 5500 年左右。

灰坑依据形状、大小和坑内堆积的不同，分为 A 型坑和 B 型坑。A 型较深，这类灰坑中的一部分可能是废弃的窖穴；B 型坑内堆积内容比较单一，出土一些残碎陶片、兽骨和细石器，应为生活垃圾坑一类。

意大利诗人但丁曾说过："世界上没有垃圾，只有放错地方的宝藏。"5500 年前红山先民留下的垃圾，在考古工作者的眼中绝对是宝藏。

第五地点发掘现场

　　N5H6，B 型灰坑，开口于表土层下，打破基岩。坑口平面为长圆形，弧壁，平底。出土石钻 1 件、燧石片 1 件、硅质页岩小石片 3 件；夹砂灰褐陶 4 片，其中 1 片为陶罐的口沿；泥质红陶 6 片，纹饰有细长"之"字纹和戳印堆纹两种；动物碎骨 10 块，其中包括鹿、狍、猪等动物的骨骼。

　　N5H7，B 型灰坑，出土燧石片 1 件，硅质页岩石片 3 件、石叶 1 件；夹砂灰褐陶 1 片，泥质红陶 3 片，都为钵的口沿；动物碎骨 16 块，长骨均比较破碎，其中 1 块为鹿的右侧下颌骨。

　　N5H15，B 型灰坑，开口于表土层下。坑口平面长圆形，仅存底部，坑内有薄薄的一层灰土。出土 1 件燧石片，还有少量的陶片和 1 小块兽骨。

　　N5H17，B 型灰坑，开口于表土层下。有一半压在隔梁下未发掘，

陶筒形罐

发掘部分呈半圆形。坑北壁弧缓，南壁陡直，坑底不平。坑内填土为黑灰色，较松软。出土燧石片 2 件；夹砂褐陶 6 片，有 1 片是陶罐的口沿；泥质陶中有红陶 5 片、灰陶 4 片，其中有 1 片是陶钵的口沿；小块碎骨 40 余块，多数骨壁较薄，内中空，应为鸟类骨骼。

N5H18，B 型灰坑，开口于表土层下。坑口平面近圆形，坑壁斜直，坑底较平。坑内填土为灰黑色，松软。出土夹砂灰褐陶 3 片，其中 1 片是陶罐口沿，夹砂红陶饼 1 件；泥质红陶 2 片、泥质灰陶 4 片；动物骨骼 4 块。

N5H43，B 型灰坑，坑口平面长圆形，锅底状坑。坑内填土为青褐色，出土遗物很少。有石英片 1 件，石叶 1 件。夹砂黑褐陶 6 片，泥质灰陶 4 片，泥质黑陶 2 片。

N5H46，B 型灰坑，叠压在上层积石冢石墙下。坑口平面长圆形，坑底凸凹不平。出土泥质红陶 10 片、泥质灰陶 5 片，还有鹿角及一些敲碎的长骨 28 块。

留下这么多灰坑，留下这么多生活垃圾等遗存，可为什么不见红山先民的房址呢？红山先民曾在这里作什么？是过普通的日子，还是在这里作临时性活动？是动员劳动力兴建积石冢、祭坛吗？还是红山先民在祭祀广场进行的公共活动？红山先民住的是临时搭建的茅舍，吃"公共食堂"，因此只见垃圾不见房址。

红山先民留下的谜团，还有待在接下来的考古发掘中验证和索解。

三、日光流年

牛河梁遗址第五地点下层地层出土的遗物主要是石器和陶器，都是红山先民的生产工具和日常生活所用的器皿。这些 5500 年前在田野、在山岗、在院落风吹日晒的石器，这些曾在牛河梁红山先民手中盛水盛饭的陶器,历经漫长时间的掩埋,穿过历史的云烟,终于又重现在阳光下。

在下层地层中,考古队员先后发现了5把石斧,都是用片麻岩磨制的,最大的一个石斧长12厘米。

出土石刀1件。系钙质页岩,青灰色,通体磨制。呈梭形,体甚扁平,已残断。背部有两个圆形穿孔,均为两面对钻而成,其中残断孔里边有一未钻透的圆洞。残长8.7厘米,宽4.5厘米。由于保存较好,虽然埋藏地下5500余年,刀刃仍然很锋利。

出土石磨盘1件,石磨棒2件。石磨盘系石英细砂岩,黄褐色,体扁平,残断。由于长期使用,磨盘中部下凹,底部平。残长26厘米,宽27厘米,中间厚3.8厘米,边缘厚6.6厘米。出土的石磨棒一件是石英长石砂岩,黄褐色。残断,长24厘米。长条柱状,磨面较平,截面近椭圆形。另一件系石英长石细砂岩,灰绿色,通体磨制。已残断,磨面平滑,截面呈三角形,棒下端圆突,便于把握。残长12.6厘米。

石磨盘和石磨棒是一对,配合使用。笔者仿佛看见,在半地穴房屋前的空地上,红山先民双手握着石磨棒在磨盘上滚动,碾碎放在盘面上的各类谷物,这套石器的出土证明了红山文化时期农业发展已趋近成熟。

人与古猿的本质区别在于制造和使用劳动工具,石器的应用让人类踏上了从蒙昧迈向文明的漫漫长路。牛河梁红山文化属于新石器时代晚期,文明的曙光正在这个古国冉冉升起。

考古队员在下层地层发掘出土几件陶器。其中有斜口器1件,系夹砂陶。色泽不均匀。网格纹布局为与密布的横斜线相交的斜线按约四道一组间隔分布,形成"井"字形纹。此器形体甚大,口径约52.8厘米,底径12.8厘米,通高约52.4厘米。

对于陶斜口器的用途有不同说法,一种认为是撮搂工具;另一种

第六章 倾听五千年前的蝈鸣

第五地点灰坑出土的石磨棒

石磨盘

认为是取火或保存火种的容器,或是用作取暖的火盆。

陶罐 3 件,无复原器。其一为筒形罐口部,粗泥红陶,方圆唇,直口,深腹,腹壁斜弧。器表隐约可见稀疏潦草的刻划纹;其二为罐口部残片。圆唇,直口。外壁涂红陶衣,饰黑彩平行斜线纹与菱格纹组合纹饰,复原口径约 28 厘米;其三为罐底部残片,夹砂黄褐陶,陶质疏松,器表布满凹坑。弧腹,平底,腹壁素面,器底饰席纹。底径 7 厘米。

陶罐主要是用作盛水或者储藏粮食等生活用途的器具。

钵 2 件,只存口部,均为泥质陶。其中一件圆唇,口微敛,口沿外表施红陶衣,呈红色,腹部灰色,复原口径约 37 厘米。

陶钵,红山先民主要用来盛放食物,比如盛饭、盛菜等。

陶器是使用黏土制作成形后,经过高温烧制而成的器具。陶器的发明是人类利用化学变化改变天然性质并按照自己的意志创造器物的

彩陶罐

开端。

文物是时光的幸存者，能遇到完好而珍贵的文物，是一种幸运。

第二节：五千五百年前动植物的乐园

一、呦呦鹿鸣

"呦呦鹿鸣，食野之苹。我有嘉宾，鼓瑟吹笙。吹笙鼓簧，承筐是将。人之好我，示我周行。"这是中国古代第一部诗歌总集《诗经·小雅·鹿鸣》中的诗句。一群鹿儿呦呦鸣叫，在原野上悠然自得地啃食艾蒿。一群好友弹奏乐器，友善有礼。诗中展现了约三千年前古人的一个生活场景。

那么，五千年前牛河梁红山先民是怎样的生活状态呢？也许，我们能从牛河梁遗址第五地点古人留下的灰坑中觅得一些草蛇灰线、蛛丝马迹。

N5H8，A型灰坑，开口于表土层下，打破基岩。此坑发掘了大部分，另有一小部分压在隔梁下，出土石英、燧石和硅质页岩石片9件，石锛1件。出土的泥质陶中有红陶46片、灰陶7片，均素面，器形以钵为主。出土较多动物碎骨，有鹿角、獾的左侧下颌骨等。

从罐、钵这些生活器皿和动物碎骨，我们不难管窥牛河梁红山先民日常生活中的一些信息。虽然红山先民早已学会种植，但狩猎仍然是他们的一项重要工作。

N5H14，A型灰坑，开口于表土层下。坑口平面近圆形，坑壁较直，坑底甚为平整。坑西北壁下另有一下凹的椭圆形小坑，长径0.25

梅花鹿左角和右侧颅顶带角柄

米,深 0.12 米。坑内表层填土为黑灰土,松软,以下为灰褐土,夹沙粒和白色灰烬,近底部为基岩土。出土遗物有石器、陶器和兽骨。石器质料有石髓、燧石和石英,共 22 件,其中有石叶 1 件,石磨棒 1 件。陶器中夹砂褐陶与泥质陶并重。夹砂褐陶 30 片,纹饰有戳印纹、"之"字纹和划纹,器形以罐为主,复原 1 件。泥质陶 27 片,器形以钵为主,复原 1 件。钵口沿部分均呈红色,绘有黑彩,腹部为灰色。出土动物骨骼约 30 块,均较破碎。

N5H16,A 型灰坑,开口于表土层下。坑口平面近圆形,坑壁较直,坑底甚平。出土遗物有石器、骨器、陶器、装饰品和兽骨。石器中有石镞 2 件、石叶 4 件、带钻窝的石片 1 件,另有约 70 件燧石、硅质页岩和石英片,应是加工石器时产生的碎片。出土骨笄 1 件、骨坠饰 1 件。骨笄是古人用以束发的簪子,可见红山人已经懂得美发。出土陶器有夹砂陶和泥质陶两类。夹砂陶中有黑褐陶 45 片、灰褐陶 37 片、红陶8片,器形以罐为主,纹饰有"之"字纹、戳印纹、划纹和网格纹。泥质陶中有红陶78片、灰陶51片,器形以钵为主,纹饰以绘黑彩的斜直线纹为主,还有少量"之"字纹和戳印纹。

此坑出土了很多动物骨骼,大多比较碎小。有约60块稍大,可辨认出头骨、下颌骨、肋骨和长骨等,长骨均被敲碎。其他碎骨约有160块。动物

东北鼢鼠头骨

种类丰富,包括梅花鹿、狍、鸟、鼢鼠、野猪、兔、獐、熊等。由此可见,五千年前牛河梁一带野生动物种类繁多,数量庞大。

二、獐狍麂鹿麇麋麚

清朝周龙藻《塞外哨鹿歌》诗云:"北边万里开龙沙,皇仁远格同中华。时巡岁岁多盛事,首重哨鹿雄奇夸。旷原之产不一族,獐狍麂鹿麇麋麚。本朝行围等行阵,营伍那敢轻嚣哗。"这首诗是写清朝皇帝在木兰围场秋狝,也就是狩猎。木兰围场距凌源牛河梁仅二百多公里,两地古时环境气候相近,植被基本相同,野生动物很多。牛河梁遗址第五地点灰坑出土的大量动物骨骼也能说明这一点。

N5H20,A型灰坑,开口于表土层下,打破基岩。坑口平面近圆

形，坑壁较直，坑底较平。坑内出土硅质页岩石叶1件；夹砂灰褐陶16片，纹饰有戳印纹和"之"字纹；泥质红陶15片、泥质灰陶10片；出土动物碎骨10余块。

N5H21，A型灰坑，开口在表土层下，打破基岩。坑口平面近圆形，坑壁较直，坑底较平，略呈袋状。坑内出土石器有燧石片4件，硅质页岩石叶3件，小石球1件。陶器以泥质红陶为主，夹砂灰褐陶次之，还有红褐陶。夹砂陶中有灰褐陶14片、红褐陶1片，纹饰有"之"字纹；泥质陶中有红陶44片、灰陶9片，器形以钵为主，纹饰有黑彩平行线纹、"之"字纹。在坑底部出土1件可复原的陶罐。出土动物骨骼40余块，包括梅花鹿、獐、狍等。

N5H22，A型灰坑，开口于表土层下，打破基岩。坑口平面圆形，坑壁较直，坑底较平。出土遗物较为丰富，有石器、骨器、陶器和大量兽骨。出土石英、燧石片14件，硅质页岩石叶7件。骨锥1件。陶

獐右侧下颌骨和左侧上犬齿

器以夹砂灰褐陶和泥质红陶多见，泥质陶中有红陶69片，灰陶24片，施黑陶衣的红褐陶1片，器形以钵为主，还有少量的罐，纹饰有"之"字纹和黑彩细线纹，可复原陶罐1件、陶钵1件。还出土陶球1件、陶饼1件、三棱形器1件。出土动物骨骼以鹿骨为主。个体稍大的骨骼60余块，包括角、头骨、下颌骨、肋骨、肢骨等；零碎骨骼约170块；长骨均被敲碎，烧骨16块。大量的动物骨骼，有的是红山先民狩猎动物用作祭祀，有的是红山先民食用后遗弃的。

三、草茂知獐健

"苦雨几终月，新晴喜夕阳。扶行呼稚子，随意下茅堂。草茂知獐健，巢新觉燕忙。兴阑归亦好，袖手独焚香。"这是南宋诗人陆游写的《新晴》诗。"草茂知獐健"的景象在远古的牛河梁也出现过。

N5H34，A型灰坑，坑口平面近圆形，坑壁斜直，坑底平整。坑内堆积分三层：上层为棕褐色土，较纯净，出少量陶片；中层为灰黑土，松软，出较多陶片与石片；下层为褐色土，夹杂砂粒，较硬，出少量陶片。出土物有残断石锤1件、石叶2件、燧石片4件。夹砂灰褐陶22片、夹砂红褐陶12片、夹砂黑褐陶8片，器形以罐为主，纹饰有划纹、戳印纹、"之"字纹；泥质红陶20片、泥质灰陶25片，器形以钵为主，纹饰为黑彩斜线纹。

N5H41，A型灰坑，坑口平面近长圆形，坑壁斜直，坑底平整。坑内表层填土为黄褐色；中层填土为黑灰色，松软，出土遗物非常多；底层填土为灰褐色，较硬，出土遗物很少。出土物中有完整石镞1件，残断石锛1件。还有近200件燧石、石英及硅质页岩石片。石片均较小，应是加工石器时产生的碎片。出土夹砂灰褐陶247片，器形以罐为主，可复原2件。纹饰以划纹为主，其次是压印"之"字纹、戳印纹，还有网络纹、席纹。泥质红陶66片、泥质灰陶68片、泥质黑陶22片，器形以钵为主，复原1件。出土4枚陶珠。坑内出土动物骨骼150余块，稍大者10余块，动物种类有梅花鹿、獐、猪等。

牛河梁遗址出土的动物骨骼涉及的种类有梅花鹿、狍、獐、野猪、狗、黑熊、狗獾、野兔、东北鼢鼠、雉、河蚌等，除狗等驯养的动物外，其余都是捕获的野生动物。根据发现的黑熊下颌骨的数量计算，至少有4只，说明牛河梁地区当时大型野生动物很多。从出土的河蚌残片看，应该是大型河蚌，说明这一地区河流水量较大。牛河梁遗址发现的动物，除獐以外，其他的在这一地区现在均有分布。

狩猎是当时重要的生产活动，人们常年狩猎来获取肉类食物。在第五地点下层发现387余件石制品，其中仅有10件磨制石器，器形有斧、锛、磨棒和磨盘，其余都是细石器，器形有刮削器、镞、钻和石片，

黑熊左侧下颌骨

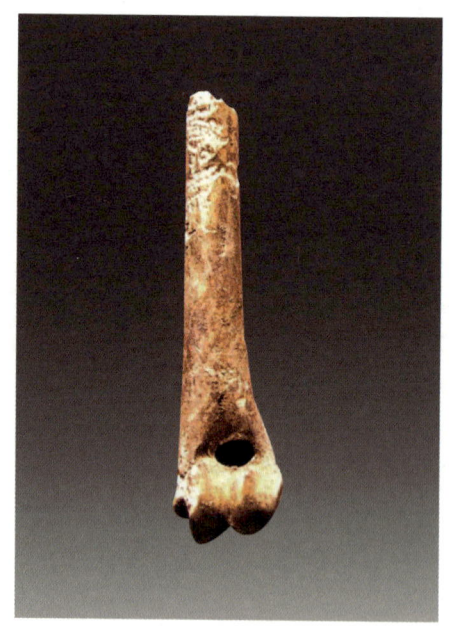

野兔左侧胫骨

石器的组合也反映了一种以采集、渔猎、农耕为主的经济类型。

那是一个林茂草丰、动物成群的世界，那是文明曙光初升的时候。

四、熊罴窟栖

"孟冬十月，北风徘徊。天气肃清，繁霜霏霏。鹍鸡晨鸣，鸿雁南飞。鸷鸟潜藏，熊罴窟栖。钱镈停置，农收积场。逆旅整设，以通贾商。幸甚至哉，歌以咏志。"这首《冬十月》出自曹操的乐府诗《步出夏门行》。曹操的《步出夏门行》是他在建安十二年北征乌桓时所作的一组诗。乌桓大本营柳城就在今天朝阳市的南郊。《冬十月》叙写曹孟德征途所经，天时物候，又自秋经冬。虽当军行，而不忘民事。5500年前，辽西地区环境比现在要好很多，红山先民围猎黑熊是寻常之事。

专家对牛河梁遗址第五地点灰坑出土遗物进行了详细分析，下层堆积出土的遗物主要有陶、石、骨器、动物骨骼。

钵的数量很多，是下层陶器的主要器类，可复原的标本也最多，可以看出明显的形态差异，主要分为六种类型：A型圆唇，口沿外壁加厚，与腹部相接处形成明显棱线，弧腹，小平底。口沿外壁呈红色，多饰黑彩平行斜线纹，腹部灰色，素面。数量最多，可复原器也较多；B型圆唇，微敛口，弧腹，小平底。口沿外侧顶部多施红陶衣，呈现红色，腹部灰色，素面。数量较多，但少于A型和C型，可复原器1件；C型数量仅次于A型。圆唇微外卷，直口，口腹交接处有折棱，弧腹，小平底；D型圆唇，微敛口，深弧腹。数量较少，无可复原器；E型圆唇，敛口，折肩。数量少，无可复原器；F型上腹竖直，下腹斜直，腹部中间形成一道棱线，平底。数量少，无可复原器。

筒形罐是下层陶器的另一种主要器类，与陶钵的数量基本相同，但可复原器的数量少于陶钵，可分为四种类型：其中A型通过对几件复原

筒形罐

器的观察，器物的大小差别较大，但形态却基本一致，没有明显的差异。其主要特征是，器口较大，下腹壁斜直，上腹壁则有内收的趋势，致使口沿略显内敛。大型罐的口沿与器高基本相当，小型罐的口沿则普遍大于器高。此外，还有大量的筒形罐口沿，可以看出明显的形态差别，可以甄别出另外三种类型。B型直口，斜弧腹，口腹交接处有折棱。数量仅次于A型，无复原器；C型外叠圆唇，微敞口，弧腹。数量不多，无复原器，均为夹砂红陶；D型外叠圆唇，微敛口，口沿下有一周凹弦纹。数量不多，无复原器。均为泥质红陶，腹外壁施红陶衣，用黑彩装饰。

盆数量不多，没有可复原器，可分为两个类型：一类是方唇，敛口，鼓肩，斜弧腹；一类是方唇，直口，斜直腹。

石器中，磨制石器较少，仅10余件，其中以石斧为多见。以小石片、石叶、石镞等为代表的打制石器多达400件，在数量上占绝对优势。

骨器，数量较少，仅3件。为小型的装饰品和日常用具，不见生产工具。

在灰坑中出土了数量庞大的兽骨。其中梅花鹿的骨骼数量最多，麝、狍、猪、獾、鸟、野兔、鼢鼠、黑熊等也占很大比重。这些野生动物，为当时古人狩猎所得。据此推测，狩猎是当时人们的重要生产活动，野生动物是其重要食物来源。第五地点出土了一些人工敲击骨片和取料后的废料，说明人们在此制作骨器，主要用鹿的掌跖骨作原料，用敲击的方法取料。

牛河梁遗址处于红山文化晚期阶段，下层遗存时间要早于上层积石冢数百年。

专家对牛河梁遗址第二地点文化层和第五地点的灰坑、灰沟中采集样品进行了动植物残体分析。各样品均发现较多的栎木和一些白蜡树残体，表明红山文化时期遗址区有较多的栎和白蜡树等树种。LY4

梅花鹿骨

（LY4 为样品号，采样点为第五地点一号冢灰坑）中的真菌，喜欢生长在富含腐殖质的土壤层顶部，说明当地的土壤比较肥沃，林木环境和富含腐殖质的土壤，说明距今 5500 年前后，牛河梁一带的生态环境明显好于现在，考虑 LY2（LY2 为样品号，采样点为第五地点一号冢灰坑）藜草籽的发现，当时植被很可能属于森林草原类型。各样品中都含有木炭屑，LY2 还鉴别出不少的动物碎片和鸡翅骨。作为墓地遗址，说明当时的人们很有可能在开辟墓地之前，对此地进行过焚烧。还很可能饲养鸡，并利用鸡和其他动物进行祭祀活动。如牛河梁第二地点二号冢出土的猪骨、牛骨，女神庙发现的大量羊骨等，都是用动物祭天后留下的。

全新世温暖湿润的气候为辽西地区的新石器时代文化发展提供了比较优越的气候条件。大凌河阶地剖面沉积样品的多种古环境标志分析结果表明，牛河梁遗址所在的辽西地区已进入全新世大暖期气候。

可以想见，当时的辽西地区降雨量适中，河流、湖泊、沼泽、池塘星罗棋布，森林茂盛，草地辽阔，野生动物种类和数量都很多，其中不乏黑熊、野猪等大型野生动物。

第三节：五千年前那神秘的月夜

《诗经·小雅·甫田》有云："以我齐明，与我牺羊，以社以方。我田既臧，农夫之庆。琴瑟击鼓，以御田祖，以祈甘雨，以介我稷黍，以谷我士女。"这是我国古代先民祭神时唱的乐歌。备好祭祀用的谷物、羔羊，请土地和四方神灵来分享。古代先民祈求上苍普降甘霖，使农作物丰茂茁壮。

红山先民祭祀、丧葬和生活的各类遗迹在牛河梁遗址第五地点被陆续发现。

一、坎祭遗存

祭祀坑的发现，是牛河梁遗址第五地点下层积石冢阶段遗迹的最大亮点。

下层积石冢阶段遗迹包括三个部分：积石冢、祭祀坑和灰坑。其中积石冢2座，冢内共发现墓葬4座、祭祀坑9个、灰坑1个。

两座积石冢分别位于第五地点的东、西两端，东端的编号为一号冢，西端的编号为二号冢。积石厚度10—15厘米，其间排列有墓葬。

红山先民在这里举行祭祀活动，留下了较多祭祀坑。由于晚期阶段修筑上层积石冢的扰动，下层积石冢保存状况很差，祭祀坑因所在较深，得以较好地保存下来。

墓葬开口于小石块层之下，都为砌石墓，规模不大，出土遗物很少。

祭祀坑均分布在一号冢和二号冢积石层的南部。

这是首次在红山文化积石冢中发掘出祭祀坑，为下层积石冢充实了新的内容，说明下层积石冢阶段使用祭祀坑进行祭祀活动。从西到东的8个祭祀坑几乎排列在一条直线上，其中一些祭祀坑的堆积十分复杂，有的坑内出土有完整祭器，说明当时的祭祀活动繁复而隆重。

牛河梁遗址的祭祀有坛祭、庙祭、坎祭、墠祭等多种形式，下层积石冢阶段的祭祀坑即坎祭的遗存。在地上挖一个坑作祭坛，古人称

第五地点鸟瞰图

"坎祭"。《礼记·祭法》有云："相近于坎坛，祭寒暑也。"《礼记·祭义》有云："祭日于坛，祭月于坎。以别幽明，以制上下。"坛与坎是相对的，坛高起为阳，坎下陷为阴。坎以祭寒、月等神，坛以祭暑、日等神。

《说文解字》中阐释为："坎，陷也。从土，欠声。"坎指下陷之地，如坑、洼之类。坎的音义则从欠，气不足。土之不足者为坎。今说挖坑，古说掘坎。

宋代郊庙朝会歌辞《夕月十首》云："少采陈仪，实曰坎祭。礼备乐举，严恭将事。于以奠之，嘉玉量币。神兮昭受，阴骘万汇。"

二、多处墓葬

《诗经·大雅·云汉》中曾论述："旱既大甚，蕴勉畏去。胡宁瘨我以旱，憯不知其故。祈年孔夙，方社不莫。昊天上帝，则不我虞。敬恭明神，宜无悔怒。"这是西周时期的先民在祭神祈雨。

牛河梁遗址积石冢周围的陶筒形器，肯定是与祭祀通神有关的器物。

第五地点下层积石冢一号冢位于遗址东部，保存状况很差，冢的边界和范围已无法确定，但好于二号冢。堆筑积石冢的石块均较小，最大的石块边长也不超过20厘米。在积石冢的石块间发现少量陶筒形器片，但没有发现原位置的筒形器和如同第二地点那样的筒形器圈。

一号冢内有墓葬3座，均位于冢的东南部，紧密排列在一起。另有祭祀坑7个，灰坑1个。

由于此灰坑内填有大量早期陶筒形器片、石块和烧土块，推测其并非一般的生活垃圾坑，而应该与祭祀有关。

陶钵

三、祭祀坑的陈设

《诗经·周颂·般》有云："于皇时周，陟其高山，堕山乔岳，允犹翕河。敷天之下，裒时之对，时周之命。"这是歌颂周武王祭祀山河的乐歌。

属于一号冢的祭祀坑共有 7 个，分别为 3—9 号。

3 号祭祀坑，A 型。只存底部，平面近圆形，坑底经火烧烤，其上平铺一层大小相若的小石块。此坑上部虽然不存，无法辨明形制，但其底部较平，直径较大，经火烧烤且铺有碎石块，符合 A 型坑的特征。

4 号祭祀坑，A 型。坑口平面近圆形，坑壁较直，圆底。坑内堆积复杂，坑表层中心部位有一片烧烤面，石粒层下是一层厚约 30 厘米的纯净白沙土，特别松软细腻。再往下是一层厚约 4—13 厘米的石粒层。石粒层下是一层红烧土，烧土下又是一层白沙土，厚约 2—5 厘米。坑底经火烧烤，形成硬面。

坑内出土遗物很少，在表层出土 1 件陶钵，可以复原。

5号祭祀坑出土石磨棒1件。石英细砂岩，土灰色，长条形，扁柱状，已残断。底面平整，上面圆弧。

出土石锤1件。石英正长石，肉红色，由天然卵石制成，已残断。顶端有使用痕迹。

出土陶筒形罐2件，可复原。其中一件是夹砂黄褐陶，圆唇，直口，口沿外有一周戳印堆纹。上腹部较直，下腹部近底部束收明显。器底微凹。上腹部饰刻划"之"字纹，为横划竖带，纹饰甚为稀疏。

出土陶鼓腹罐2件，无复原器，均为泥质红陶。一件是底部残片，保留有较大腹片。器表施红陶衣，上腹部残留有黑彩痕迹，从弧线看约为勾连涡纹。平底，鼓腹，腹壁从中部向底部渐厚。另一件是腹部残片。腹片上有一个竖桥状耳，耳上宽下窄。桥状耳底缘以上部分保留有黑彩纹饰，约为勾连涡纹，耳旁有一单勾纹。

5号祭祀坑与其他祭祀坑的最大不同点是，坑上倒扣一个完好的夹砂灰褐陶筒形罐。可能是先民祭祀后特意置放，也许是无意中遗留的。

6号祭祀坑，B型。坑口平面为圆形，锅底状。

7号祭祀坑，B型。坑口平面为圆形，锅底状。坑内堆积简单，表层是松软、细腻的白沙土，其下是一层红烧土，烧土之下是一块较大的石头，大石头之下和旁边还有几块小

第五地点一号冢7号墓

石头。坑内未出遗物。

8号祭祀坑，A型。从已发掘部分看，其坑口平面为圆形，坑壁斜直，圆底。坑内未出遗物。

9号祭祀坑，B型。弧壁，平底。坑内填松软、细腻的白沙土，出土少量陶筒形器片。

二号冢南面分布有祭祀坑2个，均为A型。

1号祭祀坑，坑口平面呈圆形。堆积厚达30厘米，其中出土夹砂灰褐陶11片、黑褐陶4片、泥质红陶3片、灰陶6片，陶片均较小；还出土陶三棱形器和四棱形器各1件，燧石片1件，烧骨4小块。坑底和坑壁均经烧烤，已形成红色硬面，坑底中心处烧土硬面厚达5厘米。

此祭祀坑出土的彩陶罐，泥质红陶，体呈长圆形，圆唇甚短，微外卷，折肩，鼓腹，肩与腹部之间分界明显，形成一条棱线。腹甚深，最大腹径在腹中部稍偏下，近于垂腹。出土的折腹钵，系泥质黑陶，陶质较软，内外壁压光。尖圆唇，大敞口，上下腹交接处内外起棱，形成明显的折腹，小平底，素面。出土的三棱形器为红褐陶，长条状，截面呈三棱形。长12.2厘米；四棱形器为红褐陶，截面呈四棱形，残断。残长4.5厘米。

2号祭祀坑，坑口平面呈圆形，坑壁稍斜直，略呈圆底。坑壁及坑底经火烧烤而呈红色，但坑壁自底部向上三分之一处有一周2—4厘米宽的坑壁未经火烧烤。

笔者可以想象，五千多年前，信奉万物有灵的红山先民在他们认为重要的日子，于月明星稀之夜，聚集在牛河梁的祭祀坑前，在坑中燃起篝火，一齐跪拜，将祭品置于坑中，开始祭祀他们心中至高无上的神灵。

五千多年后的今天，一些乡间仍然流传除夕夜燃烧谷草或玉米秸的习俗，祈愿来年农林牧渔丰收，祝福日子红红火火。

第四节：来自远古的悠扬蝈鸣

"孤鹤归飞，再过辽天，换尽旧人。念累累枯冢，茫茫梦境，王侯蝼蚁，毕竟成尘。载酒园林，寻花巷陌，当日何曾轻负春。流年改，叹围腰带剩，点鬓霜新。"这是南宋诗人陆游作于孝宗淳熙五年（1178）的词《沁园春·孤鹤归飞》。那年秋天，54 岁的陆游回到阔别已久的家乡山阴，深感时光易逝，人生无常，不禁想起化鹤成仙的丁令威。陶渊明在《搜神后记》中写道："丁令威，本辽东人，学道于灵虚山。后化鹤归辽，集城门华表柱。时有少年，举弓欲射之。鹤乃飞，徘徊空中有言曰：'有鸟有鸟丁令威，去家千年今始归。城郭如故人民非，何不学仙冢累累。'遂高上冲天……"

那累累枯冢，从五千多年前就开始绵延不绝。

一、念累累枯冢

1987 年，牛河梁遗址第五地点被全面发掘。第五地点上层积石冢阶段的主要遗存是积石冢和祭坛。中心墓位于东冢的中心部位，西冢未见大型墓。

一号冢由环壕、冢体和冢内墓葬构成。在冢体西南部保留有一段环壕，存长约 16 米，其他部分没有保存下来。最宽处约 0.8 米，环壕底部外侧深，里侧浅，呈坡状，最深约 0.25 米。根据现存环壕的弧度，推测完整环壕的直径约为 42 米。环壕内出土少量泥质红陶筒形器片。

一号冢是由石头和泥土砌筑。积石冢遭到较大破坏。冢体平面呈圆形，冢界的石墙共有3圈。在冢体北部、南部外圈石墙的外侧存在多种陶筒形器。

冢体中间为封土，保存尚好，最厚处可达1米。出土了筒形罐、斜口器、盆、器盖及筒形器等。此冢所用封石规格较大，多为白色石灰岩石块，个别为变质岩和花岗岩。

1987年夏天，美国丹佛大学人类学系主任尼尔森、法国《解放报》记者桑塔迪等人参观牛河梁遗址。异国的客人深深地被古老的东方文明所吸引。

1987年9月12日至16日，中国考古界泰斗苏秉琦先生再次莅临牛河梁遗址工地考察。苏老挥毫题词："红山文化坛庙冢，中华文明一象征。"

美国丹佛大学人类学系主任尼尔森、法国《解放报》记者桑塔迪等人参观牛河梁遗址

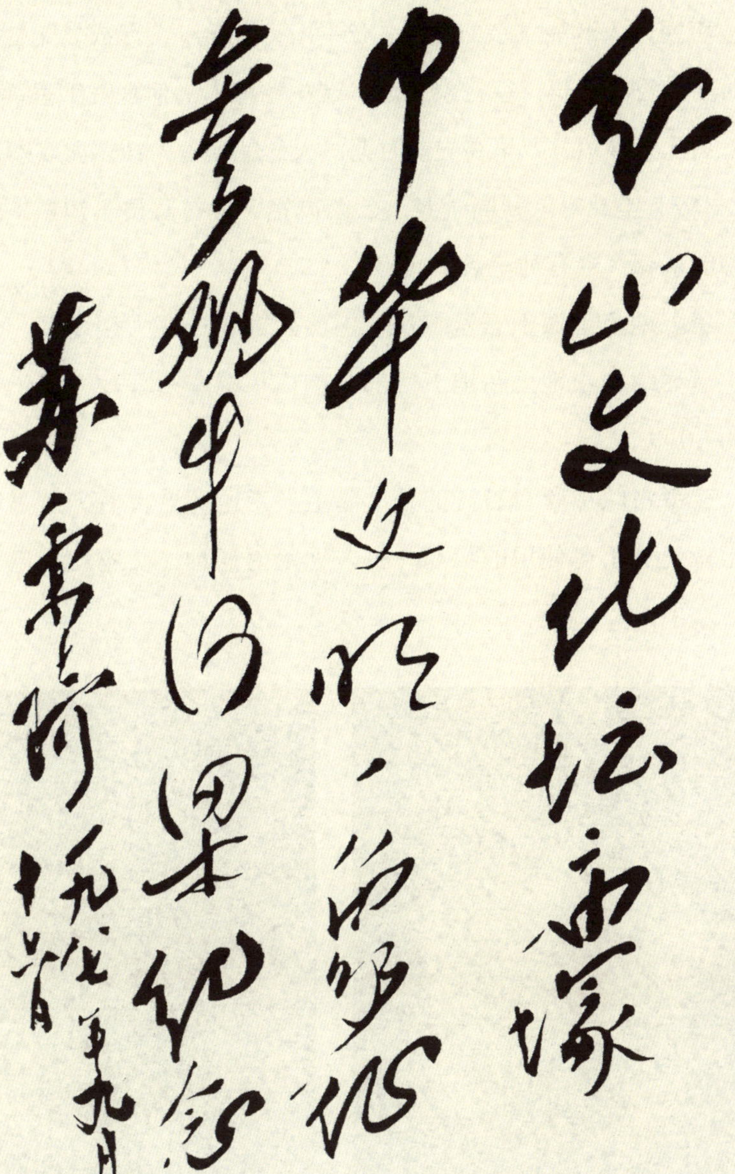

红山文化坛庙冢
中华文明一万年
参观牛河梁化念
苏秉琦 一九八六年九月

苏秉琦先生题词

二、只此是神龟

唐朝诗人薛能《杂曲歌辞·升平乐》诗曰："无战复无私,尧时即此时。焚香临极早,待月卷帘迟。端拱乾坤内,何言黈纩垂。君看圣明验,只此是神龟。"早在史前时期,人们就视龟为神,加以崇拜。

1987 年 9 月,秋高气爽,云淡风轻。考古队员不知道,他们即将发掘的墓葬,会有神龟破土而出。

第五地点上层积石冢一号冢内偏西部有一座大型墓葬,是中心大墓。墓葬结构由地上和地下两部分构成。墓室内埋葬一成年男性,年龄约 50 岁。

令考古队员欣喜若狂的是,墓主人手里竟然握着一对玉龟,这是非至尊王者不可使用的物品。古人视龟为通神之灵物,常用于卜卦。

雄性玉龟

雌性玉龟

龟被赋予长寿、吉祥、神圣的象征意义。所以能有玉龟随葬的墓主人，生前应是具有特殊地位的氏族显贵。在中国已发掘的墓葬当中，墓主人双手握玉龟的只有这一例。

两只玉龟头部形状接近于三角形，眼睛和口以起地阳纹和短阴线技法雕刻，纹线都比较浅。龟的脖颈稍微回缩，屈肢，四肢也以较细的阴线雕出，背稍凸起，平腹。

握在墓主人右手的是雄性龟，黄绿色。玉质较匀，有光泽，龟背呈椭圆形，有白色和浅黄色瑕斑。龟体比另一只雌性龟明显瘦，头部较长，似锥形拇指。眼睛明显圆鼓，以细阴线刻画睛，双目之间有凹槽。表现嘴的阴线比较短。龟足内收，爪以阴线刻出。龟尾比雌性龟略长、略尖。腹部中间部位磨出一个较大的圆形凹窝，这是雄性龟的主要特征。公龟腹甲凹陷，母龟腹甲平坦。此雄龟长9厘米，宽7.8厘米，厚1.9厘米。

握在墓主人左手的稍大，为雌性龟。此龟身体比雄性的略大，龟背呈圆形，背中部稍显磨平。头部比较宽，略厚，近似三角形。眼睛圆而鼓，目中表现睛的阴线稍宽，双目之间稍微凸起。表现嘴的阴线较长。足收，爪亦以阴线刻出，尾圆且短，尾中部磨出一凹坑，两侧也稍加磨出下斜面。玉龟长9.4厘米，宽8.5厘米，厚2厘米。玉面布满白色斑块，且有裂纹，腹底部遗有原玉料凹坑点。

著名考古学家郭大顺说："特别是牛河梁第五地点中心大墓随葬的两件玉龟（鳖），不仅个体较大，还是一雄一雌，握在墓主人的左右手中，表达的已不是占卜了，而是对神权的掌握，是红山先民对龟灵崇拜的升华。"

参加发掘这座大墓的朱达后来回忆说："我们发掘这个墓的时候，那种感觉，就知道会出东西。我们拿着小竹签，一点点儿剔，一剔，往下一插，就出溜一下子，这感觉一下子有文物，把它扒拉扒拉，用刷子扫扫，一看是一件玉器，再剔，也是玉器……"

这座大墓随葬的玉器令人目不暇接。

墓主人右手腕戴一件黄绿色的玉镯。墓主人胸前佩戴的是勾云形玉佩。此勾云形器淡绿色，上面有一些片状瑕斑。玉佩为长方形，四角作向外卷勾状，卷勾宽而较短，长侧边两端卷勾的长短又有所区别，勾尖均不显，在中心盘卷的卷勾端部与器体交接的地方，还保存着制作镂孔时的圆孔状。玉佩正面磨出与卷勾走向相一致的较浅的瓦沟纹，背面无纹。有4个对钻的隧孔，孔由平面直接打钻，孔系的中部极细，一孔系中部已有残断。隧孔的钻孔方向有横钻也有竖钻，横竖钻各二，依器体的竖直方向两两相对。器长20.9厘米，宽12.4厘米，厚0.9厘米。

在墓主人胸部，还放置一件箍形玉箍。玉箍为黄绿色，玉质非常均匀，内外磨制精致，圆润而富有光泽。隐约可见瑕斑，但瑕不掩瑜。箍体较高，正圆口，内壁平直，外壁圆凸如鼓。在鼓面的中部作出一规整的长梭形小凹窝。此件箍形玉器，虽造型简单，也无纹饰，但形体非常规整，磨制精工，箍体高而内平外鼓，却薄厚均匀。箍的淡绿透黄色泽是红山文化玉器的标准色，尤其是所用玉料应是质地和色泽都甚为纯正几无瑕疵的块状河磨玉籽料，所以这件箍形玉是牛河梁遗址出土的红山文化玉器中的又一件珍品。

在墓主人头部两侧，各放置一件玉璧。其中一个黄绿色，近

玉箍

方圆形，内外缘磨薄似刃，内缘稍厚，璧体中部厚而圆鼓。玉璧上部正中边缘钻两个孔，可能系绳悬挂。另一件玉璧是绿色的，整体呈长圆形，形制与黄绿色玉璧相同。玉璧一侧有白色斑痕。

有专家认为，玉璧有多种功能，是祭祀苍天和太阳的礼器，也是葬器，有辟邪作用。根据《周礼》记载，璧和琮是用于"礼天"和"礼地"的玉礼器。《周礼》还有"疏璧琮以敛尸"的记载，郑众解释为："疏璧琮者，通于天地。"

一号冢这座中心墓颇具规模，墓穴大部分已凿入基岩内，深而宽大且四面留有双重二层台，与其他冢所见的仅一侧壁留有台阶的大墓情况有较大的区别。在墓穴内保存有如此规整的二层台在牛河梁遗址内尚属首例，它也是东北地区墓葬中出现二层台的最早例证之一。墓室的砌法、用材非常讲究，墓室用大块石板封盖。墓的上面还有用石头和土建筑的大型封丘，像这样的封丘仅仅见于第二地点二号冢的中心大墓。墓内随葬玉器不但数量多、个体大，而且玉器质地多属上乘。墓葬规格体制之高，说明墓主的身份非常特殊，等级甚为显赫，在当时应属于或者高于部落首领级别。

三、深夜有蛔鸣

"幽谷闻绵蛮，知有迁乔莺。落日见科斗，深夜有蛔鸣。"这是南宋豪放派词人刘克庄《演雅二十韵》中的诗句。在读完《牛河梁：红山文化遗址发掘报告：1983～2003年度》第四章第四节"上层积石冢阶段遗存"后，笔者的耳畔似乎总有一只蛔蛔在幽幽而鸣。

1988年，辽宁省考古队继续发掘牛河梁遗址第五地点上层积石冢阶段遗存的二号冢。冢南部积石层下排列有4座墓葬，令考古队员印象深刻的是9号墓。

9号墓完全超乎考古队员的想象：这是一座极为特殊的墓——葬具用大块筒形器片拼合而成。原来这是一座儿童葬的陶棺墓。陶棺中保存有儿童的腿骨和头骨。

令考古队员格外惊异的是，在儿童的头骨旁，发现一件玉制蝈蝈。此蝈蝈长5.5厘米，为青绿色。雕刻师采用单体圆雕法，将蝈蝈的头部、眼睛、嘴和双翅，还有弯曲的腹部，均精雕细刻。而身体部分仅镌刻出轮廓，不作细节表现。腹下前部对钻一个穿孔，可能是作系绳悬挂之用。此玉雕蝈蝈线条简洁明快，形体单纯概括，造型准确生动，形神兼备。仿佛是一只有生命的绿蝈蝈，在振翅幽幽而鸣，为夭折的孩子驱邪祈福，与黑暗中的孩子做伴。

早在原始社会末期，先民就有对蝈蝈的崇拜。《玉篇·虫部》中讲，"禹，虫也"。以治水闻名后世的大禹是用蝈蝈来为自己命名的。因此禹虫便成了大禹氏族的图腾。这是延续了远古时代对蝈蝈的生殖能力的崇拜。

《诗经·周南·螽斯》是世界上最早的有关蝈蝈的文字记载。"螽斯羽，诜诜兮。宜尔子孙，振振兮。螽斯羽，薨薨兮。宜尔子孙，绳绳兮。螽斯羽，揖揖兮。宜尔子孙，蛰蛰兮。"螽斯，又名蝈蝈、纺花娘等，是昆虫纲直翅目螽斯科昆虫的统称。此诗借螽斯繁殖力强，祝愿人们多子多孙。在远古生产力低下的时代，表达了人们对生命繁衍的热切企盼。

对于9号墓中这只玉蝈蝈，笔者更希望它是红山先民的父母为自己孩子精心雕琢的玩具，是孩子生前最心爱之物。孩子白天佩戴着玉蝈蝈和小伙伴们玩耍，夜晚听着蝈蝈的鸣唱安然入梦。

牛河梁遗址一次次的惊世发现，不但让世人重新审视中华文明史，而且用遗存实证征服了严谨的考古专家和审慎的历史研究者。

玉制蝈蝈

四、俎豆犹古法

"嬴氏乱天纪，贤者避其世……相命肆农耕，日入从所憩。桑竹垂余荫，菽稷随时艺。春蚕取长丝，秋熟靡王税。荒路暧交通，鸡犬互鸣吠。俎豆犹古法，衣裳无新制。"这是东晋陶渊明的《桃花源诗》，说的是秦始皇暴政，贤士们都躲避到世外桃源，这里春天收获蚕丝，秋天也不用上税，人们仍遵古法祭祀。俎豆为古代祭祀、宴飨时盛食物用的礼器，后引申为祭祀和崇奉之意。

考古队员在第五地点上层积石冢一号冢地层发现了许多与祭祀相关的玉器和陶器。

玉器集中出在一号冢东南部的扰乱碎石层中，共5件。其中玉珠2件。一件为玉质白色，绿色瑕斑上透深黑色，似经火烧。通体磨光。柱状体，束腰，一侧平，呈不规则的椭圆形，端面内凹。中间钻孔为上下对钻而成的喇叭状穿孔。另一件为玉质纯白色，通体磨光。柱状体，略显束腰，呈椭圆形，两端面平，一端面有剥蚀，中间有直穿孔。

出土联璧1件，板状，长方体，中部边缘磨出凹槽，形成联方璧，璧孔正圆，两面对钻，璧缘磨薄。下璧下半部分残缺，上璧顶端也有残缺，近顶端单面钻双孔。玉质纯白色，通体磨光。

出土蚕（蛹）1件，长6.1厘米。短身，扁圆体，整体显得圆而厚。似蚕蛹，头部稍长而圆鼓，头的端面磨出小平面，凹腰，腰间阴刻四道弦纹，弦纹较粗，可见接头处，尾端面平。玉质纯白。

玉蚕（蛹）在牛河梁遗址一共出土了2件。据此可知，此时的红山先民已经养蚕，纺织业开始萌芽。

在清理上层积石冢二号冢地层时，考古队员意外发现一件女性陶质塑像，大家立即把关注点都放在了人像上。陶质塑像为立像，头部

玉蚕

第六章 倾听五千年前的蝈鸣

和右腿缺失,残高 9.6 厘米。双乳凸起,双臂收拢贴于腹前,腹部微隆,背部向内凹进,背两侧有弧形线条。此陶塑人像女性特征特别明显。人像通体压磨光滑,主体部分未见穿着服饰,唯有左足部塑出一半高靴形,靴与左脚形象塑造得非常写实、逼真。

这尊女性塑像,是红山先民崇拜的祖先神。他们在塑造神像时,依照的模特显然是他们生活中的女人。

眼望牛河梁遗址一处处积石冢,不禁让人想到,那些红山先民生前一定有过许多美好的梦想,为了追求更好的生活,不断适应天地的变化,不断探索追求,也付出各种代价,去发现自然界的秘密,去创造生命的奇迹。历史的演进是缓慢而曲折的,一代代繁衍生息,一辈辈披荆斩棘,才有今天的进步与发展。我们对古人充满崇敬。

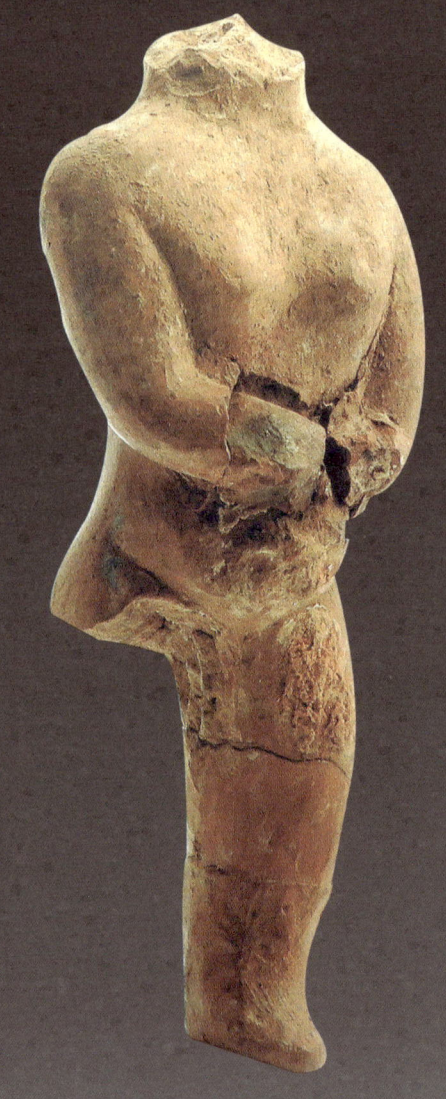

女性陶塑像

第五节：入土出土几千春，月落日升红山魂

一、先农敬祭坛

清乾隆帝《祭先农坛礼成遂耕藉》诗云："吉藉将耕墢，先农敬祭坛。粢盛供上帝，耒耜率千官。乐史祥风叶，稼台田器观。潦余祈殖谷，怵惕更难安。"先农坛是古代祭祀先农神之所，平面呈北圆南方之形，是古人天圆地方理念的体现。历代封建王朝沿袭此制，均建先农坛以祭祀之。这一文化传统，也体现在牛河梁遗址中。

牛河梁遗址第五地点上层积石冢一号冢是圆形，二号冢是方形，形成一圆一方的布局；牛河梁遗址第五地点的祭坛是方形，第二地点的祭坛是圆形，也形成一圆一方的格局。说明牛河梁红山文化时期的先民通过观察天象，运用主观思考，形成了"天圆地方"的初始宇宙观。

古人祭祀对象分为天神、人鬼和地祇。《史记·礼书》有言："上事天，下事地，尊先祖而隆君师，是礼之三本也。"牛河梁遗址的方圆祭坛，是祭祀天地的场所，而积石冢是祭祀祖先之地。

第五地点上层积石冢阶段遗存的祭坛，近约长方形。整个坛体由大块白色石灰岩单层铺砌而成，使整个祭坛显得格外洁白而庄重；坛的外侧边缘比较整齐，看上去祭坛边缘规整而清晰。坛体四周摆放着红色的筒形器。笔者可以想见，那清晰的圆圆的一圈白色与一圈红色，宛如一轮太阳，多么漂亮夺目。

祭坛北边框长约5.5米，与东、西两边框的交角呈方角圆弧形。东边框保存较好，仅在南半部缺失数块砌石，全长8.6米。南边框保存也较好，全长5.3米，与东边框呈直角相交。西边框除西北角外多

走进古国牛河梁——红山文化发现百年纪实

牛河梁遗址第五地点祭坛

保存较好，全长 7.6 米。

红山文化晚期，已经出现大规模的旱作农业，但由于生产力落后，耕作相对粗犷，红山先民要靠天吃饭，所以就在祭坛举行祭天仪式，祈求风调雨顺，农作物丰收。

在祭坛地层，考古人员发掘出的石器和陶器有：

石锛 2 件，都是平面呈梯形，单面磨直刃，通体磨光，形体较小。其中一个是凝灰岩，灰色。正面凸鼓，背平直，顶部有崩缺。刃部平直，未见使用痕迹。

石叶 2 件，均为硅质页岩，长条状，截面呈梯形。一个灰黄色，另一个青绿色。

筒形罐 1 件，口部残片，夹砂灰褐陶，圆唇。器表饰细密规整的压印"之"字纹，为竖压横带。

陶盆口部残片 2 件，均为泥质红陶。一个是方唇，敛口，折肩。口沿下有一周凹弦纹，折肩处起凸棱。内外壁皆施红陶衣，素面。另一个方唇，敛口，折肩，素面。

陶瓮口部残片 1 件，泥质红陶。

石锛

石叶

陶筒形罐口部残片

方唇较薄，敛口，广肩。器表施红陶衣，素面。

陶罐腹部残片 1 件，泥质红陶。器表施红陶衣，素面。原应有桥状耳，现缺失，但存有清晰的贴耳痕迹。

筒形器数量最多，均为残片，系泥质红陶。

二、入土出土几千春

清乾隆帝《陶尊》有云："有虞合土贵质淳，冬官埏埴司陶人。不觚不觑见此尊，入土出土几千春。"此诗以陶器产生的年代和陶的特性入笔，说陶是由虞舜合土而作。诗人精练地道出了古陶制作与人生况味，写出了历史的纵深感。

考古队员在清理第五地点祭坛北半部时，突然发现在一些石块下面隐约埋有人骨。经过清理，石头下一共有 4 具骸骨，南北向一字摆放。原来这里是一处二次葬的墓葬。奇怪的是，此墓无墓圹，也无砌石，骨骼被压在石头下面。经鉴定，均为成年人骨骼，性别不详。没有随葬品。应该是被扰动破坏的墓葬。

据专家推测，这堆人骨应与祭坛的祭祀功能有关。

在祭坛附近，考古队员还发现一处大石块堆积。堆石遗迹平面呈不规则形，分布面积约有 60 平方米。堆积的都是较大型的石块，基本不见小石块，更没有发现碎石渣。经过对这一遗迹的解剖发掘发现，石块是堆积在一个天然的基岩坑内，最多堆放两层。这些堆石规格较大，多是白色石灰岩石，棱角大多磨钝，且有规整的面，有的为楔形石。石块堆积之上覆盖有一层厚约 0.2 米的较纯净的棕红色土，祭坛就建在这层土之上。考古人员推测，这些石块应与修筑上层积石冢一号和二号积石冢的石料有关。也许这是一处石料存放场，修建积石冢时因某种原因石料没有用完，被遗弃在这里。

第六章　倾听五千年前的蛐鸣

第五地点堆石遗迹

在上层积石冢一号冢的东北部，有一座灰坑，编号为第五地点第19号灰坑。该坑近方形，边长约3米。坑内有两层活动面，每层活动面上都有火烧硬面和灰烬。坑内出有现代瓷片，故推定该坑为一处现代简易房址。

坑内出土敛口罐口部残片1件，系泥质黄褐陶。方圆唇，敛口较甚，广肩。口沿下有一钻孔，为由外向内一面钻成。沿下肩部饰压印"之"字纹，纹带弧度大而齐整。陶钵口部残片1件，为泥质红陶。圆唇微外卷，长直口，口腹交接处有折棱。器片较小，无法复原口径。塔形器1件，泥质红陶。上部较薄外侈，似已近口部，微束颈，腹部加厚外鼓并有一圆孔，孔外缘突出。器表部分保留红陶衣，颈部饰黑彩宽带纹，腹部饰半月形戳印纹。彩陶器残片1件，泥质红陶。器表施红陶衣，绘黑彩宽条带纹。另外还有6件筒形器，皆为泥质红陶。

三、谁人更与除坛墠

清代诗僧成鹫《仙城寒食歌·绍武陵》诗云："左瞻右顾冢累累，万古一丘无贵贱。年年风雨暗清明，陌上行人泪如溅。寻思往事问重泉，笑折山花当九献。怅望钟山春草深，谁人更与除坛墠！"诗人环顾眼前的累累荒冢，无论冢中人生前是贵是贱，终究只能占得这一丘之土。清明前后风雨纷纷，路上行人泪如雨溅，诗人追思往事，看到钟山上生长的春草已经很高，不禁览古感怀，又有谁能够祭扫山上的坛墠呢？怅然之情流露在字里行间。

红山人是幸运的，他们建筑的坛庙冢经过时间的沉淀，成为现今人们所见的国家级重点文物保护单位；我们是幸运的，能够穿越五千年时光，借由这些建筑遗址遗群与远古的人物相见。

发掘工作告一段落后，考古专家对第五地点进行了综合分析研判。

下层积石冢建在下层遗存之上，堆积层次十分清晰。上层积石冢建筑在下层积石冢之上，两者的叠压关系非常明确。从第五地点下层积石冢看，此阶段已经见不到古人日常生活的遗迹，是专门作为墓地使用的。

第五地点积石冢的布局与结构大致包括：下层积石冢阶段，在第五地点东北和西南两个高点上，修建了两个积石冢。下层积石冢形制简单，在地表平铺一层小石块，冢内墓葬规模不大；上层积石冢阶段，在第五地点东北高点上修建了一个圆形积石冢，在西南高点上修建了一个方形（或长方形）积石冢，在两个积石冢中间，修建了一个长方形祭坛，形成了"两冢一坛"的布局。这既不同于第三地点和第十六地点的独冢，也与第二地点的群冢有所差别，为积石冢提供了一个新的组合关系。积石冢内的中心大墓圹穴宽而深，墓室砌得整齐规范。尤其是在一号冢西南侧发现了一段环沟，可与第三地点环壕相互补充，

第五地点祭坛与大型堆石遗迹的叠压关系

对研究上层积石冢的形制有重要意义。另外，在一号冢的原地表发现有大面积的经火烧烤痕迹，表明还有其他的祭祀方式。

平地燃薪祭祀，是最原始最简单的祭祀方式，古人称之为"墠祭"。《礼记·礼器》有云："至敬不坛，扫地而祭。"自然而朴素的祭祀是对神最虔诚的膜拜与崇敬。

第五地点祭器与随葬品，筒形器数量剧增，个体更大，彩陶罐仍然使用，新出现了特型祭器，而生活陶器基本不见。

下层积石冢阶段，墓葬中就表现出只随葬玉器的特点，此时玉器的数量很少，仅见玉镯。上层积石冢阶段，随葬玉器的数量和种类大大丰富。随葬玉器的数量、质地、大小等方面与墓葬的规格是相对应的。

下层遗迹和地层中出土了大量的日常生活用陶器，夹砂陶和泥质陶各占一半，筒形罐和钵是数量最多的两类器物，两者的数量大体相当，此外还有斜口器、盆、瓮、器盖等器物，但数量不多。刻画的平行短线纹是最主要的纹饰，其次是"之"字纹、戳印堆纹。彩陶纹样中以黑彩平行线纹最常见，并出现菱格纹、三角纹和单勾纹。

下层积石冢阶段出土的日常生活用陶器数量很少，而在地层和墓葬填土中出土较多。筒形罐和钵仍是生活用陶器的主要器类，新出现了鼓腹罐、束颈罐。出现了专用于祭祀的陶器——筒形器，并成为数量最多的器类。夹砂陶比例下降，约占20%，泥质陶比例大幅上升，约占80%。"之"字纹成为最主要纹饰，其次是戳印堆纹，下层遗存流行的平行短线纹比较少见。彩陶纹样有黑彩平行线纹、菱格纹、单勾纹，并出现双勾涡纹。

上层积石冢阶段出土的陶器中，陶钵数量最多，还有筒形罐、斜口器、盆、瓮等。以上器物的形制、纹饰等与下层遗存和下层积石冢阶段出土的同类器没有区别。可以说这些生活用陶器都不专属于上层

彩陶双耳罐

时期。作为专门的墓地，上层遗迹出土数量很多的祭祀陶器，均为泥质陶，以筒形器为主，并出现了塔形器。在采集的遗物中有一种镂孔盖形器，也应属于这一时期。彩陶纹样丰富，双勾涡纹最常见，还有三角折线纹、细平行线条带纹、宽条带纹、三角纹等。

在日常生活的两大类陶器中，陶钵基本无变化，下层积石冢阶段陶钵的形制与下层遗存的陶钵完全一致，只是增加了一种黑陶折腹钵。

在第五地点出土的17件玉器中，有12件明确出土于墓葬中，另外5件是在一号冢南部的扰乱层中发现的。在该扰乱层出土玉器的附近也出土少量人骨碎片，推测一号冢南部原有一座墓葬，后遭破坏，玉器随之流出并散落于附近。

与其他地点相比，第五地点的玉器有自身特点。首先是不见斜口筒形器，在其他地点，斜口筒形器是最常见的器物，而在第五地点却一件也没有出土；其次是动物形玉器所占比例较大，共有4件动物形玉器，包括2件玉龟（鳖）、1件玉蚕和1件玉蝈蝈。动物形玉器所占比例将近25%，大大高于其他地点；第三是一号冢1号墓出土的7件玉器，玉质好，形体大，加工精，成组合，在牛河梁遗址中具典型性；第四是出土于N5SCZ1南部扰乱层中的5件玉器均为白色，这种在一座墓内出土5件白色玉器的情况也是少见的。在二号冢2号墓中也出土2件白色玉镯，而第五地点一共出土7件白色玉器，所占比例高达41%，这一现象值得重视和研究。

第七章 东方金字塔埋藏的谜团

走进古国牛河梁
红山文化发现百年纪实

文化遗址凝聚着人类集体的智慧，是历史文化的积淀与沿承。其不可复制性促使考古人员在发掘过程中不断增强保护力度，在维持遗址原貌的基础上进行考证，尽可能地保证遗址遗迹的真实性和完整性。

考古工作者在用他们的专业学识发掘研究历史，也在用青春岁月书写他们的考古历史，成就自己的人生。

每一次发掘，都是一次对历史真相的探索与发现。

牛河梁遗址第十三地点和第十六地点，发掘工作一直在有条不紊地进行着。

第一节：雄哉伟哉古文明

1963年12月，国务院副总理陈毅访问埃及时游览了开罗郊外的古金字塔，并作《赞金字塔》诗："高塔巍巍数十寻，八百万方石砌成。艺术光垂数千载，雄哉伟哉古文明。"金字塔是古埃及法老的陵墓，其方锥形建筑充满了艺术的光辉，距今约有4700年的历史。

中国和埃及都是世界文明古国。中国最早的"金字塔"在哪里呢？

在中国北方大凌河畔一座名不见经传的小山上。这座长满野草看似天然山体的土丘，被当地村民称为"转山子"。

2023年草长莺飞的季节，笔者一行三人在牛河梁遗址管理处专家的带领下，踏访神交已久的"转山子"。为了保护遗址，"转山子"周围设了两米高的铁丝网。管理处专家打开铁门的锁，笔者带着探秘的好奇心走入这神秘之所。一进门，山坡下立着文物保护石碑，石碑为辽宁省人民政府立，正面镌刻"全国重点文物保护单位 牛河梁遗址第十三地点 中华人民共和国国务院1988年1月13日公布"。石碑背面是遗址介绍：牛河梁遗址第十三地点海拔高度564.8米，是牛河梁遗址规模最大的单体建筑遗址。其外形是利用梁顶地形构筑成丘的形式，夯土丘直径40米，丘外砌石，直径100米，从山岗基岩面到现存土丘顶残高7米多。

笔者从土山下仰望，感觉这座土丘就是一座自然山丘。山坡上长着松树、榆树等杂树，野草丛生。笔者登上山顶，放眼望去，女神庙保护展示馆等牛河梁遗址尽收眼底。

随行的专家告诉笔者，这座"金字塔"是1986年下半年发现的，距今已经38年。当时，辽宁省考古队在牛河梁开展考古调查，在一处独立的土丘——"转山子"丘顶，发现草丛中散落许多带有红山文化特征的"之"字纹彩陶片，还采集到冶铜坩埚片，经试掘，确定这是一处红山文化遗址。所谓坩埚，是熔化金属或其他物质的器皿。令考古队员感到费解的是，这些坩埚片出自哪个时代？是红山文化时期的吗？如果考古发掘证明带铜渣的坩埚片属于红山文化时期遗存，那将是重大的考古发现。

获得批准后，辽宁省考古队从1987年到1989年连续三年对"转山子"红山文化遗址进行了试掘。考古队先是将铺在土丘顶上的坩埚片层发掘收集。接着，将这处遗迹全部揭开，得知这处遗址东西长约100米，南北长约100米，是土石建筑。中心部分是正圆形。顶部似乎有建筑迹象，顶部中心部位散布大片被扰动的炼铜坩埚片层，层内夹少量炼渣和灰屑。土丘是用夯土筑起来的，每层夯土8—15厘米，土质为黄土、灰黑土和风基岩土各一层。而底部与山岗基岩面接触的部分，为另一种夯土，红黄色，土质纯净，每层厚约10厘米，薄厚均匀，已接近后世标准夯土的筑法。土丘中央直径约40米，残高约7米。土丘外面包一层积石，并用硅质石灰岩砌石墙，丘外包砌石范围直径

牛河梁遗址第十三地点

在60—100米之间，总面积近10000平方米。所用石料和砌法与牛河梁遗址各个积石冢均相同，只是石块规格较大。这座巨大的圆形土石建筑红山文化遗址，编号为牛河梁遗址第十三地点。

在同期考古文化中，还没有见过这样的大型建筑。它动用的土方石方，足可以以上万立方米来计算。土石并用的结构，内夯土与外砌石既是界限清晰的两部分，又相互结合为一体。尤其是直径60米的石台阶，砌成正圆形，建筑技术相当成熟，可见建造十分精心。考古专家将这处大型建筑遗址称为"金字塔"。1989年12月22日，《人民日报》第1版以《辽西发现史前巨型建筑　中外学者称其为世界性发现》为题报道了牛河梁遗址第十三地点的发掘成果。中国最早的"金字塔"在辽西牛河梁被发现的消息迅速传遍神州大地。

第七章 东方金字塔埋藏的谜团

为什么把牛河梁遗址第十三地点的"土丘"称作"金字塔"？其性质和内涵是什么？二十年前，凌源诗人迟兆勤编著的《牛河梁遗址简介》是这样介绍的：以"金字塔"称呼这座建筑，是考虑到它的结构规模有可与埃及金字塔相比较之处。金字塔是古代埃及、美洲等地的一种方锥形建筑物，是以它的形状定名；当时，文明初始，国家刚刚形成，为突出帝王一人至高无上的地位而建造。材料以石为主，规模巨大，层层叠起。古埃及角锥式金字塔形成之前，有一个由桌凳式到阶梯式的发展阶段。桌凳式金字塔距今6000年，阶梯式金字塔距今5000年。牛河梁"金字塔"的外表结构以边缘起台阶、中心部位较平整为特征，正好处于桌凳式石墓到阶梯式金字塔之间，距今5500年左右。可见，从形制结构、演变规律、所处的历史阶段看，这座巨型建筑的确具有"金字塔"的性质。其规模之巨，在中国乃至世界同一时期诸古文化中都属罕见。称它为红山文化"金字塔"，可以说名副其实。

在第十三地点南部，出土5具人骨及特异型陶筒形器片。塔形器1件，发现于第十三地点南部，个体非常大，但都是残块，不能复原。火候高，质地坚硬，表面不够光泽，有涂黑彩痕迹，内壁特别粗糙，留下多处手工按窝和抹痕。器物形状以最大的两件残块为例：一块为上腹部残件，腹面起多道阶梯状凸棱，下连束腰部分似非正圆，而有近于方形的趋势。残高14厘米，残宽14.5厘米，壁厚2厘米；另一块为下部残件，所见束腰部分较高，不见镂孔痕，也作出多道阶梯状凸棱。残高23厘米，残宽22厘米，壁厚2.8厘米。

出土一嘴一口的双小口器，只存器的上部残片。泥质红陶，外表光滑，似有陶衣，内壁粗糙，留有制作时的抹痕，半球状体。器嘴完整，有短颈，嘴沿甚小而壁厚，口与嘴紧靠，口大部残缺。器表满绘黑彩，为环绕器体的平行带状纹，口下三周带较窄，内填对称的宽斜带纹，

牛河梁遗址第十三地点

以下各周带较宽，内填三角斜线纹。嘴径 1.6 厘米，残高 9 厘米，残腹径 16 厘米。

据说，在牛河梁遗址第十三地点，出土了大量的炼红铜坩埚片，这些坩埚片外壁为草拌泥质，内壁胶结物偶有绿色铜锈痕。到底出土了多少冶炼坩埚？坩埚形制如何？《牛河梁：红山文化遗址发掘报告：1983～2003 年度》都没有作详细报告和描述，这应该是出于对考古工作科学严谨的考虑。

牛河梁遗址第十三地点"金字塔"在红山文化层之上有汉代文化层。说明在汉代这里被使用过，遗留下汉代夯土遗迹、陶片和瓦片。

1990 年，考古队发掘牛河梁遗址第十三地点石墙并作局部解剖。1991 年，继续发掘第十三地点，在中部作局部解剖。1997 年，考古队继续发掘第十三地点。

目前，对这座"金字塔"只限于表面勘查，没有进一步发掘。关于这座遗址的性质，有多种说法，有说是部落首领的陵墓，有说是祭天的坛，有说是古人炼铜的场所，或兼而有之，有待考古学者深入发掘研究。

《牛河梁：红山文化遗址发掘报告：1983～2003年度》中曾提及："（第十三地点）这处遗存的性质以及土丘上部的坩埚片的年代等都有待进一步工作确定。"

无论如何，"金字塔"和冶铜坩埚片的发现，无疑大大增加了牛河梁遗址群的价值，进一步证明了牛河梁遗址具有重大的历史研究价值。

时间不会停留，时间能解决许多问题。

美国历史学家威廉·麦克高希所著《世界文明史》称："古巴比伦、古埃及、古印度、古希腊、中国是世界上曾经存在过的五大文明发源地。"中国牛河梁的"金字塔"与埃及金字塔同样高耸在历史文化之巅。

红山文化绵延一脉，汇入中华民族源远流长的江河。

考古队在对第十三地点试掘的同时，还展开了对其他地点的考古调查和部分遗迹的清理，又发现了多处以积石冢为主的红山文化遗址点。1988年，对牛河梁遗址第十地点作了局部清理工作，得知这处积石冢在20世纪50年代初以前曾因建筑庙宇被破坏，清理出砌石墓和彩陶盖罐2件。其中一件带盖彩陶罐，为墓葬随葬品，墓葬已遭破坏。此带盖彩陶罐为泥质红陶，外表施红衣。扁圆腹，短直领，平底较大。肩部饰对称双桥状小耳。盖作覆钵状，平口，有桥状单盖钮。盖口与罐口都无子母口。盖与罐体均绘黑彩。罐体为三组带状勾连花卉纹，间以横行平行线纹，都为较细而均匀的单线；盖上花纹可分内外两圈，内圈以内弧线和四组对称的梭形黑彩形成中心的方形阳纹图案，外圈由五组对弧线三角黑彩扩出五组梭形阳纹图案。带盖彩陶罐通高27厘米，口径13.5厘米，盖径17.5厘米。

1988年，考古队员在哈海沟发现了积石冢和砌石建筑，编号为牛河梁遗址第十四地点、第十五地点。考古队员对第十四地点进行了试掘，揭露出砌石基址，也采集到零星炼铜坩埚片。另外，在牛河梁遗址第九地点出土了折肩筒形陶器。

考古队员还在牛河梁遗址第六地点以南约500米处采集到陶塔形器残件，为塔形器腹部和束腰部残件，泥质红陶。腹外鼓，近底内收，出较宽的裙边，腹满涂黑彩，彩大部脱落，饰压窝纹，由左向右按压。腹下束腰呈内弧收进，保留束腰上部一段及上下段束腰间的一周凸棱，四个对称镂孔，孔近倒梯形，镂孔的孔底边平，镂孔的孔顶边及两侧边内弧。凸棱上饰小圆饼，上并涂黑彩。凸棱以下残缺，残断处可见束腰下段镂孔较上段为宽，且不起弧边。残高19.6厘米，裙边直径27厘米，壁厚0.8—1.1厘米。

第二节：牛河梁——实证中华五千年文明史的圣地

数千载岁月埋藏在田野封土之下，散落的陶器石器在风雨中拼接着远古的记忆，考古人员在时间的尘埃中搜寻文明的碎片，研究人员在地层与一页页古籍中翻检历史的痕迹，中华文明起源之谜一步步被解锁、被揭开。

2023年12月9日，"中华文明探源工程"发布会在北京举行，对最新进展成果进行了发布。发布会权威宣布：从距今约5800年开始，中华大地上各个区域相继出现较为明显的社会分化，进入了文明起源的加速阶段，可将距今约5800年至3500年划分为古国时代和王朝时代，其中古国时代可进一步细分为三个阶段。在古国时代的第一阶段，距今5800—5200年，以西辽河流域的牛河梁遗址为代表。文明之源，一锤定音。

一、城子山之谜

50多年前，在凌源县凌北乡三官甸子大队河下村的西山坡附近隐约有几道石墙，仿佛是一座古代山城废墟，当地人称之为"城子山"。社员们在耕地时，偶尔会发现类似盆碗碎片的红色陶片，年轻人把这些彩绘有图案的陶片拿给家里老人看，80多岁的老人直摇头，说咱们周边老辈人过去用瓦盆、陶罐，但没见过这种带"画儿"的物件。久而久之，各种传说不胫而走。城子山之谜，直到多年后的一次文物普查，才被众人揭开。

1979年6月，辽宁省文物普查工作在朝阳市全面展开。普查队员在凌源三官甸子大队河下村的西山坡发现了城子山遗址，通过对遗址局部进行试掘，确定此遗址包括了红山文化和夏家店下层文化两个时期的文化遗址，当时专家将其定名为"凌源县三官甸子城子山遗址"，该遗址为现今牛河梁遗址第十六地点。

夏家店文化是中国北方地区的青铜器时代文化。因最初发现于内蒙古自治区赤峰市夏家店村境内的遗址而得名，其文化内涵主要包括夏家店下层文化和夏家店上层文化。

辽宁省朝阳地区典型的夏家店下层文化遗址有北票市康家屯城址、建平县五连城遗址、凌源市盖子山遗址等。其中康家屯城址于1998年被评为"全国十大考古新发现"之一。中国社会科学院考古研究所研究员刘国祥认为："夏家店下层文化是西辽河流域继红山文化之后的第二个高峰期。"康家屯城址出土的石磬属于国宝级文物，它是辽西地区进入高级文明社会的重要标志。

牛河梁遗址第十六地点，南北长104米，东西宽76米，面积总计7904平方米。高出附近河汤沟、窑沟两个村落约60米，高出现代河床约150米。遗址中心区海拔高度为555.5米。遗址东北距建平县城23公里，西南距凌源市区7公里。国道101线、锦承铁路在遗址的东侧通过，铁朝高速公路在牛河梁红山文化遗址群保护区外的东南穿过。

遗址西南约3000米坡下为大凌河西支河谷。丰水季节，大凌河西支清澈的河水或潺湲或湍急，一路低吟欢歌，汇入大凌河干流，带着浓郁的文化气息与历史信息奔向大海。

遗址丘陵台地被开辟成农田，主要种植玉米、谷子、大豆、高粱这些辽西特产谷物。山坡地栽种大面积的人工油松林，村落散布在山谷之间。周围荆棘环绕，山枣丛生，自然植被与生态环境良好。数千年来，古人在这里生息繁衍，祭祀天地人神，创造了重要的红山文化，形成了中华文明的重要一脉。

站在第十六地点遗址向南远眺，东南有一地质构造形成的单斜山——木兰山，在喀左县方向形成陡崖，在凌源市方向形成猪背岭，主峰东、西两侧双峰耸立，形似猪耳，中间形似猪首，因此，此山也称"猪首山"。观猪首山，自然会让人联想到著名的红山玉器——玉猪龙。这是大自然与人类文明的契合。

牛河梁遗址第十六地点全景

远望山岗上的第十六地点

二、双遗址密码

2002年夏天,国家文物局批准了辽宁省文物考古研究所关于对牛河梁遗址第十六地点考古发掘的申请。考古队进驻牛河梁,开始对第十六地点进行正式考古发掘。

2002年5月27日,小满节气后的第六天,发掘工作在牛河梁有序展开。工作队员在遗址中心区域布设56个探方,发掘面积达1400平方米。8月22日,发现1号墓及其上部积石堆积,在1号墓内出土随葬玉器5件;9月16日至22日,在积石冢一号冢的中心部位,发现大墓4号墓,出土红山文化玉人与玉凤,并确认79M1—79M3三座墓葬同属这个积石冢。与此同时,还搞清了冢内墓葬营建的早晚顺序。10月13日,工作人员对遗址发掘现场进行第一次热气球拍摄。

10月26日,辽西即将进入寒冷的冬季,已经不适合野外发掘,这一年度的发掘工作暂告结束。考古队员像候鸟一样，离开考古现场，回到沈阳的研究室进行研究工作。

此次对牛河梁遗址第十六地点的发掘，发现了夏家店下层文化堆积叠压在红山文化堆积之上的地层关系。红山文化堆积自上而下又可分为三部分：上层积石冢阶段堆积、下层积石冢阶段堆积、竖穴土坑墓葬。夏家店下层文化遗存以生活居址的形式出现，共计发现房址8座、灰坑75个、窖穴3个、灰沟4条、石砬墙2段。红山文化遗址发现有3座墓葬和1座积石冢。竖穴土坑墓葬2号墓于79T5探方内发现，叠压在下层积石冢阶段相关堆积之下，是这个地点红山文化最早的一组遗存，这一发现出乎考古队员意料。此前，考古工作者在牛河梁遗址第五地点曾发现下层遗存（灰坑）、下层积石冢、上层积石冢三层地层文化堆积，代表牛河梁红山文化的三个发展阶段。此次发掘出的竖穴土坑墓葬，与第五地点下层遗存属于同时期；第五地点遗存是灰坑，而第十六地点则是墓葬，这是一个新的发现。

7个月后，正值大地铺满绿意、麦穗籽粒刚刚饱满的小满时节，第十六地点的发掘工作再次启动。

2003年5月28日，新一年度的发掘工作正式开始，此次发掘新开探方15个。考古是一种沉浸式工作，容易使人忘我。无论是从事田野发掘工作三十多年的老队员，还是刚入行的新队员，每个人工作起来都精益求精，一丝不苟。考古队员没有休息日，只要不下雨，就天天忙碌在发掘现场。而辽西，正是少雨地区，这对发掘工作非常有利。考古队员埋头一干，就是三个多月，从初夏到了初秋。

2003年9月1日至5日，考古队员陆续发掘第十六地点9号墓、10号墓、11号墓。

牛河梁遗址具有较高知名度，新的考古项目吸引了社会广泛关注，

《辽沈晚报》采编人员从省城专程来到凌源与建平交界的牛河梁，对发掘工作进行现场采访、直播。

2003年9月28日，考古队对第十六地点遗址发掘现场进行第二次热气球拍摄，以保留遗址现场原始资料。

2003年10月23日至11月2日，考古人员在一号积石冢南区发现并发掘12号墓、13号墓、14号墓和15号墓。4座墓葬排列有序，其中14号墓位居中心部位，出土了以玉龙为代表的精美红山文化玉器。

2003年11月9日，第十六地点发掘工作宣告结束。此次发掘，发现夏家店下层文化灰坑21个，灰沟3条；发现红山文化竖穴土坑墓葬2座，下层积石冢阶段灰坑1个，一号冢下所压墓葬1座，及相关灰坑2个，一号冢下压10号墓、11号墓两座墓葬及其墓上积石堆积，一号冢墓葬4座。其中夏家店下层文化6号、7号灰沟具有环壕性质，且两环壕打破夏家店下层文化西砭墙，说明夏家店下层文化时期的生活居址经历了两次扩建过程。

朱达、陈利、张春坤、杜志刚、王晓磊、胡国富等考古工作者参加了2002—2003年两个年度的发掘工作。第十六地点两次发掘面积共计1738平方米。发掘出土红山文化积石冢1座、墓葬12座，取得了丰硕的发掘成果。

牛河梁遗址第十六地点的圆满发掘，红山文化积石冢墓葬的重要发现以及所取得的重要学术成果，使得牛河梁遗址第十六地点被国家文物局评为2003年度"全国十大考古新发现"之一。

三、神秘墓中人

牛河梁遗址第十六地点有红山文化时期3座竖穴土坑墓葬遗存，它们集中分布在发掘区的西南部，沿东北—西南向呈一斜直线排列。

墓葬叠压在四层下，在经过平整的基岩生土上挖穴建成，其中8号墓被红山文化97号灰坑打破。

墓葬均为长方形竖穴土坑式。斜壁，平底，无葬具。墓圹开口面见火烧痕。墓圹长2.05—2.38米，宽0.6—0.78米，深0.4—0.58米。打破基岩层，墓内填土为原土回填，其中含开凿墓穴和整合墓圹周围所产生的片麻岩碎石块及少量烧土。墓向均为东南向，葬式均为单人仰身直肢葬，无随葬品。

第十六地点2号墓位于T0807和T0907之间。墓口叠压在四层下，打破生土和基岩。墓口距地表1.05米，距墓底0.4米。墓圹为长方形竖穴土坑，墓口长2.1米，宽0.51—0.6米；墓底长1.9米，宽0.4—0.5米；斜壁下收，平底。无葬具。圹内填土为黄褐土，内含有较小的碎石块、烧土和木炭，土质坚硬。墓室内葬一男性，年龄40岁左右。墓内无随葬品。在填土内出土夹砂褐陶素面筒形罐残片，为一个个体，破碎严重，已经无法复原。

第十六地点7号墓位于T0909的东南角，西南距8号墓约3.2米。墓口叠压在四层下，长2.05米、宽0.5—0.6米，无葬具。圹内填土内夹杂少量红烧土块和碎石。墓室内葬一45岁左右的女性。墓内无随葬品。

第十六地点8号墓位于T0908中部。墓口叠压在四层下，被红山文化97号灰坑打破。墓口距地表1.02米，距墓底0.58米。墓圹为长方形竖穴土坑，长2.38米，宽0.6—0.78米，无葬具。圹内填土内夹杂少量红烧土块和碎石块。墓内埋葬一人，性别不详。骨骼仅存左臂尺骨、脚骨及头骨碎片。墓室内没有随葬品。

这3座墓葬的二男一女墓主生前是什么样子？他们是以怎样的身份进入牛河梁这神圣的祭祀墓葬区的？这几位神秘的红山先民正值壮年，

他们因何而死？为什么连一件随葬品都没有？这些骨骸藏着五千多年前人类诸多信息密码，虽然我们目前还无从知晓，但相信随着科技的进一步发展、研究的深入，终将揭开他们神秘的面纱。

通过对第十六地点的发掘，可见红山文化时期的先民们曾在城子山顶活动过一个时期。而夏家店下层遗址出土的诸多遗迹遗物，反映出青铜时代的居民们也曾来到这里生活，由此形成了今天我们所见的"双文化"遗址现象。

2002年，牛河梁遗址第十六地点开始正式发掘之时，"中华文明探源工程"项目启动；2003年，牛河梁遗址第十六地点发掘工作结束。巧合的是，二十年后的2023年，"中华文明探源工程"最新成果公布。截至2023年，"中华文明探源工程"已经走过了20多个春秋。专家学者们对中华大地上文明的演进过程有了整体性的概括：距今万年奠基，八千年起源，六千年加速，五千多年进入文明社会，四千三百年中原崛起，四千年王朝建立，三千年王权巩固，两千两百年统一多民族国家形成。在这个时间轴里，牛河梁遗址在进入文明社会中占据着标志性的位置。国家文物局此次公布的研究成果，不仅再一次明确了牛河梁遗址的重要价值，更确定了牛河梁遗址作为古国时代第一阶段代表的重要地位，可谓意义非凡。牛河梁遗址成为"中华文明探源工程"求证五千多年文明史的核心遗址之一。

是啊，知所从来，思所将往，方明所去。

第三节：文明发端地，古国牛河梁

随着"中华文明探源工程"最新成果的发布，一石激起千层浪，在辽宁省乃至全国再次掀起红山文化热。

2023 年 12 月 13 日，主题为"文明发端地 古国牛河梁"的牛河梁红山文化论坛在朝阳市隆重开幕。以牛河梁遗址为代表，其确凿而丰富的考古资料证明，早在五千年前，社会形态就已经发展到原始文明的古国阶段。这一重要结论，进一步明确了牛河梁遗址的历史价值，进一步奠定了红山文化在中华文明起源进程中的直根系地位。

一、黑陶壶中的日月

考古人员在牛河梁遗址第十六地点下层积石冢遗存发掘的过程中，发现第四层出土遗物全部为陶器，陶片基本都是破碎的，完整器极少。其中泥质红陶占绝大多数，可辨器形有罐、盆、钵、杯等，还见有少量筒形器等残片。

在下层积石冢相关遗存的第四层，考古人员发现一件泥质黑陶小壶。这把泥质黑陶小壶小巧玲珑，制作精细。器形小，器壁薄，腹部尤薄。器表上部饰附加窄泥条，其上饰斜向压划纹，呈绳索状，下部为竖压横带"之"字纹，施纹极细且比较规整，纹幅较小。这件小壶肩腹部残片残高 3.5 厘米，壁厚 0.4 厘米。这是五千年前红山先民的盛酒之器还是沏茶之器？抑或就是一个普通的小水壶。

明代沈璟诗云："醉里乾坤大，壶中日月长。百年浑是醉，三万六千场。"黑陶小壶，沉淀了五千载日辉月光，如酒之醇、茶之浓，闻一闻，不饮亦醉。

除了黑陶小壶，还出土了1件手制泥质三足杯。三足杯器形较小，高2.65厘米，壁厚0.6厘米。

泥质黑陶小壶肩腹部残片

出土瓮2件。其中一件器表施红陶衣，敛口，厚圆唇，广肩，下残。残断处似器耳根部。口径30厘米，残高6厘米，壁厚0.8厘米。另一件是器耳部分。竖桥耳，上端宽，下端窄，耳侧边削平又经磨光处理。器表施红陶衣，饰黑彩，色彩漫漶不清。耳长5.5厘米，上宽3.3厘米，壁厚0.9厘米。瓮是一种小口大腹的陶制盛器。

出土的筒形器均为器物残片，不见完整器。其中腹部残片占绝大多数，其次为口部残片，底部残片最少。从残存的44件口部残片中可以分辨出24个个体。也就是说，是24个筒形器。

二、三足杯里的企望

"花间一壶酒,独酌无相亲。举杯邀明月,对影成三人。"古人以杯盛酒,用杯饮水,"杯"这种器皿联结着人类浓郁的生活气息。

第十六地点探方第三层出土遗物均为陶器,陶片较破碎,完整器很少。泥质红陶占绝大多数,可辨器形有罐、盆、钵、筒形器等,其中陶筒形器占大部分。出土斜领罐11件,敛口折肩盆28件,器表均施红陶衣。

考古队员还采集到一件三足杯。这个手制泥质红陶杯,高2.5厘米。有关它的用途,有人猜测是煮茶或者煲汤的器具,专家认为是祭祀用的小供器。遥远的五千年前的一个白天或夜晚,红山先民用三足

泥质红陶三足杯

杯斟满酒，跪拜在苍穹下，虔诚祭拜天地神灵，供奉祖先，祈求生活富足与幸福。那杯中酒早已挥发殆尽，留下的，是杯上的指纹、杯中的时间，还有凝聚的日月精华。

三、蜗牛的慢时光

牛河梁遗址第十六地点97号灰坑，位于T0908探方的中部。坑口距地表1—1.04米，坑深0.4米。平面呈不规则圆形，坑口直径1.14米，坑底直径0.8米。西南直壁，东北弧壁，口大底小，平底略弧。坑内堆积土呈灰褐色，内含少量烧灰与烧土块。考古人员在此发掘出斜领罐、筒形罐、盆、筒形器口沿残片等文物。

出土的1件筒形罐，系夹细砂红褐陶，表面陶色不匀。直口微敛，圆唇，深腹，腹壁略弧，下腹残。器表饰竖压横带"之"字纹，"之"字纹中间浅，两端深。在腹外壁中部见一附加短泥条式横錾，其上压印指甲纹。口径20厘米，残高14厘米，壁厚0.7厘米。

出土斜领罐4件。其中一件器表施红陶衣，圆唇，斜直领，削肩，腹部残。口径16.2厘米，残高7.6厘米，壁厚1.2厘米。

出土1件直口折腹盆，器表施红陶衣，残存口腹结合部，可见处为折腹。腹外壁折线处见黑彩，色彩模糊不清。残高4.9厘米，壁厚0.7厘米。

出土筒形器口沿4片，可分辨为3个个体。其中一件器表施红陶衣。口微敛，口外贴泥出沿，平沿，尖唇，沿面上见缝隙痕，下残。残高4厘米，壁厚0.7厘米。另一件外表显灰色，内壁淡红，似经火烧形成，器表磨光。口微敛，平沿外折，沿面微内凹，尖圆唇，下残。口径18厘米，残高3.6厘米，壁厚1厘米。

最让考古队员惊喜的是，发现了一处红山文化房址，这处房址是红

筒形罐

山文化时期常见的半地穴式，室内地面比较平整，四面墙基是用片麻岩和麻粒岩石块砌筑，平面形状呈圆角方形，房址中未发现任何遗物。

这处房址，是红山先民日常居住址还是祭祀的场所？生活所居总得遗留一点儿日常陶器。祭祀场所应该有祭祀物，包括女神塑像、陶器等。空空如也的房屋，成为一个难解的谜，让后人苦苦猜想。也许只有那一处被火烧过的地面，成为解锁远古秘密的钥匙。

在第十六地点97号灰坑中，出土少量小型动物骨骼以及蜗牛壳残骸。蜗牛是世界上古老的动物之一，它背负坚硬的壳，走过了数亿年时光。蜗牛属柄眼目蜗牛科，目前已知全世界有25000多种。蜗牛因其爬行时头部有两个像牛角样的触角，故得此名。

蜗牛有许多别名，"篆愁君"就是其中之一。蜗牛爬行时黏液在墙上留下痕迹，形似篆文，古人称之为"蜗篆"。蜗牛因此获得了"篆愁君"的美称。那或浓或淡的愁绪，那一丝丝淡淡的忧伤，如篆书般愁肠百转，似甲骨文般难以探究。

北宋词人毛滂《玉楼春》词曰："泥银四壁盘蜗篆，明月一庭秋满院。"苏轼《蜗牛》诗云："腥涎不满壳，聊足以自濡。升高不知回，竟作粘壁枯。"蜗牛在各种文化中的象征意义也不尽相同，在中国，蜗牛象征缓慢、落后；在西欧，蜗牛则寓意顽强、坚韧。

在快节奏的时代，体验慢生活，享受慢时光，是一种新的生活方式。这也是古人的一种生活方式。

四、蚌的水木年华

牛河梁遗址第十六地点9号墓，开口面覆土为棕黄色土，表面经平整，有火烧痕。在墓葬开口面上发现少量陶器残片，均较破碎，不见完整器，泥质红陶占绝大多数，可辨器形有筒形罐、塔形器和斜领罐等。

出土的筒形罐系夹砂灰褐陶，直口稍内敛，起沿不显，方圆唇，下残。口径43.6厘米，残高8.2厘米，壁厚1.35厘米。出土斜领罐口沿残片1片，器表施红陶衣。出土直口折腹盆1件。直口微敛，圆唇，折腹，起圆折棱，下残。颈部饰六道凹弦纹。口径38厘米，残高5.2厘米，壁厚1厘米。出土敛口折肩盆1件，器表施红陶衣，敛口，尖圆唇，折肩，以下残。肩部饰凹弦纹。口径38.4厘米，残高6.4厘米，壁厚1厘米。出土塔形器腹部残片1片。夹砂红陶，上饰竖压横带"之"字纹。

9号墓为长方形竖穴土坑墓，不见石质葬具。墓口距地表0.45米，墓深0.38米。墓圹口长2.23米，西宽0.98米，东宽0.82米，中宽

1.1米；圹底长2.08米，西宽0.86米，东宽0.7米。发现人骨一具，位于墓底铺垫土上，骨骼不完整，保存状况极差。自西向东可辨有腿骨、盆骨、脊椎骨、上肢骨、下颌骨、肋骨、趾骨等。经鉴定为50—55岁的老年男性，系二次葬。

在9号墓墓室中发现1件A型陶筒形器，器表施红陶衣。鼓腹，底口内收，有底沿，底沿外撇，沿面内凹，外壁显腹与底接茬痕，并于器表处形成一道抹压浅沟。底径24厘米，残高23.4厘米。陶片经拼对复原成下腹与底口部分。墓内不见其他遗物。

考古人员在第十六地点98号灰坑的发现远远大于9号墓的收获。灰坑中出土少量陶片，陶片较破碎，不见完整器，泥质红陶占多数，可辨器形有筒形罐、碗、斜口器、盆、盘和彩陶罐，还出土有筒形器、塔形器等残片。在仔细发掘中，考古队员还发现兽骨8片、蚌壳碎片8片。

蚌是一种水生软体动物，生活在河流、池塘里。蚌大部分能在体内自然形成珍珠，肉鲜嫩可食。"凿石索玉，剖蚌求珠。"远古还没流行珍珠，这些蚌壳估计是红山先民食用蚌肉后遗弃在生活类灰坑里的。2023年8月，考古发掘工作人员曾在内蒙古赤峰市彩陶坡遗址发掘出一件红山文化早期的龙形蚌饰，此龙形蚌饰出土于一座房址的西南角，是目前红山文化考古发现中出土的唯一一件舒展开的龙的形象，既丰富了红山文化龙的形象，也扩展了学术界对红山文化龙的认知。

第十六地点98号灰坑出土筒形罐3件。其中一件残存腹、底部，夹砂褐陶，内外壁均见灰垢。手制，壁包底，底为小平底，底与器壁交接处内弧，外稍显棱边。底径7厘米，残高1.6厘米，壁厚0.7厘米。

出土斜口器1件，系残存口沿部分。夹粗砂黑褐陶，外表粗糙。斜直口，圆唇。器表饰压印纹，不甚清晰，似竖压横带的"之"字纹。

筒形器

残高 4 厘米，壁厚 1 厘米。

出土陶碗 1 件。系泥质红陶，素面压光，器表大部经火烧呈灰色，制作规整。敞口，圆唇，深腹，下部残。口径 16 厘米，残高 3.5 厘米，壁厚 0.45 厘米。

出土直口折腹盆 1 件。器表施红陶衣，直口，圆唇，折腹，下残。颈部饰四道抹压凹弦纹，纹道较宽。口径 20 厘米，残高 7.6 厘米，壁厚 1 厘米。

出土彩陶盘 1 件。敞口，圆唇，下残。内、外壁均绘平行窄带纹黑彩，内壁可见两道，唇沿一道略宽，外壁唇下可见一道。残高 4 厘米，壁厚 0.6 厘米。

出土的筒形器均为 B 型筒形器残片，不见完整器。出土塔形器 1 件，系腹部残片。器表遍饰指甲压印纹，印纹深而密集，上施红陶衣。残高 7 厘米，壁厚 1 厘米。

第十六地点 99 号灰坑，出土少量陶片，陶片较破碎，不见完整器，泥质红陶占多数，可辨器形有筒形罐、斜领罐、盆、盘和彩陶罐，还见有 B 型筒形器口沿残片 1 件。另外还出土有兽骨 2 片，兽牙 10 颗。

出土的 3 件筒形罐，其中一件为夹细砂褐陶，器里黑色，内外壁经抹压处理。直口内敛，圆唇，下残。口下见对钻单孔，以由内向外钻为主。器表饰竖压横带"之"字纹。残高 2.25 厘米，壁厚 0.75 厘米。

出土的 1 件斜领罐，器表施红陶衣，圆唇，斜领近直，广肩，下残。领部有轮旋痕，内壁遗留较多制作时的抹痕和泥斑，显粗糙。口径 14 厘米，残高 5 厘米，壁厚 1.2 厘米。

出土的 1 件直口折腹盆，仅存口沿，器表施红陶衣。直口微敛，厚圆唇，下残。沿面及颈部饰凹弦纹。残高 5.5 厘米，壁厚 1.3 厘米。

出土彩陶盘 1 件，内、外壁施暗红色陶衣，内壁尤平整而光滑。

敞口，圆唇，稍出沿，下残。有内彩，为三道平行窄线纹黑彩。口径36厘米，残高4.4厘米，壁厚0.7厘米。

出土彩陶罐腹部残片1件。器表施暗红色陶衣，其上饰直线几何纹黑彩，线条构图图案类似对角三角纹。残高5.4厘米，壁厚0.6厘米。

出土筒形器1件，属B型，系口部残件。器表施红陶衣，口微敛，沿稍外卷，圆唇，唇内侧有明显的刮压凹沟，唇缘下垂，颈饰凹弦纹，下残。口径24厘米，残高3.2厘米，壁厚0.8厘米。

深夜醒来，朦胧中突然想起与蜗牛的一次邂逅。那是雨后的傍晚，笔者在废弃的铁路散步。枕木上密密麻麻爬满了蜗牛。笔者略微了解一点蜗牛的习性，它们是在寻找食物和水源，雨后的湿润环境为蜗牛提供了良好的生存条件。蜗牛需要的水分不仅用于保持身体湿度，也帮助它们在土壤中挖掘以获得食物。水泥枕木含有矿物质，蜗牛在上面补充所需的碳酸钙，这是形成其硬壳所必需的物质。笔者躬身观察这些蜗牛许久，它们仍然不给笔者让路，笔者只好跳下生锈的铁轨，走上路基旁的柏油路。

之所以似梦非梦地想起蜗牛，也许是因为白天写到了牛河梁遗址第十六地点出现的遗物——蜗牛壳。笔者更愿意把这看成是一种启示，从此，笔者会数蚂蚁上树，看蜗牛爬行，会重新打量这个世界，仔细品味日常生活，做一个简单快乐的人，做一个善良的富有童心与爱心的人。对于普通生命而言，细微比宏大重要得多，今天比明天重要得多。昨天呢？如左丘明所言，历史乃"木水之有本原"。

如梦初醒的，有古国之人，也有当代之人。

第四节：中华文明的精神图谱

初夏的北京，天气已经热了。2024 年 5 月 14 日，笔者排着长长的队等待安检，去参观中国国家博物馆。被热情的太阳抚慰，头上出了一层汗。终于走进国家博物馆，仿佛从酷暑掉进深秋，浑身瞬间清爽起来。博物馆里人头攒动，但很安静，也很清凉。由于时间关系，笔者主要参观了新石器时代的展览。这一部分，许多内容与笔者生活的城市——朝阳市息息相关。在国家博物馆显要位置陈列着出土于辽宁朝阳牛河梁的玦形龙、出土于内蒙古赤峰市敖汉旗兴隆洼遗址的玉玦。该玉玦图注说明为："兴隆洼文化是分布于内蒙古东南及辽宁西部的新石器时代文化。"在"古代中国"基本陈列"中国新石器时代的文明化进程"部分，展台上的筒形彩陶器泛着远古的光泽，下面清晰地标注着"1988 年辽宁凌源牛河梁出土"的字样。接下来的展品更是让笔者欣喜不已：在灯光柔和的展窗里，喀左县东山嘴遗址出土的孕妇陶塑像格外引人注目。在"原始信仰与原始艺术的发展"部分，展出有辽宁凌源牛河梁红山文化女神庙遗址和泥塑女神头像图片，下面的图注说明是："女神庙由多室和单室建筑构成，遗址内出土了建筑构件、泥塑像和陶质祭器等遗物。""玉出东方"专题展，还展出了红山文化玉蝉、双联璧、玉环、玉璧等精美玉器。沉浸式浏览、观展，与珍贵的文物"亲密接触"，一天的参观时间在不知不觉中过去了，笔者觉得真是意犹未尽。在历史的长廊流连，在时光的隧道折返，用双眸浏览那一件件珍贵的文物，用心体悟那文物背后的历史与文化，不仅可以读出古人的思想，或许还能感受到祖先的智慧。

中国国家博物馆展出的牛河梁遗址出土的玉猪龙

一、西侧墓葬之遗存

考古人的手铲下，是历史的点点滴滴，是祖先的人生百态，是人类的信息密码。

牛河梁遗址第十六地点西侧墓葬遗存，位于发掘区的西部。这里是第十六地点主梁顶的偏西部位，地势较主梁顶略低，同时又略高于其东、西两侧，海拔高度在 555.0—555.5 米之间。积石堆积的东半部被一号积石冢西界墙墙基砌石和积石层所叠压，西半部被一号积石冢西墙外倒塌堆积所叠压，最西部被夏家店下层文化 7 号灰沟打破。积石石块以硅质石灰岩和白云质石灰岩为主，也有少量本地点山体所固有的片麻岩石块和麻粒岩石块，石块规格较小。积石石块分布范围南北长 17.6 米，东西宽 8.8 米。发现墓葬共 3 座，编号分别为第十六地点 1 号墓、10 号墓、11 号墓。三座墓葬均为竖穴土圹封石砌石室墓。墓圹均开口在经过修整的黄褐土面上，开口面见烧烤痕，打破生土基岩。墓圹平面呈长方形，圹口上大下小，转角略呈圆角，视下部岩性的不同，深浅不一；斜壁，土底；圹底砌筑墓室。墓室在墓圹中的情形分两种：一种是墓圹较浅，石板贴圹壁立置，高与圹口平，墓室口（与圹口）用石板封盖，再在其上及周边用石块封顶，所谓满砌石室墓，如 1 号墓；另一种情形是墓圹较深，在圹底起建墓室，墓室高度大约相当于圹壁深度的一半，墓室口石板封盖，再用石块和挖圹穴的原土将墓圹上半部填满，最后在圹口四周及其上用石块封顶，所谓半砌石室墓，如 10 号墓、11 号墓。墓室砌筑得均比较简陋，石板、石块立置而成，以石板为主，通常砌在地势较高的长壁上，以防止壁土在上部封石的重力作用下坍塌落入墓穴，短壁或砌石、或直接利用生土基岩作壁。墓室均有盖板，无底板，以生土为底。墓室内均置放单人，仰身直肢，头

中国国家博物馆展览的牛河梁女神庙及红山女神图片

向西南，脚向东北，骨骼保存较差。墓向均为西南。墓室内随葬玉器1—5件不等，个别玉器被扰移至墓室外。墓上封石较薄，范围也不甚明确，以墓葬开口面上部为准，在墓葬封石层内普遍见有筒形器等陶器碎片。此外，在墓圹填土内也见有陶筒形器等残片。

二、中年墓主的哀荣

　　这是一个看似极其普通的墓葬，不是中心墓，也不算大墓，在牛河梁遗址千百座墓葬中，这样平常而简陋的墓葬，几乎可以忽略。然而，奇迹偶尔也会降临于普通之所。

　　2002年8月22日，这是一次常规发掘，考古队员按部就班地忙碌在发掘现场。所发掘的第十六地点1号墓，位于T0912探方东部。

　　考古队员对墓葬表层进行了仔细清理，揭开墓室发现，墓室内埋葬一30—35岁的男性，骨骼保存较完整。

　　让考古队员没想到的是：这一普通墓葬中，竟随葬了5件玉器。其中有1件玉璧、1件双联玉璧和1件三联玉璧，还有2件玉环。这些玉器均通体抛光，制作精良。

玉璧出土在人骨下颌骨左侧。玉璧为淡绿色。直径5.09—5.2厘米，孔径2.19—2.4厘米，厚0.32厘米。

双联璧出土在人骨下颌骨右侧。双联璧为绿色，有一道裂纹，磨光，略有光泽。长9.1厘米，宽5.6厘米，上孔孔径1.3厘米，下孔孔径2厘米，厚0.4厘米。

三联璧出土在墓主人胸部右侧肋骨上。三联璧为青绿色。长9.43厘米，宽4.83厘米，上孔孔径1.1厘米，中孔孔径1.4厘米，下孔孔径1.7厘米，厚0.6厘米。

在人骨右侧盆骨外侧出土玉环2件，交互叠压在一起，应为一对。皆为青绿色。

第十六地点1号墓封石层位于墓葬上部，被扰动，范围不十分明确。出土陶器有筒形器和少量扁钵式筒形器，后者陶片较破碎。此外，在1号墓墓室淤土内也出土少量筒形器陶片，系墓葬封石层

三联璧

内遗物由墓室盖板塌陷落入墓室所致。

按照红山先民的基本墓葬形制，一个人能随葬 5 件玉器，说明这个人一定不是普通人，能享受如此高规格哀荣的墓主，他要么是族群首领，要么是位高权重的神职人员，或是被崇拜的守护族群拓展领地的英雄。

一个略显简陋的墓室，埋藏着几近奢华的随葬品；一个三十多岁的中年人，或者说青年人，将生命定格在五千多年前的某一天。穿越千年，古人来到我们身边，透过时间的漫漫烟尘，他想和我们说些什么呢？

三、提前谢幕的墓主

第十六地点 10 号墓的墓主比 1 号墓墓主更年轻。

10 号墓位于 T0811 探方东南部。墓圹为长方形竖穴土坑，圹口长 2.52 米，宽 0.85—0.91 米，中部最大宽度为 1.1 米。墓室内埋葬一人，保存极差，骨骼仅见 2 块腿骨、1 块椎骨、1 颗牙齿。墓主人年龄在 20—30 岁之间，性别不详。虽然古人平均寿命较短，但 20 多岁就死去，可谓英年早逝。

随着考古队员手铲与板刷的不断工作，在墓圹的东北角，一件玉器出现在人们的视线中。这是一件黄绿色斜口筒形器，斜口朝上。斜口筒形器通体抛光。一端作斜口，腹壁外敞，另一端作平口。斜口及平口端磨平，斜口略显薄，内壁有桯钻掏孔痕和线切割痕。近底部长径两侧由外向内各钻一孔。通高 5.6 厘米，斜口长径 4.2 厘米，短径 2.7 厘米，平口长径 3.3 厘米，短径 2.75 厘米，厚 0.32 厘米。

考古人员继续细致搜寻，在墓圹石室东壁中部石缝中发现一件玉环。玉环直径 6.3 厘米，孔径 5.4 厘米，厚 0.4 厘米。淡绿色，通体抛光。

这位随葬筒形器和玉环的墓主人，是标准的青年人，他是因为疾病而亡，还是与外族争斗而殇？

带着疑问，考古队员开始发掘第十六地点 11 号墓。此墓葬开口在经过烧烤的基岩面上。墓室内埋葬一成年男性，骨骼保存非常差。

因遭到夏家店下层文化灰沟扰动破坏，11 号墓残破混乱，对能否有随葬品考古队员没抱任何幻想。出于职业习惯和专业精神，考古队员还是仔细搜寻，不放过墓室内外任何一点。功夫不负有心人，考古队员在墓室外距圹口西南角西约 1.3 米的墓葬开口面上发现一件玉璧。玉璧淡绿色，通体抛光，有小块黑斑及似皮壳的白色斑，显原玉料岩面痕。玉璧比较有光滑。

紧接着，在距墓圹东壁中部东约 0.5 米的墓葬开口面上，又发现 1 件玉系璧。玉系璧直径 3.41 厘米，孔径 1.44 厘米，厚 0.3—0.38 厘米。玉璧是一种古代用来祭天的玉器。《周礼》中记载："以玉作六

玉系璧

器,以礼天地四方,以苍璧礼天,以黄琮礼地,以青圭礼东方,以赤璋礼南方,以白琥礼西方,以元璜礼北方。"

古人认为"天圆地方",所以用来祭天的玉璧也是圆的,它是一个圆形的玉片,中间有一个圆形的孔。"圆"代表了古人对天地自然的敬畏之心,将这种感情赋予玉璧之上,希望能通过玉璧与上天实现沟通。

古文献中,玉璧又有系璧与羡璧之分。《说文解字》中阐释:"玤,石之次玉者,以为系璧。"段玉裁注曰:"系璧,盖为小璧,系带间,悬左右佩物也。"也就是说,系璧较小,常用作配饰,系于腰部,是身份地位的象征。

11号墓葬出土的玉璧与系璧原来置于墓主身体何处,成为一个永远的谜。

四、玉鳖一眠越千载

考古发掘是对人的持久性的考验,也是对耐心的考验,更是对经验与智慧的考验。

在牛河梁遗址第十六地点积石堆积内,考古队员发现大量陶器,以积石边缘或接近边缘地带分布最为密集。器形有筒形器和扁钵式筒形器,可惜都是破碎的残片,完整器已不存。这种陶器碎片,在牛河梁遗址各个地点都有大量发现,不足为奇。出乎考古队员意料的是,在积石堆积的底部,竟然发现一件玉鳖,还有一件玉饰。

这件玉鳖长6.2厘米,宽4.4厘米,厚0.9厘米。整体呈青白色,通体抛光。平面近椭圆形,头部近似三角形,有口与目的简略表现,颈部前伸,吻突呈圆尖状,背部略鼓,没有雕刻尾部。此件玉鳖造型概略,有很好的表现力,是一件红山玉器精品。

五千多年前,华夏先民抵抗自然灾害、疾病的能力非常有限,在强

玉鳖

第七章 东方金字塔埋藏的谜团

大的自然力量面前往往束手无策。而龟鳖类却能爬山涉水，忍饥耐渴，且寿命长久，十分神奇。因此，原始人类就把龟鳖当作"神灵"之物予以崇拜。《说文解字》中认为："鼋，大鳖也。"人们早期崇拜对象之一是天鼋。天鼋是轩辕的氏族名称，也是其氏族的图腾。

第十六地点积石堆积内出土的玉饰是一个残件。高4.8厘米，宽6.6厘米，厚0.8厘米。残缺的文物，述说着命运的沉浮。

我们从哪里来？我们都经历过什么？在这茫茫世界中，考古工作者与研究人员一直在努力回溯、求索文物背后的故事；在这浩瀚宇宙间，人们在不断探寻追问自我文明发展的绵延历程。

2023年12月9日，中央电视台《新闻联播》第一时间报道了"中华文明探源工程"最新进展成果发布会的消息。随后，全国各大媒体纷纷跟进报道，在全国掀起一股历史考古热。

"中华文明探源工程"最新成果发布会介绍，西辽河流域的牛河梁遗址、黄河下游的焦家遗址、长江下游的良渚遗址、中原的陶寺遗址和北方的石峁遗址等文明体纷纷谱写了属于自己的传奇。

第五节：辽西寻古之超级积石冢

2024年1月初，中央电视台科教频道《探索·发现》栏目播出《大地寻古》，这是一部中华文明考古探源纪录片。纪录片开篇就是对辽宁朝阳市牛河梁遗址的介绍。

笔者跟随纪录片的镜头，再次回溯辽西大地那一次次惊艳的考古发掘，领略五千年前牛河梁的种种传奇。

一、超级积石冢

牛河梁遗址第十六地点上层积石冢遗存，在已经发掘的各个积石冢中面积是较大的。

第十六地点一号冢位于牛河梁遗址第十六地点发掘区的西半部，呈东北—西南向分布在山梁的中心地带。一号冢面积大，但冢体地上部分扰动较多。

冢体封土层，现保存部分位于积石冢的中间区域，东西宽约10米。其下封护冢内墓葬，其上及周边，尤其是东、西两侧被冢体积石层封护。封土中既有棕红色沙质黏土，也有棕黄色的黄土状土，还有少量全新世的新黄土，尤以棕黄色黄土状土为多，土质纯净坚硬。封土堆积在冢内分布薄厚不均，一般高处堆积较薄，低处堆积较厚，尤以东北端和西南端堆积最厚，最厚达1.3米。封土堆积既有一次性堆积，也有多次性堆积，一般在东南—西北方向多为一次性堆积，在东北—西南方向多为多次性堆积。由于取土场土色的不同，即使一次性堆积而成的封土按土色还可细分为若干个小层，最多可达五小层之多。

考古队员在发掘时观察发现，封土层是以墓葬4号墓为中心，沿东北和西南两个方向，从中心向周边依次封盖而形成的，这在4号墓的西南方向表现得尤为明显。封土高度以中部最高，沿东南和西北两个方向平缓低下，沿东北—西南方向大体持平，最高处和冢墙上部的积石高度大体齐平。在封土层内不见或少见遗物。在T1014探方的封土内发现有两段人的小腿骨，沿东西向平行放置。

冢体积石层，现保存部分位于积石冢边缘地带，冢内封土层东、西两侧，沿东北—西南向呈条带状东西对称分布，积石条带最宽5米，最窄2.5米。其内侧大部叠压在冢体封土层上，其外侧边缘坐落在冢墙基石上。积石层石质多为石灰岩质，可细分为硅质石灰岩和白云质

第十六地点发掘现场

石灰岩，表面经风化后呈灰白色，形状多呈不规则块状。材质和墓葬封石层石块材质完全相同，和建造墓室用的黏土质石灰岩板状石材材质略有不同。石块规格略小于冢墙墙基砌石，少见人工修整痕迹。积石层薄厚不一，视坐落面高低而定，内侧由于自然地势较高，又叠压在冢体封土层上，一般积石层较薄；外侧由于自然地势较低，一般积石层较厚，最厚达80余厘米。积石一般采用较大石块叠砌、较小石块挤缝找平的方式逐层加高，现保存的积石高度与冢体封土层中部最高处大体齐平，为了达到既定高度，在地势低洼处往往采用石、土混筑的方式。考古人员在积石层内发现大量筒形器等陶器残片。

冢体积石层的外缘部分，保存部分冢墙墙基砌石及附近散布的陶筒形器等遗物。冢墙总体保存状况不好，北墙遭到夏家店下层文化6号灰沟的破坏，已不存在。西墙南部有原位保存的冢墙砌石5段，东墙仅在南部有一处。南隔墙则为一段呈带状分布的砌石。

西界墙墙基砌石在南部保存的5段沿东北—西南向分布。北段被夏家店下层文化西砦墙移用和破坏，原位砌石已不存。保存的砌石带南北存长约16.34米。砌石为在基础最底部残存的一层，系在外侧地势较高的基岩黄沙土带上向下挖槽，单石平砌，砌石内侧边和积石层石块相接，上部被积石层叠压。砌石石块规格略大于积石层石块，向外的一面均经修整。冢墙砌石外侧为走向与冢墙砌石相同的黄沙土带，黄沙土带贯通南北。黄沙土带既保证了石墙墙基的稳固性，又如一道天然的护坡，保证墙基上部的积石层不因外侧的水土流失而坍塌解体，同时在平整带上还可以摆放陶筒形器。

考古队员在发掘时，发现在墙基上部及其内侧的积石层内散布有大量筒形器残片，在外侧的黄沙土平整带上也散布有大量筒形器残片，其中在T1015探方的黄沙土平整带上还发现1件经修复大体完整的筒形器，可以推断，当初在冢界墙及其外侧附近应至少排列一排筒形器。

东界墙墙基砌石仅在 T1108 探方内发现两块，砌石外侧有与此段砌石走向相同的黑土碎石带。此黑土碎石带保存相对较好，其上密集分布有筒形器残片。结合东墙内侧积石层的筒形器残片的分布情况，专家推断，在东墙及其外侧附近当初也应至少排列一排筒形器。

南墙，即南隔墙，长度依据东、西冢墙墙基砌石的宽度推测，大体为 20 米。呈东南—西北走向。这段南墙尚有部分保存较好。

在西墙和南墙之间发现一灰土台，位置在墙体转角外侧。转角呈弧形，自外而内、自上而下由冢体积石和冢内封土两层堆积错叠而成，堆积通高约 1.1 米。灰土台为里高外低的土堆状，平面呈椭圆形，内含少量灰烬，相当坚硬。灰土台内侧被冢体积石所依附，营建时间要早于冢体积石层，和冢内封土层大体同时。由于灰土台在低洼地带的生土上筑起，有一定高度，且十分坚硬，对冢体积石层有所负重和倚托，应该起到有效保护墙体不向外侧坍塌或散落的作用。

在东墙近南端的墙外低洼处发现墙外护坡。护坡西高东低，最西部的高度与冢墙墙基平齐，东部最低处和冢墙墙基高差约 0.8 米。护坡由培土和土内石墙混筑而成，石墙在基岩上挖槽砌筑，上部已毁，现存高度高出基岩约 0.3 米，可保证上部培土不向低处滑落，起到挡土作用。在培土内发现石墙基三道，自西向东由高向低错落分布，每一道墙基走向均与冢墙走向大体一致。三道墙基砌石渐下渐大，墙基也渐下渐宽，距离也不同。墙基砌石均为经修整的石灰岩石块，单坯平砌，规整面向外，基岩之上可见为二层。

二、通天的残梦

考古队员在第十六地点一号冢发现大量陶器碎片，而且集中出土于积石冢东、西界墙的积石层内及其附近。陶器包括筒形器、扁钵式筒形器和塔形器三种，以筒形器占绝大多数。积石冢南隔墙和北界墙分别被夏家店下层文化南砦墙和6号灰沟打破，无红山文化遗物出土。

冢界置陶筒形器群是红山文化积石冢的一大特征和重要标识。陶筒形器竖置于冢上，一般为一列，位置在外冢界以内；沿冢界成行排列，彼此紧贴，几无缝隙。

一号冢塔形器发现较少，不见完整器，其形制和纹饰也不甚明了。比照其他地点出土的同类器可大致知道它由如下几部分组成：底座（似无底敛口折肩盆倒置）上接有镂孔的束腰，再上依次为腹部、颈部，一般颈部见对称双耳，最上为小口。

一号冢西界墙上及其附近出土陶器，有筒形器、扁钵式筒形器。扁钵式筒形器，只见于上层积石冢。

筒形器1件，位于西界墙外侧黄沙土平整带上，口部残缺。颈饰凹弦纹，颈腹结合处见较宽凸棱，不甚规整。腹微鼓，筒腹中空。底口微内收，器里局部微出台。腹外壁饰黑彩，为勾连涡纹加大斜三角折线纹组合，其布局是：颈下一带甚窄的勾连涡纹，以下全为大斜三角折线纹，一直延伸到近底部；彩施于器半面，可见明确的彩界。半彩。底径27.28厘米，残高42厘米。

扁钵式筒形器，绝大多数为器物残片，复原器4件，不见完整器。均为泥质红陶，外表施红陶衣。敛口，薄圆唇，折肩近平。腹部多绘平行线纹加斜方格纹黑彩，一般为全彩。依腹部的形态，可分为曲腹（A型）和直腹（B型）两种。A型数量较多，曲腹，有一道束腰，将腹身

筒形器

分成上、下两道圆弧,其上绘平行线纹加斜方格纹黑彩两道;B 型数量较少,腹壁直,不起束腰。腹身饰彩和无彩均有,饰彩者均为平行线纹加斜方格纹黑彩。

  彩陶筒形器是红山文化陶器中数量最多的一种,其身作筒形,无底无盖,上下相通,从它们独特的造型和出土位置,可以判定它们是红山先民专门烧制的、具有礼制性质的祭器(其用途也有其他种种说法)。扁钵式筒形器和塔形器同样是祭祀用的器具。历经五千余年的岁月,这些曾经通天祭神的陶器都已经破碎，不见完整器。仿佛一夜长梦，在拂晓醒来时都已经破碎。完好的，是红山先民留给我们的信仰与思考。

三、与今天握手

考古发掘，大多数时间是枯燥乏味的，只有出现新的发现，才能让庸常的日子变得精彩。

在第十六地点一号冢西界墙附近的 T0811 探方内，考古发掘队员突然发现一件陶塑人像手部残件，令大家兴奋不已。于是，考古队员扩大范围，继续四处搜寻，却一无所获，未能找到陶塑人像的其他部分。虽然有些遗憾，但是大家仍然很激动、很满足，能得到这样一件珍贵的文物，已经很幸运了。世间许多事，是靠缘分的，越是宝贵的东西，越是可遇而不可求。

陶塑人像手部残件，长 5.05 厘米，宽 4.91 厘米，厚 1.5 厘米。属于泥质红陶，上面施红陶衣。由于时间久远，陶塑人像已残缺不全，出土的三个泥塑手指，大小相当于真人手指原大，也已残缺，残存部分为手指端部，可看出是食指、中指和无名指三指并联，指甲形态特别写实。那逼真的指甲，塑造得绝不逊色于今天雕塑大师的作品。

不久，考古队员收到一个意外喜讯，在第十六地点 4 号墓西墙附近，考古队员发现一块陶塑人体残块。经辨识，为人体肩下胳膊残块，相当于人体相应部位的一半大小。

在积石冢和墓葬西墙附近出土的两件人体塑像，虽然只有手部和肩下胳膊残件，但可知为相当于真人大小的大型人体塑像，且写实性很强，应为被祭祀的人的偶像，是红山文化以积石冢为代表的人群各有自己崇拜神的又一例证。通俗讲就是，牛河梁遗址女神庙的女神是最高一级的崇拜神，各积石冢所属人群也有自己的崇拜神——二级崇拜神。

陶塑人像手部残件

笔者猜测，这两件人像应该也是女神。

红山先民的祖先们，你们在挥手向今天的人们致意吗？牛河梁红山雕塑师，你通过精心雕塑的手，穿越五千年的时空，完成了与后世人的握手！

考古队员继续发掘清理，在积石冢东界墙及其附近又发掘出众多陶器，其中有筒形器、扁钵式筒形器和塔形器。扁钵式筒形器有 A 型和 B 型，A 型占绝大多数。塔形器可辨为 3 个个体，均为镂孔束腰之上的腹部残片。皆泥质红陶，裙带部分施红陶衣，腹部涂黑彩。

考古工作者在第十六地点一号冢内发现墓葬 8 座，墓葬以南隔墙为界，分南、北两区。

北区分布墓葬 4 座，南区分布墓葬 4 座，北区墓葬建造和下葬时间普遍要早于南区墓葬。

第十六地点在下层积石冢下发现红山文化遗迹，第一地点附近窖穴、第二地点四号冢 1 号灰坑可能与之同时，说明在下层积石冢形成之前，红山文化的先民已经在牛河梁一带活动。那也许是 5800 年前的事了。

考古发掘，打开时空之窗，让我们遥望古国日升日落、斗转星移。夜幕下，一堆堆篝火照亮夜空，红山先民或者虔诚跪拜，或者舞之蹈之，敬天，敬神，敬祖先；晨光中，刀耕火种，琢玉制陶，造房植桑。血脉绵延，那潜行在泥土中的涓涓细流，一直浸润到今天。

生生不息的薪火相传，五千年文明之火，点燃新时代的璀璨。

第六节：辽西寻古之大墓传奇

大地寻古，田野觅史。辽海考古人筚路蓝缕，一路星月兼程，苦乐相伴，在神秘的辽西揭开诸多远古之谜，解锁了中华文明的古国密码。

牛河梁遗址第十六地点是已经试掘和发掘的遗址点中最后落幕的一处。那些不为人知的考古故事，中心大墓的种种神秘，在考古队员的手铲下被逐一呈现。

一、初露真容

2002年9月18日，辽宁省文物考古研究所牛河梁考古工作站考古队领队朱达，带领考古队员迎着晨光来到牛河梁遗址第十六地点发掘现场。金秋时节，是朝阳地区最好的季节，天高气爽，无风无雨，特别适宜考古发掘。

经过前两天对积石冢及其外围的勘察发掘，考古队确定了牛河梁第十六地点和其他地点一样，也有中心大墓。考古队发现了具体的位置：在积石冢一号冢的中心部位，墓的规模宏大。

积石冢就像巨大的石质谜面，下面埋藏着无数秘密。中心大墓葬着什么人？随葬了哪些珍贵文物？有没有随葬玉器？有没有被盗挖？一个个疑问在考古工作者脑中盘旋。

考古队员先清理发掘墓上堆积物。经过一整天的紧张工作，第十六地点4号墓逐渐显露真容。

4号墓是第十六地点的中心大墓，位于一号冢的中心部位，是一座大型竖穴石圹砌石墓。

考古发掘人员在墓圹内填土的上部近中间位置发现一砌石遗迹。中心大墓的填石中设石砌遗迹的做法在目前所发现的牛河梁遗址诸地点中是唯一的。

在砌石遗迹的石壁叠摞的石材中还发现2件用作砌壁的石器。一件是大型亚腰石镐；另一件是三角长条形石器，形体为长条形三棱体，棱脊锋利。观察石器上的磨损痕迹，这两件石器有可能是凿墓工具。

墓室上有人工修整痕迹的墓室盖板。墓室盖板均选用含大量生物碎屑的泥晶灰岩石板。考古队员推测，石板可能采自附近的东南山。

黄昏来临，考古队员带着疲惫又满怀期待地走回驻地。新的一天，会给人们带来哪些惊喜呢？考古队员在劳累与期待中进入沉沉的梦乡。

这是一个阳光明媚、鸟语花香的清晨，这是一次不同寻常的发掘。

无论是发掘过牛河梁女神庙经验丰富的老队员，还是刚刚加入的新队员，大家的情绪都有不同程度的紧张。

发掘第十六地点4号墓时，考古队员发现，与其他中心大墓不同的是，4号墓砌筑时先用火烧，再筑墓穴，而且填石蔓延至墓外烧土面；此外，4号墓填石中有石砌遗迹，这些做法在牛河梁诸遗址中是前所未见的。其功能与含义都有待在今后的发掘和研究中去验证解锁。

4号墓规模宏大。墓圹圹口平面呈圆角长方形，南北长3.9米，东西宽3.1米，面积约12平方米。墓圹口距地表0.54米，距圹底4.68米，计算下来，墓穴岩石的开凿量可达30多立方米。为了便于垒砌石棺、安葬墓主人，红山先民在营建此大墓时，在墓穴西南壁凿了缓步台，这在已发现的积石冢中心大墓中是首例。

墓室内的墓主人去世五千多年后，与今天的人们见面了。这位身份地位非同一般的男人，年龄在40—45岁之间。他是部落首领，还是与天地、神灵、祖先沟通的巫师?

4号墓特意选择在坚硬的花岗岩石脉上直接凿筑出墓穴,且深度近5米,是牛河梁遗址已知凿穴最深的墓葬之一。此墓既与其他地点在风化基岩上筑墓有相同之处,其构筑难度又远高于其他地点诸墓葬,这是此墓主人具有高等级地位和尊贵身份的一个重要标志。有迹象表明,在开凿墓圹的过程中,红山文化的先民们使用了相对高效率的凿墓技术——水火并济,利用岩石热胀冷缩的物理特性,使得基岩松软或崩裂,便于开凿。石棺的砌筑极为讲究,盖板、底板齐备,内壁虽略外弧,但整齐划一,石材用料考究。修建超大积石冢与高难度的中心大墓,不断扩大化地消耗人力和物力的行为,显示出墓主群体在社会权力阶层中的独特性。中心大墓也标志着部落权力的中心,这是明显的阶级分化的典型特征。后世帝王传承了这一葬制,才有了规模宏大的秦始皇陵、明十三陵……这一葬制演绎了一段段生与死的千古传奇。

二、玉凤通灵

第十六地点4号墓的发掘,令人惊喜不断。

考古队员首先在墓主人右肋第六肋骨上发现一件斜口筒形器。此玉器呈淡绿色。斜口与平口内壁的正中部位隐约可见内凹的线切割痕迹。器高13.7厘米,平口长径6.9厘米,短径5.9厘米,斜口最宽8.45厘米,壁厚0.45—0.52厘米。紧接着,在墓主人近肘部发现一件淡绿色玉镯。玉镯下葬时应该是套在墓主人右手腕上。

一件件玉器令人目不暇接。

刚把玉镯拍完照,考古队员又发现了两个玉环。玉环出土在墓主人盆骨上,两件交互叠压在一起。两件玉环质地相同,应为一块玉料制作。

喜上加喜的是,在两个玉环中,分别放置着绿松石坠饰。其中4

号墓第 7 号标本坠饰置于第 5 号标本玉环内，颜色绿中泛蓝；4 号墓第 8 号标本坠饰置于第 6 号标本玉环内，颜色为纯绿色。两件坠饰背面均未附黑皮，形制相同，应为一对。

令考古队员没想到的是，更大的惊喜还在后面。

就在考古队员清理墓主人头骨时，出乎意料的一幕呈现在大家面前，在墓主人头骨下，横置着一件玉凤。这一发现令大家欣喜若狂。

玉凤出土时枕于头下，是在放置墓主人前下葬的。玉凤有正反之分，出土时正面朝上。玉凤正面为凤的卧姿，回首，弯颈，高冠，圆睛，疣鼻，喙扁且长，前端钩曲，与羽翅相接。从细部看，凤颈较长，也比较粗壮；圆圆的微凸的眼睛，雕成三棱体，眼睑为减地凸起的阳线纹；前额疣突凸起，鼻尖附近刻一椭圆形凹面，应为鼻孔的表现；喙沟作成减地沟槽状，槽底线十分规整；飞羽和尾羽占了全身的大部分，羽翅上扬，尾羽下垂。羽翅和尾羽根部的覆羽清晰可见。腿部仅用两条单阴刻线条表现，器底边在羽尾之间作出三组短圆突，应为蜷曲腿部的表现。各部分阴刻的线条虽简略却十分流畅，细节镌刻逼真，神态极为生动传神。玉凤为淡绿色玉，通体抛光，亮可鉴人。

这是一件精美绝伦的玉制艺术品，令人叹为观止。

鸿鹄，俗称天鹅。有学者认为玉凤原型源于疣鼻天鹅，被誉为"中华凤鸟鼻祖"；也有学者认为玉凤以鹰类为原型。五千年前，雕塑家以牛河梁附近的水禽为写实蓝本，借由神祇化的想象与夸张性的艺术表现，雕塑了这件红山古国图腾和通灵圣物。

商人卜辞中有"帝使凤"，凤是帝的使者，郭沫若在《卜辞通纂》中考释为"是古人盖以凤为风神"。《山海经》中多次提到"凤"或"凤

玉凤正面

玉凤背面

凰"。"有五采鸟三名：一曰皇鸟，一曰鸾鸟，一曰凤鸟。"①"有鸾鸟自歌，凤鸟自舞。凤鸟首文曰德，翼文曰顺，膺文曰仁，背文曰义，见则天下和。"②

甲辰年春分，笔者到朝阳市区大凌河畔观赏天鹅，只见数十只天鹅在水中游弋，或互相追逐嬉戏，或独自引吭高歌，抑或警惕地眺望岸边的游人。一只洁白如玉的天鹅回首弯颈梳理羽毛，其形态和神态与第十六地点4号墓出土的玉凤高度相似。

4号墓出土的玉凤为目前红山文化出土的鸟形玉器中最大的一件。拥有这样高贵的"祖灵之凤"，墓主人要么是尊贵的古国王者，要么就是地位级别较高的巫者。

这座特大型墓葬，还会有什么秘密没有示人呢？还会有什么惊人的发现呢？

三、亭亭玉人

随着考古队员手中刷子轻轻刷过，又一件玉器破土而出。考古队员将玉器提取出来，不禁大声惊呼："玉人，是玉人！"

玉人出土在墓主人左侧盆骨外侧。玉人是整身立姿形象，通高18.5厘米。人体的正面半圆雕，上宽下窄，人体分为头部、胸腹部、腿和脚四部分。从身体比例看，头部比较大，约占全身的四分之一；头顶平圆，前额宽阔，大耳，双耳耳郭较长；圆脸，下颌略尖，两颊饱满；眉毛斜吊，双眼微阖，细长的眼线向下弯如月牙；鼻子短小，

---

① 袁珂：《山海经全译》，贵州人民出版社，1991年，第298页。
② 袁珂：《山海经全译》，贵州人民出版社，1991年，第335页。

玉人正面　　　　　玉人背面

鼻与嘴距离稍宽，嘴似抿，又似微张；脖颈稍粗，斜肩；腰比较细，臀部圆而大；上臂自然下垂，双前臂曲肘贴于胸前，十指张开，手心向内；双腿并拢，亭亭玉立；双脚呈圆尖状，平掌裸足。从侧面看，背脊隆起，头端微向前翘，双脚倾斜站立。玉人系淡绿色玉，绿中泛青，玉质细密坚硬。通体抛光，光洁温润。头顶右侧和双腿外侧有微瑕或红色沁色。

玉人的雕刻技法圆熟，琢磨精湛到位。头部表现内容较多且富有层次感，面部用阴刻线与颈部、双耳、额顶发髻隔开。额间用一梭形竖向阴刻凹陷使紧锁的双眉分开，鼻嘴之间和鼻嘴两侧用一横二纵宽阴刻线，使得双眼、双颊、口、鼻轮廓分明。额发之间用沟槽横向贯通，使得发髻整齐，耳郭中部内收使耳轮不显。前臂和手指用宽阴线表示，线条简单而概略。胸部和腹部用宽阴线隔开，胸廓较鼓，腹廓由于减地略瘦。肚脐部位由于周边磨洼，显出甚为外凸的形状。脐下及两个股骨沟之间的三角区域，雕作三棱体。人体下部的双腿和双足用宽且长的沟槽隔开。足跟上提，足尖着地，无脚趾。

这件玉人，双肘贴于胸前，额间雕出的圆洞与特意夸大的肚脐，喻示作法上下沟通之意，推测为巫者作法形象，此器或为巫者所用法器，表明五千多年前红山文化中巫觋阶层的存在。

考古工作者就是钻研大地的那群人，他们让历史更加清晰透明。因为了解昨天，通往明天的路才会多一份自信，多一份从容。

第七节：七十年考古求索光耀四海

七十载风雨兼程，红山更红，牛河梁更牛；七十载栉风沐雨，声名传四海，硕果更丰盈。

2024 年，是红山文化命名七十周年。1954 年，考古学家尹达根据梁思永的建议，正式将这一新石器时代考古学文化命名为"红山文化"。历经七十载砥砺前行，以牛河梁遗址为代表的红山文化在全国的知名度越来越高，牛河梁遗址成为实证中华五千年文明史的核心遗址之一。

一、镂玉梳斜云鬓腻

牛河梁遗址第十六地点中心大墓发掘完成后，考古队员开始转入其他墓葬的发掘。

牛河梁遗址第十六地点编号 79M1 号墓（1979 年发现的 1 号墓）是一座普通墓葬。墓圹为长方形竖穴土坑。由于年代久远，加上附近农民耕种，墓圹、石砌墓室均遭破坏，大家并不抱出土重要随葬品的希望。墓室内葬一成年男性，人骨保存不全，仅存盆骨和腿骨。考古队员在墓主人腰部左侧发现 2 件棒锥形玉器，应该是一对，顺人骨方向放置。一件长 15.5 厘米，粗端直径 1.4 厘米。另外一件长 14.8 厘米，粗端直径 1.5 厘米。

接着，考古队员在墓葬的西侧扰土中又发现一件较大的棒锥形玉器，从出土位置观察，应为 1979 年发掘的 1 号墓的随葬品。此棒锥形玉器为白色蛇纹岩质，长 22.6 厘米，粗端直径 2.1 厘米。形制与前面出土的两件完全相同。以上出土的 3 件随葬品棒锥形玉器均通体抛光。

这意外的收获，让考古队员打起十二分精神。

考古队员仔细搜寻，谨慎发掘，又有新发现：在墓葬的西侧扰土中，藏着一件双兽首三孔玉梳背饰。考古队员小心提取、拍照、记录。

双兽首三孔玉梳背饰，系青白色。长 8.9 厘米，高 2.6 厘米，厚 1.7 厘米，圆孔直径 1.9 厘米。通体抛光，类似今天精制的牛角梳。双

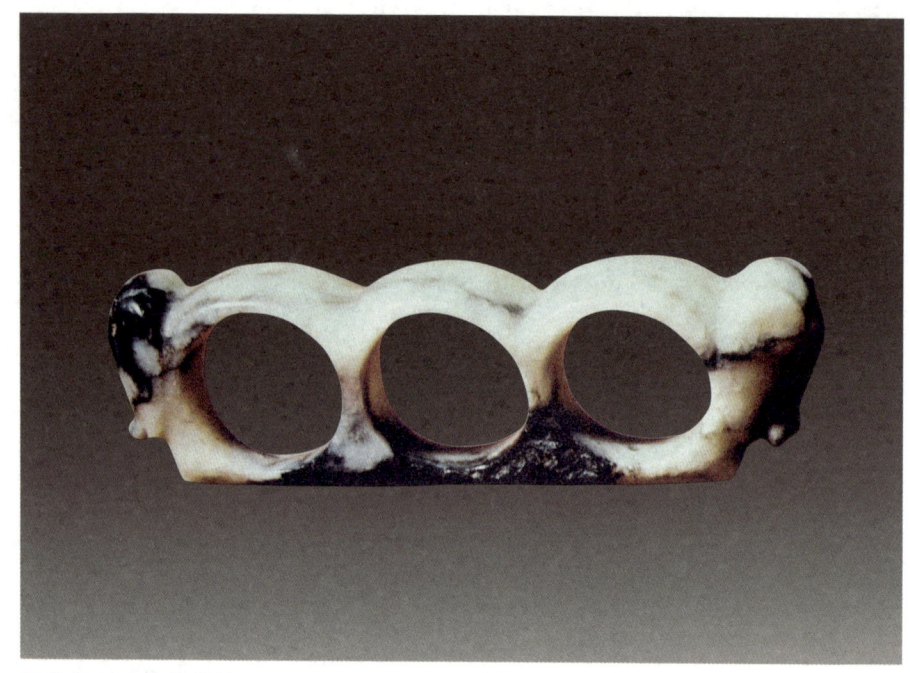

双兽首三孔玉梳背饰

兽首三孔梳背饰两端各圆雕一兽首。兽首额顶隆起,面廓近于三角形,双耳较短,呈圆弧状斜立,吻部前突,稍有上翘,眼眶用减地凸起的菱形表示,眶中各用一道阴刻线表现双睛,皆具熊首特征。

五千多年前,牛河梁周围有河流、森林、草原,大型野兽与红山先民共同栖息在这片沃土。因此,熊的形象自然会出现在红山先民的礼器和生活器物上。

五代前蜀词人李珣《浣溪沙》云:"入夏偏宜澹薄妆,越罗衣褪郁金黄,翠钿檀注助容光。相见无言还有恨,几回判却又思量,月窗香径梦悠飏。""晚出闲庭看海棠,风流学得内家妆,小钗横戴一枝芳。镂玉梳斜云鬓腻,缕金衣透雪肌香,暗思何事立残阳。"古代称梳为栉,不仅用于梳理头发,亦用作装饰,新石器时代已开始使用。这件双兽首三孔玉梳背饰,其珍贵程度绝不逊于《浣溪沙》词中的"镂玉梳"。

二、山叠好云藏玉鸟

考古队员开始发掘第十六地点编号79M2号墓（1979年发现的2号墓），这是一座较大的石穴墓，这样的墓葬通常不会让人失望。

墓圹开凿在花岗片麻岩山坡上，为长方形竖穴石圹。墓内的骸骨几乎腐烂无存，仅在墓室前端的淤土中发现一颗前臼齿，尾端残留两段小腿骨。这是一具成年尸骸，其性别不详。

令考古队员兴奋不已的是，墓室内摆满随葬玉器。清点、拍照，随葬玉器共9件。一个墓葬出土这么多玉器，还是出乎意料的。兴奋中的考古队员屏住呼吸，小心翼翼地提取这些珍贵的随葬品。

勾云形玉器

出土的勾云形玉器，通长22.5厘米，宽11.4厘米，厚1厘米。玉质淡绿色，通体抛光。

出土的2件玉环，形制相同，均为淡绿色。其中一件出土于墓主人胸部，直径6.25厘米，孔径5.3厘米，厚0.4厘米；另一件出土于墓主人右脚部，直径6.4厘米，孔径5.4厘米，厚0.4厘米。

出土的玉镯为淡绿色，直径8厘米，孔径6.3厘米，厚0.8厘米。通体抛光。

出土的斜口筒形器系青绿色，有大片白色瑕斑，间黑色斑点。磨制精细，内外壁无瑕部分光泽圆润。器体呈扁圆筒状，上粗下细。上端作斜口，腹壁外敞，下端作平口，略向长面倾斜。器体规整，斜口部分尤为规整。在腹壁内侧上部遗有掏芯时的桯钻打孔螺旋痕；平口端近底部长径两侧各有一对钻小孔，以单面钻为主。高14厘米，斜口长径10厘米，短径9.4厘米，平口长径7.3厘米，短径5.7厘米，壁厚0.4厘米。

出土的2件玉璧均近于方形。局部见土渍痕，形制大体相同。

出土的玉管珠为淡绿色，绿中泛黄，质匀，有白色瑕斑，精磨，光泽细腻。器形不规整。高1.1厘米，直径1.2厘米，孔径0.4厘米。

让考古队员喜出望外的是，在墓主人右脚外侧，发现一件玉鸟。玉鸟为淡绿色，绿中泛黄，有白色瑕斑。高2.45厘米，宽2.09厘米。器体作鸟型，展翅欲飞。流线型外廓，圆首尖喙，尾翅稍显上翘，造型简括而逼真。

唐末五代诗僧齐己诗云："山叠好云藏玉鸟，海翻狂浪隔金鳌。时应记得长安事，曾向文场属思劳。"金鳌是中国神话中的一种神龟。在红山先民眼中，玉鸟与金鳌都是具有神性的动物。

收获满满的考古队员在接下来的发掘中，情绪经历了过山车式的起

玉鸟

伏，从高处一落千丈。他们刚开始着手发掘，就发现第十六地点编号79M3号墓（1979年发现的3号墓）已遭严重破坏。除了几片泥质红陶片，未发现任何随葬品。

三、遗蝗入地应千尺

考古队员在清理第十六地点一号冢积石层时，终于有了收获。最大的惊喜是，在积石层底部发现了一件玉蝗。

玉蝗的头部呈长方形，上窄下宽；胸部较短，胸下用阴刻线镌刻出两对前腿；腹部细长，腹尾圆尖，略呈下垂状，腹上用锐利沟槽与磨豁技法与上扬翅膀分离，沟槽有歧出现象；翅膀呈直翅形，前翅叠压后翅，上部正中用一道沟槽将翅膀对分左右。位于头、胸之间的沟槽深，内对穿一圆孔，管钻而成，看上去就是玉蝗的眼睛。玉蝗为淡绿色，绿中泛黄，通体抛光。此件长5.4厘米，宽1.4厘米，高2.35厘米。玉器线条粗简，但各部位都表现得细致到位。姿态富有动感，活灵活现。

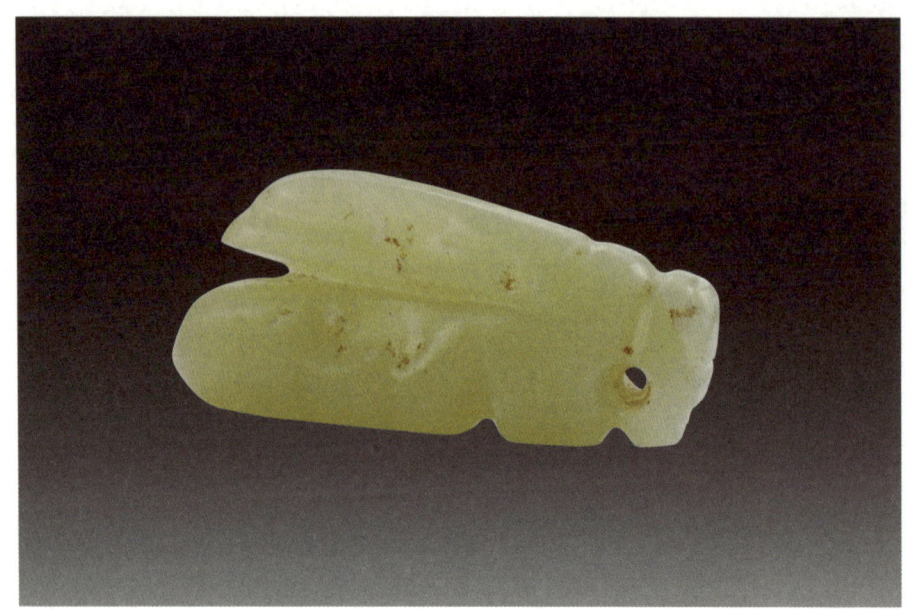
玉蝗

蝗，即蝗虫，有的地区称作"蚂蚱"，是一种古老的昆虫，我国有1000余种。红山先民将玉蝗作为祭祀器，祈望上天减除灾害，使农作物丰收。

北宋苏轼《雪后书北台壁二首》其二诗云："城头初日始翻鸦，陌上晴泥已没车。冻合玉楼寒起粟，光摇银海眩生花。遗蝗入地应千尺，宿麦连云有几家。老病自嗟诗力退，空吟冰柱忆刘叉。"苏东坡希望大雪能冻死地表层越冬的蝗虫，来年百姓田里的麦子能长得茂盛。

可见，从五千多年前直至今天，人们都视蝗虫为害虫。

考古队员继续发掘，在积石层浅表发现5件玉环，其中包括：

48号标本，残存少半圆，约相当于完整器周长的三分之一。墨绿色，玉质内有白色瑕斑，器表光洁度高。直径5.5厘米，孔径4.8厘米，厚0.5厘米，残存环长7.1厘米。

49号标本，残存一小段，约相当于完整器周长的五分之一。墨绿色，玉质中有黑色杂质。圆环状，体甚细，外缘薄，内缘厚，横截面略呈三角形。直径6.8厘米，孔径5.6厘米，厚0.4厘米，残存环长3.4厘米。

50号标本，残存半圆，约相当于完整器周长的二分之一。直径6.8厘米，孔径6.2厘米，厚0.7厘米，残存环长10.05厘米。

51号标本，呈乳白色，器型特别完整。直径4厘米，孔径2.9厘米，厚0.95厘米。

52号标本，残存大半圆，约相当于完整器周长的三分之二。淡绿色，绿中泛白。圆环状，内缘面平，起斜面，外缘圆，稍起棱，横截面略呈三角形。制作较粗糙，表面未经细磨与抛光处理。直径5.6厘米，孔径4.3厘米，厚0.65厘米，残存环长14.2厘米。

出土的玉璧为淡绿色，直径6.1—6.3厘米，孔径0.5厘米，厚0.7厘米。通体素洁，没有纹饰。

出土的淡绿色玉勾角，系双勾形勾云形玉佩左侧下部勾角残件。残长2.35厘米，厚0.35厘米。玉勾角右上部近残断处有一钻孔。

最让考古队员念念不忘的是，他们在表土中采集到一件珍贵的玉钺。

玉钺呈青绿色，边缘稍有残缺。器体为纵长方形，顶和刃一样宽，顶部平直，较厚，刃部圆弧外凸，两侧边缘磨薄，略呈平直微弧状。

玉钺

中部偏上对钻一圆孔，为系柄之用。玉钺长7.5厘米，宽4.7厘米，厚1厘米。器体转折圆缓，琢磨光滑，未见使用痕迹。

玉钺呈斧形，乃脱胎于石斧。钺是古代兵器的一种，逐渐演变成氏族首领或部落联盟大首领执掌兵权的象征物。玉钺是新石器时代、夏商周时期独有的玉礼器，也是集军事统治权、战争指挥权、王权于一身的礼仪玉器。甲辰年春分，笔者在朝阳博物馆见到了国家一级文物——红山文化玉钺。柔和的灯光下，历经劫难的玉钺静静地歇息在展台上，仿佛在回忆惊心动魄的往事。

"红山大案"发生在十年前。2014年6月，辽宁省朝阳市公安局相继发现牛河梁红山文化古遗址保护区建设控制地带以外周边均出现深挖痕迹，连续发生多起盗掘案件，一批古文化遗址、古墓葬、积石冢群文物本体和原历史风貌遭到严重破坏和损毁，大量文物被盗，对红山文化遗址破坏性极大，严重扰乱了文物管理秩序。2014年11月26日，辽宁省公安厅将此案立为全省案件开始侦查。随后，公安部将此案立为公安部督办案件，案件随之进入收网阶段。2014年12月7日凌晨5时，首次收网全面展开，由朝阳市785名民警组成的78个抓捕组，会同其他省市配合抓捕的警力，在辽宁、内蒙古、黑龙江、河北、河南、陕西、山西7省区10市同步展开抓捕行动。在6个小时内抓获犯罪嫌疑人78人，主要嫌疑人全部落网。历时9个月的"新中国涉文物第一大案"被侦破，打掉盗掘犯罪团伙10个，抓获犯罪嫌疑人175名，追回涉案文物1168件，其中一级文物125件，二级文物86件，三级文物200件，一般文物757件，价值逾5亿元。

此案追回的文物极为珍贵，有红山文化的典型器物——玉猪龙、勾云形玉佩、马蹄形玉箍、双联璧、兽面纹丫形器、玉龟、玉玦、玉镯等。有学者称，追回的玉钺、玉兽杖首等精品文物，填补了红山文化发掘出土文物种类、资料的多项空白。已经鉴定的红山文化部分玉器，对揭开红山文化的神秘面纱，解读红山文化的核心秘密，诠释红山文化的深层内涵，具有重要的学术研究价值。

牛河梁及周边的田野大地恢复了平静。

又一个四季轮回，鸟声脆，花香浓，万木争荣，绿满山梁。平和的阳光之中，到处可见奔忙的人们——追逐飞逝的光阴，奔向蓬勃的希望。

第八节：回眸千年，看不够你谜一样美丽容颜

2024年3月17日，《光明日报》第11版以三分之二版面的篇幅，刊发了中国社会科学院考古研究所世界考古研究室主任、牛河梁遗址发掘领队贾笑冰先生的文章《红山文化：后世礼仪体系的源头》，文章中介绍红山文化是中国北方地区新石器时代晚期的考古学文化，是中华文明起源研究的重要组成部分，也为中华文明多元一体格局的形成与演变提供了重要的线索。

随着红山文化热的再度升温，更多的目光聚焦到牛河梁，更多的足迹留在牛河梁。

回望五千年，我们被红山先民的智慧所折服；回眸五千载，我们被牛河梁创造的美所震撼。匆匆一瞥，也许会铭刻进生命；短暂的驻足，也许会让我们记忆一生。

一、帝乙骑玉龙

2003年10月23日至11月2日，在冬季即将来临的深秋季节，考古队员的工作异常紧张，他们要在入冬之前完成整个第十六地点的

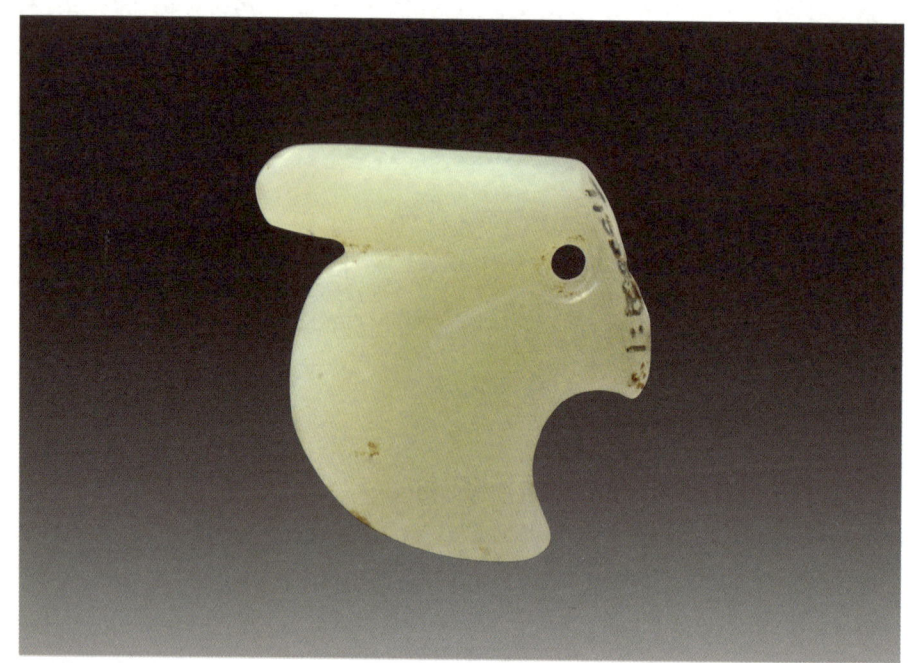

玉勾角

发掘工作。

考古队员在一号积石冢南区发掘了 12 号墓、13 号墓、14 号墓和 15 号墓。4 座墓葬排列有序，其中 14 号墓居于中心。这是第十六地点最后发掘的几座墓葬，考古人员期待能有更多的发现，收获更多的成果。

但开始发掘的墓葬却令人大失所望。考古队员搜遍墓室的角角落落，也没发现一件随葬品。

在发掘第十六地点 13 号墓时，考古队员在墓室内发现两件随葬玉器残件，分别为勾云形玉器左、右勾角。虽然是玉器残件，但总算有所收获。

左侧下部玉勾角发现于石室南侧壁中部缺口处，右侧下部玉勾角位于成束肢骨堆下。两件勾云形玉器残件器表均抛光。这应该是一个勾云形玉器折为了两段，可两个勾角为什么不在一处，而是分置在有一定距离的两处呢？考古工作总是充满悬念与疑问。

接下来的发掘，绝对出乎考古队员的意料，一座仅次于中心大墓的重要墓葬，即将在他们手下揭开，一位五千年前神秘的年轻女性，以及随葬的数件珍贵玉器，马上与他们会面。

这是千年之约，这是千年之缘！

第十六地点14号墓位于T0806探方东北部，东面自北而南依次为12号墓、13号墓、15号墓。墓圹为带二层台的长方形竖穴土坑，剖面形状呈倒凸字形。墓室内埋葬一女性，年龄在30—35岁之间。系二次叠骨葬。

考古队员像警察勘查现场一样，小心谨慎地提取所发现的随葬品。前前后后竟然发掘出玉璧、玉龙、玉镯、斜口筒形玉器、玉环共7件玉器，还有1件细石器石刃。

细石器石刃立置于墓室内淤土底部的烧土上，烧土下为墓主人股骨。无色玉髓，透明。器体作长条形，纵剖面呈不规则四边形。中部较厚，周边压制成刃。通体压削，先通体打、压兼制，边缘再细琢出锯齿状刃，短边的一端较薄而刃部规整，长边的两侧也有所不同，一侧较厚，刃部略有外弧，加工细而锯齿匀，为主刃部，另一侧较薄，刃部直，不够规整，应为嵌入部分。长6.25厘米，宽1.79厘米，厚0.6厘米。

乳白色玉璧立置于墓主人头骨和肢骨之间。直径10.95厘米，孔径5.21厘米，厚0.4厘米。

玉龙出土于墓主人头骨东侧下，立置。玉龙高9.69厘米，宽7.62厘米，厚2.61厘米。体扁圆厚重，卷曲呈椭圆形。头部较大，前额微凸，两个圆弧形立耳稍向外撇，一耳尖部磨平。双耳间起棱脊，面部以阴线雕出圆目、口及吻部皱折，吻部前凸。长圆形鼻孔，鼻孔上下

玉龙

各有三道皱折。嘴紧闭，嘴角有微疵。雕刻线条非常浅，眼睛处尤为浅。颈部对穿一圆孔。玉龙为淡绿色，泛黄，耳部见有土黄色斑沁。质较匀，光泽度较高。器体光素无纹。

玉龙是红山文化最具代表性的玉器。牛河梁遗址出土的玉雕龙具有浓厚的地域特色，以数量多、水平高、意义重大为世人所知。红山文化玉龙对后世的龙文化具有深远影响。

宋代词人王以宁《鹧鸪天》词曰："帝乙何年骑玉龙，武夷仙伯笑相从。长庚瑞应游仙梦，碧藕花开解愠风。"帝乙是商朝第二十九任君主，"夏商周断代工程"将其在位时间定为公元前1101年至公元前1076年，在位约26年。帝乙驭龙而行，多么威武。

在墓主人肢骨堆北侧偏西出土一件青绿色玉镯，还有一件斜口筒形器出土于玉镯东侧，平置，斜口向上。

出土玉环3件。其中一件为青绿色玉，玉质内含黑色杂质。器体近正圆形，横截面呈圆角三角形，内、外缘对磨成刃边。直径7.5厘米，孔径5.7厘米，厚0.69厘米。另一件是一断裂成四段的玉环，系北壁立置石块内倾塌压所致。青绿色玉，玉质内含黑色杂质。器体近正圆形，横截面呈圆角三角形，内、外缘渐边渐薄，磨成刃边。直径7.35厘米，孔径5.9厘米，厚0.61厘米。两件玉环大小相若，应为一对。

在遥远的远古时期，红山先民对未知的世界充满了好奇和探索精神，而古人认为玉能通灵，所以在日常生活中有一定地位的人开始佩戴玉器，死后也会陪葬各种玉器。

二、粲粲白玉玦

牛河梁第十六地点15号墓北临13号墓和12号墓，西北为14号墓。

15号墓内埋葬一男性，其骨骸保存较好，墓主人年龄在45岁左右。

考古队员在墓主人右侧胸部肋骨上发现一件淡绿色玉玦。玉玦平置，缺口向外。虽然只出土一件随葬品，却以少胜多。因为这是牛河梁遗址出土的唯一一件玉玦。

玉玦是我国古代玉器历史上非常具有代表性的玉器之一，大多以圆形、椭圆形的玉环等形态，在圆的某一个部位切割出一个缺口呈现在人们面前。古人认为天圆地方，玉玦为圆形，缺口是人们对天外未知的好奇和探索。笔者猜测，红山先民是仿照月亮创造出玉玦，因为月有圆缺，与玉玦形象贴切、意义相符。南宋诗人陆游《读何斯举黄州秋居杂咏次其韵》诗云："众星丽长空，惟月最为杰。峨峨大圜镜，粲粲白玉玦。"诗人陆游把明月比喻为光辉灿灿的玉玦。

玉玦常常被当作一种殉葬品。玉玦有的出土于墓主人胸部，古人认为这样可与神灵相通，从而使得逝者能够听到上天的指示。有的玉玦为一对，放置在墓主人头部两侧，即墓主人耳朵附近，因此有专家猜测这种玉玦为当时人的耳饰，相当于现在人们佩戴的耳环。玦形如环而有缺口，玦与决同音，故后人用玉玦表示决断或决绝之意。

接下来，考古队员在墓主人胸腹结合处中部发现一件玉环。玉环为乳白色，直径6.81厘米，孔径5.6厘米，厚0.5厘米。

提取完玉环，考古队员又在墓主人腰椎骨下发现一件勾云形玉器。器体为淡绿色，中部对称双孔。长边近顶中部对钻单孔。通体抛光。此勾云形玉器已经断为两截，长16.4厘米，宽5.65厘米，厚0.55厘米。断处以孔系，系孔选于阴线内，或在正反面加刻阴线内，由一面钻成。

牛河梁遗址第十六地点的发掘工作，于2003年秋末冬初圆满完成，至此，考古队员结束了两个年度的发掘工作，取得了丰硕的成果。

第七章 东方金字塔埋藏的谜团

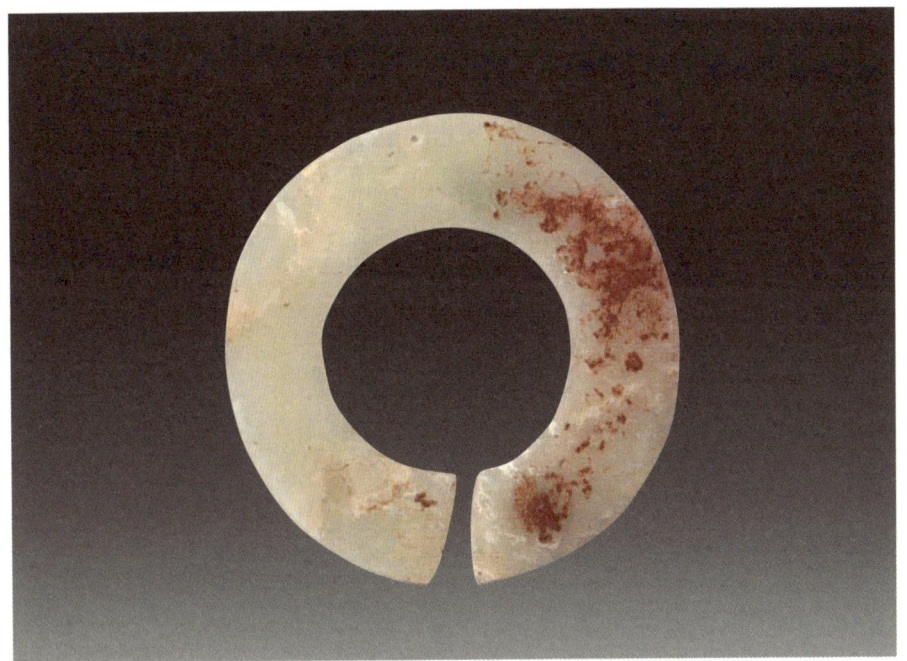

玉玦

玉环

时光如箭，岁月如梭。又一个10年过去了，时间来到2024年。

牛河梁大型遗址群，自1981年发现以来，考古发掘工作至今已持续40多年。1986年，当时的考古队员初步确认牛河梁遗址第一地点由品字形排列的三组山台构成。2017—2021年的发掘进一步确认该基址是由9座台基构成的大型台基建筑群。根据相互位置推测，出土各类泥塑的著名的"女神庙"就坐落在其中一座台基上。2023年，牛河梁遗址发掘领队贾笑冰带领队员对牛河梁遗址第一地点进行了深入发掘和研究。辽宁省文物考古研究院研究馆员郭明在接受记者采访时说："因为我们原来认定的牛河梁遗址大概应该属于红山文化晚期，就是距今5500—5000年，它的繁荣时期可能在距今5300年。我们现在测年的结果显示，第一地点这个近十万平方米的台基建筑，修筑时间距今5800年左右，等于把整个时间线向前提了。"牛河梁遗址的新发现把中华文明起源的时间线又向历史纵深推进了500余年。

我们带着热爱与好奇，跨越千山万水走进牛河梁，看人类年轻时的模样；我们满怀崇仰与敬慕，穿越漫漫时空走进历史的现场，看文明之树的幼芽破土而出，向阳生长。

三、红山先民的年龄

红山文化时期的先民都活多久？平均寿命是多少岁？作为后人，想必对上述问题都十分关心。

牛河梁遗址墓葬中红山先民的性别与年龄情况是这样的：

鉴定专家对牛河梁遗址第二、第三、第五、第十六4个地点的56座墓葬中出土的63例个体进行了鉴定。其中第二地点墓葬33座，37例个体，包括男性17例，女性16例，倾向女性特征个体1例，性别不详者1例，未成年个体2例。第三地点墓葬5座，5例个体，包括男性 3 例，女性 2 例。第五地点墓葬 7 座，共包括 10 例个体，其中男性 2 例，倾向男性特征者 1 例，性别不详者 7 例。第十六地点墓葬 11 座，包括 11 例个体，其中男性个体 5 例，女性个体 3 例，倾向男性特征个体 1 例，性别不详 2 例。未能具体区分个体 4 例，其中男性 3 例，女性 1 例。另外，还包括第二地点一号冢与二号冢之间的一座墓葬、第二地点二号冢 6 号墓、第二地点四号冢的 1 例人骨，还有第五地点 T1109 探方与 T1209 探方之间碎石沟的 1 例人骨，第十三地点采集的 1 例人骨和第十六地点 T1112 探方中的 1 例人骨。从整个遗址的鉴定结果看，男性个体 31 例，占总数的 42.47%，女性个体 27 例，占总数的 36.99%，未成年个体 2 例，仅占总数的 2.74%，男女性别比为 1.15:1。

牛河梁遗址第二、第三、第五、第十六共 4 个地点的墓葬，从鉴定的死亡年龄来看，男性平均死亡年龄约为 39.85 岁，女性平均死亡年龄约为 35.24 岁。

在缺乏耻骨联合面判断古人死亡年龄时，应当依据现代人牙齿磨耗程度判定的年龄值减少 5 岁，作为该个体的死亡年龄估算值。因此，男性平均死亡年龄约为 34.85 岁，女性平均死亡年龄约为 30.24 岁，男女两性的平均死亡年龄约为 32.70 岁。如果再适当考虑可能存在的大量未埋入墓地的年幼死亡个体，那么他们的平均死亡年龄则更低。

从死亡年龄的分布来看，基本没有处于婴儿期、幼儿期以及少年期的个体出现，青年期、壮年期所占比例相对较低，男女两性的死亡高峰都集中在中年期，老年期的个体很少。可以看出牛河梁遗址群中的死亡个体是以成年期为主。未成年个体可能不能埋葬到该墓地中。

牛河梁地区的红山文化居民应属亚洲蒙古人种，其男性居民的平均身高约为 165.64 厘米，女性居民的平均身高约为 161.93 厘米。

四、心向往之的"圣地"

40 多年来，众多文化名人来到牛河梁遗址参观考察，他们的足迹深深印在了三燕大地、辽西沃土上。

1997 年 6 月 6 日，美国匹兹堡大学教授、台湾"中央研究院"院士许倬云偕夫人在张忠培先生陪同下来到牛河梁遗址参观。许倬云为牛河梁遗址题词："坛台庙陵，牛河之梁。女神威灵，熹明曙光。"许倬云，1930 年 9 月 2 日出生于福建厦门鼓浪屿，是华语世界最具影响力的史学家之一。他的"古代中国三部曲"（《西周史》《中国古代社会史论》《汉代农业》）已经成为研究古代中国的典范之作。"中国文化三部曲"（《万古江河》《说中国》《中国文化的精神》）等著作在社会影响广泛。2020 年，许倬云获第四届"全球华人国学大典"终身成就奖，2023 年获"2022—2023 影响世界华人终身成就大奖"。

1999 年 9 月 20 日，中宣部原副部长、文化部原副部长、著名诗人贺敬之一行人参观了牛河梁遗址。贺敬之与丁毅等集体创作的民族新歌剧《白毛女》影响巨大而深远，贺敬之创作的《回延安》《雷锋之歌》等作品脍炙人口。

2002 年 6 月 20 日，中国当代诗人、散文家、画家、学者席慕蓉参观了牛河梁遗址，并当场作了一幅画。她在画上题写："能亲眼见到母亲土地上先民的美丽遗址，无法形容心中的对诸位的感谢，谨以拙作向牛河梁考古工作站各位先生致敬。"

牛河梁工作站

坛壹庙冢
牛河之梁
女神威灵
熹明曙光

许倬云谨题
並谢盛情
1997·6·7

许倬云题词

席慕蓉画作

　　　　他们说　唐朝的时候

　　　　　　一匹北方的马

　　　　　　　换四十匹绢

　　　　如今　我空有四十年的时光

　　　　　　　要向谁去

　　　　要向谁　去换回那一片

　　　　　　　北方的草原

席慕蓉
2002.6.20

　　席慕蓉1943年10月15日生于重庆城郊金刚坡。她的《七里香》《无怨的青春》《一棵开花的树》等经典诗作影响了一代人。

2004年9月5日上午，笔者陪同中国作家采风团到牛河梁遗址采风。采风团成员有中国作协副主席张炯、辽宁省作协主席王充闾、江西省作协主席陈世旭、重庆市作协主席黄济人、辽宁省作协党组书记刘兆林、辽宁省作协副主席李松涛、辽宁省作协副主席孙春平以及《人民日报》《光明日报》等媒体记者共16人。

浙江省作协副主席、茅盾文学奖获得者王旭烽也在采风团中。王旭烽毕业于杭州大学历史系，又对河姆渡文化、良渚文化有所研究，因此对红山文化有着浓厚兴趣。她从遗址边拾起一块小石片，爱惜地摩挲着，说："这可能是五千多年前祖先用过的呢。"笔者把一块陶片递给她，她爱不释手。

王旭烽在其撰写的文章《塞外的"玉猪龙"与江南的"双飞鸟"》中谈道："同样是猪，我的故乡河姆渡文化遗存中的陶罐上也出现过。都说江南秀美，可刻在黑陶上的这头江南的猪看上去实在没有红山文化上那头玉猪龙艺术含量高。从形体上看，河姆渡猪更趋向于野猪，而红山文化玉猪龙则被认作为龙的一种。是否可以说，江南的河姆渡瓦猪是源于生活，而塞外的红山玉猪龙已经高于生活。"她对红山文化的赞美是发自内心的。

2011年7月26日，中国书法家协会名誉主席、全国政协委员、著名书法家沈鹏先生到牛河梁遗址考察，为第一地点保护展示馆题字"女神庙"。

2012年9月6日，全国考古学会理事长张忠培先生为牛河梁遗址博物馆题写馆名。

2024年10月14日，由辽宁省文化和旅游厅与《香港商报》联合主办的"千年古道　诗书之路——2024中国著名作家辽西走廊文化行"采风团到访牛河梁遗址博物馆。采风团成员有全国优秀短篇小说奖和鲁迅文学奖获得者阿成、河南省作协副主席王剑冰、鲁迅文学奖获得者温亚军、著名文学评论家张陵、著名作家沈卫星等。

小说家阿成在参观中说:"作为东北人,到了朝阳有一种亲切感、亲近感,厚重的历史文化给人以启示和震撼,这是朝阳的骄傲,也是东北的骄傲,辽西走廊上的枢纽之城名副其实。几天来,我走了牛河梁遗址等很多具有代表性的地方,收获颇丰,作为作家,需要认真去梳理,认真去思考,认真去书写,让更多的人了解朝阳、认识朝阳。"

全国鲁迅文学奖评委王剑冰在参观中说:"朝阳是有诗意的地方,不虚此行。想写的东西太多了,让我思绪万千,如果必须只选择一个地方,那我选牛河梁。牛河梁率先穿透了我的灵魂,穿透了我的灵感,所以我要用我的笔先写那里。如果再来一次,我一定要写更多。"2025年1月26日,王剑冰创作的散文《牛河梁的太阳》发表在《人民日报》上。

小说家温亚军的感受是:"我们来到牛河梁遗址进行探访,能够在今后的文学创作中得以借鉴和发挥,对尊重历史、文化引导方面都将具有非常积极的意义。"

文学评论家张陵表示:"牛河梁红山文化具有独有的文化价值,这种文化价值将激励每一个人。牛河梁红山文化本身很古老,但在今天却能够产生非常强大的现实力量,不断激励着我们坚定地走中国式现代化道路,实现中华民族伟大复兴。"

第八章

牛河梁古国的城内城外

走进古国牛河梁
红山文化发现百年纪实

近年来，在牛河梁之外，考古工作者进行了多处重要红山文化遗址的发掘。这些遗址既有红山先人的生活遗存，也有古人的祭祀遗迹，反映出大凌河流域红山先民围绕着牛河梁这座"圣殿"，生活在四面八方的山谷、台地、河畔、林间，创造着他们独特的文化和历史，勾勒着华夏版图的精神文脉。尤其是牛河梁第一地点的最新发掘成果，揭示着这里或许是一座城邑。在牛河梁的"城里城外"掩藏着无数令人惊叹的秘密。

第一节：半拉山，人神沟通之地

笔者最早得知红山文化半拉山墓地，是在《光明日报》的报道中，而比较全面、形象地了解半拉山墓地，则是通过江西卫视《经典传奇》栏目。

位于朝阳市龙城区的半拉山墓地是继牛河梁遗址之后发现与发掘的重要的红山文化遗址。该遗址首次在红山文化积石冢上发现建筑址；发现了14件陶质人像和石质塑像，是发现人像制品最多的遗址；单体积石冢发现墓葬和玉器最多，共有78座墓葬，玉器共出土140多件；首次在墓葬中发现玉龙、玉璧与石钺的器物组合。半拉山红山文化墓地发现的多个"第一"，为中华民族五千年文明史再添实证。

一、半拉山的秘密

时间回到十年前。

2014年春，朝阳市龙城区博物馆的文物普查员李道新正和同事在龙城区召都巴镇一座山丘上作野外勘察，突然发现灌木丛里有一处地方被人新挖过，坑洞旁边散落着许多红陶片。李道新凭着多年的考古经验，敏锐觉察到，这坑洞是一个盗洞。这座被称作半拉山的山丘下一定藏着不为人知的秘密。李道新立即将情况向上级有关部门进行了汇报，希望能对此地进行抢救性发掘。

其实，这个墓地早在2009年第三次全国文物普查时就被发现了，只是本着原地原样保护，留给后人更多历史遗存的目的，这个墓地当年没有组织发掘。截至2024年7月，辽宁省红山文化遗址已达500处，但实施发掘的微乎其微。

近几年来，半拉山墓地连续遭到盗掘，遗址受到严重破坏。时不我待，抢救性考古发掘成为必选项。辽宁省文物考古研究院研究员熊增珑任项目领队，熊增珑、樊圣英负责主持半拉山墓地的考古工作。

半拉山红山文化墓地位于辽宁省朝阳市龙城区召都巴镇尹杖子村大

封闭管理的半拉山墓地

杖子组东北约600米的半拉山顶部。半拉山周围是古山子河冲积而成的平地，适合人类居住生存。古山子河是大凌河支流，在朝阳市城北汇入大凌河。半拉山墓地距离牛河梁遗址约80公里。

半拉山红山文化墓地是距离朝阳市区最近的红山文化遗址，南距朝阳市约8公里。2024年深秋，笔者一行驱车前往，20多分钟后就到达了目的地。秋后的田野视野开阔，收割后的土地正在作以休憩。如果没有村人的指点，笔者很难看出哪里是墓地，哪里是农田。

这是一次长达三年的发掘。

2014年初秋，辽宁省文物考古研究所与朝阳市龙城区博物馆联合考古发掘队进驻半拉山，安营扎寨。考古发掘队和相关工作组开始排兵布阵，布置探方。接着，聘用的临时工在考古发掘工作人员的指导下，清理墓地表土层。经过一个月的紧张工作，表土清理完毕，墓地的平面形状与结构特征完全显现在人们面前。随着天气变冷，田野发掘工作暂告一段落。

2015年4月，冰消雪融，万物复苏，春天的气息从地下袅袅升腾。考古发掘队开始发掘清理墓地南部的墓葬和东北部的祭祀遗迹。祭祀遗迹包括祭坛、建筑址和祭祀坑三种，早期仅见祭祀坑，晚期出现了祭坛遗迹。发掘工作一直忙碌到10月，水寒山冷，百草衰败，辽宁省文物考古研究所的考古队员才返回沈阳。

2016年5月，春风吹走了辽西的寒气，春暖花开，花红柳绿。考古发掘队带着春天的振奋，开始了新一年的考古发掘工作。从春到夏，先发掘清理墓地南部的墓葬，之后进行北部祭祀遗迹的发掘。直到12月，隆冬来临，万物蛰伏，朝阳半拉山红山文化墓地发掘工作终告完成。

2014—2016年半拉山墓地的发掘面积达1600平方米，考古队取得了重大的收获。共清理墓葬 78 座，祭坛 1 座，坛上建筑址 1 座，祭祀坑 29 座。出土遗物共计 200 余件，主要有陶器、玉器、石器等，其中玉器多达 140 余件。

通过发掘可知，红山先人营建积石冢时经过了精心的规划。他们先是在地表上人工堆积成一个土台形冢体，冢体完成后，以石墙为界，石界墙由北、东、西三面墙体组成。南部主要用于埋葬死者，北部主要用于祭祀。

半拉山墓地属于红山文化晚期。经碳-14 测定，其早期遗迹年代距今 5465—5345 年，晚期年代距今 5030—5020 年，整个墓地延续使用了约 300 年。

"半拉山红山文化墓地积石冢层位关系明确，为研究积石冢的修建过程提供了完整材料，弥补了以往红山文化积石冢发掘欠缺的一些现象。墓地布局、墓葬结构等对红山文化埋葬习俗及中华文明起源研究具有重要意义。"参与主持半拉山墓地发掘工作的辽宁省文物考古研究院研究馆员樊圣英说。

2024 年 5 月 28 日，参与发掘工作的朝阳市龙城区文物博物馆研究馆员李道新逝世，享年 61 岁。他把人生最宝贵的时光，全都献给了他挚爱的考古和文博事业。

二、神秘的无头墓主

半拉山墓地的晚期遗迹比早期遗迹更丰富，数量较多，仅墓葬就有 63 座，约占墓地总数的 80%。

不同寻常的随葬品竟然出现在极为平常的墓葬中。

2015 年夏天，考古队员正在仔细清理 12 号墓，这是一座普通的石棺墓。所谓石棺墓，也称石棺葬，就是古人用石板或者石块砌成墓室，用以埋葬死者。石棺葬最早出现在新石器时代的红山文化时期，是红山文化典型墓葬之一。考古发掘人员清理掉墓上表土层，用手铲小心刮掉浮土，一座埋葬红山先民的石棺墓显露出来：棺长 1.8 米，宽 0.68 米，深 0.39 米。工作人员各司其职，绘图、拍照、测量、记录。

此石棺墓的埋葬方式为单人一次仰身直肢葬。经检测，墓主人为男性，年龄约 30 岁。令考古队员感到奇怪的是，墓室内墓主人骨骸基本完整，却唯独没有发现逝者的头骨。

考古队员带着疑问继续清理，在墓主人腹部，发现一件玉龙和一个玉璧，还有一件石钺。紧接着，在墓主人大腿内侧出土了一件玉兽首形柄端饰。这引人注目的一幕，永远留在了考古工作者的记忆中。

这 4 件文物被发现的时候，李道新恰好在现场，"当时是一位技工在清理现场的时候发现的，就叫我们过来看。看到如此珍贵的文物，那种兴奋不知道要怎么形容。"李道新做客电视台向观众讲述半拉山墓地发掘故事时说。

这是首次在红山文化墓葬中发现一套完整的带柄端饰的石钺。这种带有柄端饰的石钺与玉璧、玉龙共出一墓的组合方式，也就是玉璧上压石钺，旁置玉雕龙的出土状态，与良渚文化钺、璧、琮的组合与出土状态（如石钺压玉璧上）有近似处，应非偶然。据推测，这是红山文化墓葬随葬玉器的一组典型组合。钺的柄端置玉兽首形柄端饰，为一批传世同类兽首榫端的玉石件的功能找到了宝贵证据。石钺前身是作为生产工具的石斧，后来演变为武器，最终成为军事权力的象征。说明当时军权已经产生，表明战争是促进文明起源的重要因素之一。

辽宁省文物考古研究所所长吴炎亮认为，红山文化虽已有军权存在，但神权依旧占据主导地位。"我们可以说军权—王权是推动社会发展的动力之一。"

墓主人正值壮年，人骨整体形态完整，四肢骨和肋骨保存较好，盆骨已腐烂，但头骨缺失。关于这位无头首领，引发了众多猜测。

有猜测说，红山文化类型多以女性为崇拜对象，而生活在半拉山的人类部族则出现了男神像，不同的崇拜让半拉山人成为其他部族眼中无法容忍的异类。在部族战争中，半拉山的部族首领被异族砍下了头颅，为了纪念这位首领，半拉山人为他举行了隆重的葬礼，并将极其珍贵的玉龙、石钺等一同葬入其墓室。

无独有偶，考古队员在发掘39号墓时，发现墓室中逝者人骨保存完好，但也缺失头骨。而且墓葬显示是一次葬，而不是二次葬。难道真的是一场部族战争，让这些骁勇善战的红山先民失去了生命，继而被埋葬，被祭祀？

更令考古队员感到困惑不解的是，在18号墓、35号墓、47号墓和48号墓等二次葬墓中，则仅见墓主头骨，而不见其他部位骨骼。这是一种特殊的墓葬形式，还是另有其他原因？

这种种谜团，一时还难以解开，有待考古工作者和研究者在今后的不断发现和深入研究中揭开谜底。

三、精雕的人像

红山文化时期的社会形态，初期是处于母系氏族社会的全盛时期，主要社会结构是以女性血缘群体为纽带的部落集团，晚期开始逐渐向父系氏族过渡。

半拉山墓地晚期遗迹出土遗物数量非常大，但最重要的出土遗物是小型陶塑人头像和石质人头像。这些塑像不但向五千年后的人们呈现了远古祖先的相貌，还透露出五千年前古人的精神世界与艺术审美。

半拉山墓地出土的泥质红褐陶人头像，虽然是残件，但依然可以看出其雕塑精致，特点明显。这是一尊女人头像，双眼微阖，小口微张，欲说还休的样子；两颊饱满，下颌圆润；右耳耳郭较长，左耳残缺。发髻雕刻细致入微，顶部为三道环形相套的发髻，后部也有三道短弧形发髻，两侧和后部均为披发。头像残高3.5厘米，残面阔2.8厘米，头长3.1厘米。

陶人头像

这件五千年前的"女神"头像，雕塑精美，形象写实，显然是雕塑家按照当时的真实女子形象构思雕塑的。此女子面容俊秀，瓜子脸，高鼻梁，双眼微闭，小口微开，似乎在冥思微笑。从前面看她的头发盘了三圈，从后面看是披肩长发。说明五千年前新石器时代已经有女子在梳这种时尚发型，根本不像很多人印象中的原始人蓬头垢面的形象，与我们当代人相差不大。

考古队员精心发掘，在T0503探方中又发现一件石质人头像。此

石人头像

头像长 14 厘米，宽 9.9 厘米，通高 14.2 厘米。宽额头，高颧骨，矮鼻梁，深眼窝，双目外凸，双唇紧闭，圆下颌前凸。右耳残，左耳轮廓宽大且清晰。发髻位于头顶后部，呈椭圆盘形。

  出土于墓葬的石质人头像雕刻风格写实。高额，顶部微凸，应为佩冠，头顶有带饰垂向脑后。耳部雕成半圆形，浮雕柳叶形眼，外眼角向上，颧骨突出，鼻凸起呈三角形，浅雕两鼻孔，嘴部微隆，闭口，嘴角及下颌雕刻数道胡须。因其胡须等明显男性特征，对应红山文化最具代表性的牛河梁"红山女神"，研究人员称他为"半拉山男神"。

  此次半拉山墓地发掘，共发现 14 件随葬人物雕像，其中 12 件石雕，2 件陶像。这些石雕头像非常完整，一定由技艺高超的技师雕刻。人物棱角分明，线条硬朗，鼻梁高挺，眼窝深陷，长脸，大眼睛，高额，下巴有棱角，具有白种人的特点。

专家认为，这些雕塑都是以真人为原型创作的，是真实存在的红山先民。以前我们认为五千年前人与人交流有局限的观点值得商榷，红山先民不像我们想得那么闭塞，当时人们的活动是开放的，交流范围很大。

半拉山墓地晚期遗迹出土的石钺，制作精致。体扁平，平面近椭圆形。顶部打制，两侧刃部较厚，端刃稍薄，不锋利，未见使用痕迹。顶部对钻一孔。石钺长13.6厘米，宽10.3厘米，厚1.3厘米。石质为浅黄色，比较细腻光滑，泛着一层淡淡的光泽。

半拉山墓地晚期遗迹出土玉器122件。器形有龙、斧、璧、环、镯、鸟形坠、兽首形柄端饰等。其中比较珍贵的是12号墓的玉龙。龙体卷曲如环，头尾相离似玦。玉龙宽10.1厘米，高13.5厘米，厚3.3厘米，孔径3.2—4.3厘米。制作精致，表面光滑而圆润。

我们从这些石雕像和陶塑像，看见了五千年前的红山先民，也看见了五千年后的我们自己。其实，我们与祖先的距离并不遥远。祭天、

半拉山墓地出土的玉龙

敬神、祭祖先，文化的血脉继承绵延，一直影响着今天的人们。

四、坑祭与坛祭

五千年前的半拉山，是人神共处之地。红山先民在这里祭天祭祖，祈求风调雨顺，五谷丰登，子孙繁衍。

半拉山墓地晚期祭祀坑有 14 座。以 4 号祭祀坑为例，其平面呈长方形，长 2.22—2.55 米，宽 1.48 米，深 0.25—0.48 米。坑壁为黄褐色土，接近垂直，底部为基岩。坑内含有大量草木灰、红烧土块、动物烧骨、陶筒形罐残片等。

在一个祭祀坑中，考古队员意外发现一大一小两只动物的骸骨，包括部分肢骨和下颌骨，大家猜测是马或者鹿的遗骸。

经动物考古专家鉴定，结果出人意料！考古队员发现的动物骸骨竟然是驴。以驴祭祀在红山文化考古中尚属首次发现。

据专家考证，中国最早的家驴出现在殷商时期。四千年前，新疆莎车地区已经开始驯养驴。而朝阳半拉山祭祀坑中发现的驴的骨骸，证明五千年前的红山先民已经驯养了驴。

20 世纪 80 年代，辽西大小凌河流域，驴仍然是比较重要的家畜。驴个头小，耐饥渴，耐炎热，胆子小而性格执拗，善走而食量小，抗病力强，成为农家的重要畜力。养驴，成为辽西地区的传统，这与辽西的环境适合驴生长有关。

东北民间有句古老的俗语，"天上龙肉，地下驴肉"。"龙"是黄帝部族的图腾。在考古出土的文物中，龙的形象也不统一，比如红山文化时期的龙，在赤峰出土的 C 形碧玉龙，其造型主要源自草原上马的形象；而牛河梁遗址出土的龙，则是丘陵猪或山林熊的形象。所谓"天上龙肉"，其实是指"飞龙鸟"的肉。飞龙鸟又称花尾榛鸡，是生活在大兴安岭的一种珍稀鸟类，据说清朝时被当作贡品，贡奉朝廷。而今，花尾榛鸡已经被列为国家二级保护动物，不允许捕杀或食用。那漂亮的花斑鸟，可以安全地、自由自在地生活在山林了。

半拉山祭坛遗迹属于红山文化晚期遗迹，由祭坛、坛上建筑址及祭品群组成。

祭坛是一个近长方形的黄土台，在上层土冢利用石块围砌而成。坛上分布大小不一的祭祀坑。

建筑址位于祭坛西部，活动面近圆角长方形，南北长约9.9米，东西宽约8.2米，厚约0.1米。在活动面上，考古队员发现了7个柱洞，在中排两个柱洞底部各发现一块柱础石。显然，这是一处祭祀建筑。

祭品群主要包括紧靠坛墙外侧成排摆放的泥质红陶彩绘筒形器、器座和塔形器等，此外，还出土少量的石人头像、陶人头像和零散玉器等。

这种坛庙冢同时出现在一个墓地中的现象，还没有在其他红山文化墓地中出现过。半拉山遗址带给考古工作者太多惊喜，也带来更多思考与追索。

从2014年开始，包括研究员、考古技工、考古民工在内的30余位考古工作者经过三个寒暑的辛勤工作，终于在2016年12月圆满完成半拉山红山文化墓地发掘任务。那一天，大家如释重负；那一天，大家欣然而归。

2017年1月10日上午，一个喜讯从中国社会科学院传来：辽宁朝阳市半拉山红山文化墓地入选"2016年中国六大考古新发现"。

这又是一个在红山文化发现史上值得铭记的日子。

第二节：马鞍桥山，我们祖先的村庄

2024年秋季义务教育教材发到学生手里，大家惊喜地发现，最新改版后的人教版《中国历史》七年级上册教材，正式将辽宁朝阳牛河梁遗址纳入第3课《中华文明的起源》中。课文配有两幅图片，一幅是牛河梁遗址，图注说明是"牛河梁遗址的积石冢、祭坛"，另外一幅是玉猪龙，图注说明为"牛河梁遗址出土的玉猪龙"。牛河梁红山文化作为中华文明古国时代的代表，将成为全国师生探索中华文明悠久历史与灿烂文化的重要课程。

红山文化作为中华文明的重要源头，在中国历史中占有十分重要的

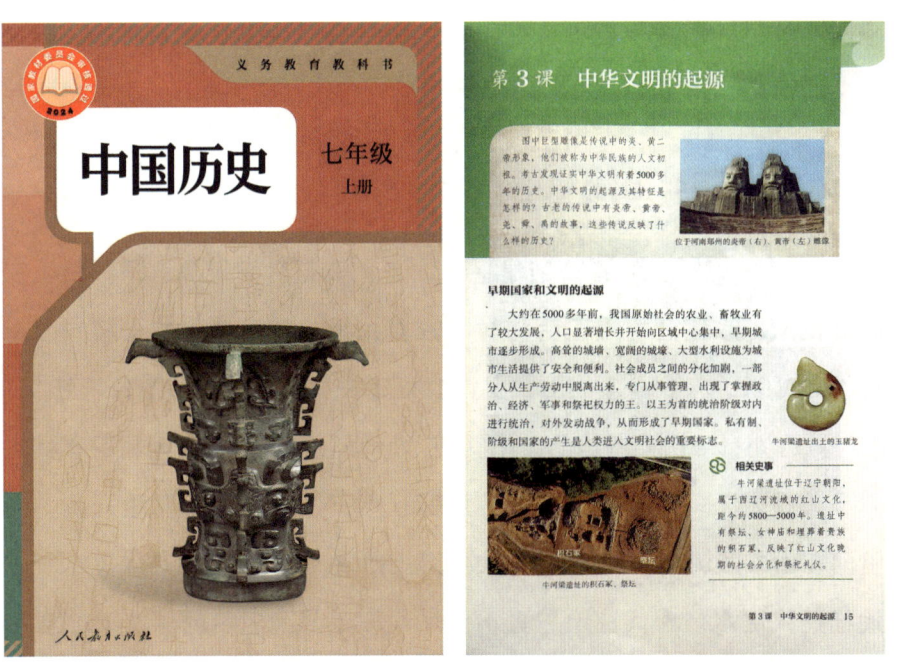

人教版《中国历史》七年级上册教材有关牛河梁红山文化的内容

位置，初高中历史教科书根据课程标准的内容设置，给予了不同形式的呈现。

由教育部组织编写、人民教育出版社出版的《普通高中教科书　历史　必修　中外历史纲要（上）》第1课《中华文明的起源与早期国家》论述道："距今约5000年的新石器时代晚期，大汶口文化和仰韶文化被龙山文化所代替。龙山文化的代表器物是黑陶，胎壁薄如蛋壳，被称为'蛋壳陶'。同时，在北方辽河上游有红山文化，长江下游有良渚文化。它们都出土了精美的玉器，并且出现较大规模的祭坛和神庙。"所配图片是牛河梁遗址，图注说明是"红山文化牛河梁遗址的祭坛、积石冢"。另外，教材第3页"中国新石器时代文化遗存分布图"标注了"红山""牛河梁"等地点。

教科书是学生获取知识的重要来源。中华五千年文明在中小学教科书中可以得到很好的呈现。我们每个人都十分熟悉的教材，记载了中华文明灿烂的历史，更多青少年通过教材可以走进祖先的村庄，遇见远古的篝火，迎接文明的晨曦。

一、马鞍桥山五年

2024年夏天，笔者来到建平县太平庄镇石台沟村探访马鞍桥山红山文化遗址。笔者走出石台沟村六家村民组，就沿着一条土路向西南行约800米，来到一座小山梁上。放眼望去，天高水长，四野葱茏。

从远处看，山梁两边凸、中间凹，形似马鞍，因此当地村民称其为"马鞍桥山"。此山属于典型的辽西丘陵，山势低矮、平缓开阔。老哈河在山梁西侧约2500米处流过。老哈河在秦汉时期称乌侯秦水，隋代称托纥臣水，唐代称土护真水，辽代称土河。老哈河源出河北省平泉市光头山，东北流与西拉木伦河汇合后称西辽河。老哈河流经辽宁

马鞍桥山远眺

省建平县西北境，为建平县与内蒙古自治区的宁城县、喀喇沁旗、赤峰市元宝山区的界河，流经建平县段长110多公里。西辽河流域是红山文化的重要发祥地。由于是夏季，老哈河河水丰沛，流速较快，灼热的阳光在河面闪烁跳跃，波光粼粼。

马鞍桥山遗址沿山梁分布，略呈椭圆形，总面积约20万平方米。遗址主要分布在山梁顶部和东坡上。相关工作人员指着遗址告诉笔者，原来这里种植玉米和谷子，还有高粱。

此遗址南距著名的牛河梁红山文化遗址约60公里，西北距赤峰红山后遗址约60公里。马鞍桥山遗址在这南北等距离闻名于世的古遗址中间点上，是巧合还是人为？

2018 年 5 月，文物考古工作者在大凌河中上游进行红山文化遗存考古调查，在复查时，发现马鞍桥山遗址。该遗址不仅是一处红山文化时期的墓地，更是一处保存完好的新石器时代的大型聚落遗址。

2019 年 8 月，辽宁省文物考古研究院马鞍桥山遗址考古队驻扎在石台沟村，开始对马鞍桥山遗址进行发掘。发掘区位于遗址东北部，发掘区总面积约 1600 平方米。

辽宁省文物考古研究院副研究员樊圣英作为领队，带领考古队员从最热的伏天进入考古发掘现场，一干就是三个月，直到入冬天寒地冻时，考古队员们才撤离工地。2019 年度共清理房址 8 座、灰坑 24 个、壕沟 1 条。出土遗物主要有陶器、石器，其中陶器以夹砂黑陶为主，器形以筒形罐为主，泥质红陶钵次之。彩陶钵上面有彩绘的黑色的平行线纹，另外就是夹砂陶筒形罐上有刻画的"之"字纹，这些都是比较典型的红山文化纹饰。

2020 年，发掘工作从 5 月开始，至 11 月底结束，发掘总面积约 1550 平方米，共发现房址 3 座，灰坑 22 个，聚落壕沟 1 条。

马鞍桥山遗址的房址根据其形制大小和功能分为两类，一类是大型房址，属用于居住的房屋。2020 年只发现一座大型房址，该房址居住面被破坏掉了，只保留有一个坑式灶。灶内堆积可分为两层：第一层为黄褐色五花土堆积，应是房址废弃后形成的堆积；第二层为灰白色草木灰堆积层，应是灶址使用时形成的堆积。第二类是小型房址，面积约 2—8 平方米，平面为圆角方形，没有门道和灶址。北部被一灰坑打破，底部四边共有九个柱洞，柱洞直径约 15 厘米，深度约 25 厘米。房内堆积出土遗物较少，多为碎陶片和细石器等，均为废弃后形成的堆积。据推测，小型房址乃作仓储之用，类似于现代人的仓房，用以储存物品。

灰坑平面多为圆形、椭圆形、长方形等，其中出土少量碎陶片和细石器等。

壕沟大致有东壕、北壕、西壕北段，东、西壕为直壕，方向近正南北走向，北壕呈圆弧状，形状近似运动场上的跑道。

在T2439探方内未发现环壕的踪迹，对其进行解剖也未见明确壕沟迹象，推测该处应为保留的出入口或门道所在位置。

2020年和2021年考古的田野工作进展缓慢，但考古人员仍积极工作，认真梳理考古文物，使得马鞍桥山遗址考古工作仍然亮点频出。

2021年11月，马鞍桥山遗址有幸被纳入了"考古中国——红山社会文明化进程研究"项目。"考古中国"是国家文物局主导的重大考古研究项目，重点关注中国境内文明起源、中华文明形成等关键领域，主要是针对国内重大考古和大遗址保护项目进行研究。2021年，辽宁省文物考古研究院对马鞍桥山遗址进行了连续的主动性考古发掘，发掘遗址面积达1800平方米。作为红山文化早期的聚落，马鞍桥山聚落遗址整体保存完好。可以清晰地看出，聚落经过精心规划和布局，东侧有人工挖掘的形制规整的壕沟围绕，房址成排分布其内，北部发现一座与祭祀活动相关的人工堆积的大型土台遗迹，环壕外侧分布有墓地和窑址等。此次发掘初步获取了与红山文化早期人群生产生活相关的重要信息。

2022年5月1日，樊圣英带领考古队继续开展马鞍桥山遗址考古发掘工作，至12月10日，发掘面积达800平方米。

二、"考古中国"首次发布

2023年9月28日，在国家文物局第三季度新闻发布会上，通报了马鞍桥山遗址等4项"考古中国"重大项目重要进展。这是马鞍桥

寂静的马鞍桥山遗址

山遗址红山文化考古成果首次在"考古中国"发布。

2024年1月17日上午，辽宁省文物考古研究院举办2023年度红山文化考古工作成果论证会，聚焦"考古中国"重大项目——红山社会文明化进程研究的重要考古发现和最新研究成果。数十位专家学者齐聚一堂，听取各项目负责人对于大凌河中游（朝阳）地区、阜新地区、辽河干流（沈阳）地区红山文化遗存考古调查和马鞍桥山、刺槐山、三家东北遗址考古发掘的总结汇报。

马鞍桥山遗址发掘情况汇报：2023年，马鞍桥山遗址发掘发现兴隆洼文化房址2座、灰坑2个，红山文化壕沟2条、灰坑6个，小河沿文化灰坑5个。出土遗物主要为陶、石、玉、骨和角器等。发掘表明该遗址存在兴隆洼文化、红山文化和小河沿文化三个发展阶段，这对于进一步探讨红山文化源流问题及构建辽西地区的新石器时代考古学文化的时空框架提供了有力的证据，弥补了此前认知的空白。同时，该遗址内发现的祭祀遗迹，为研究牛河梁遗址大型祭祀礼制起源、形成提供了重要证据。

红山文化考古工作的进展汇报：2023年，辽宁省完成了大凌河中游、细河流域和辽河干流地区4900平方公里的调查任务，新发现红山文化遗址129处。中国社会科学院考古研究所世界考古研究室主任贾笑冰表示：第一，调查新增了红山文化的遗址点，突破了我们以往的认识；第二，在沈阳地区的调查，发现红山文化的东界已经跨过医巫间山；第三，马鞍桥山是省内首次科学系统发掘的红山早中期遗址。

五年时间，说长不长，说短不短。这不长不短的时间，对樊圣英来讲，却是终生难忘的匆匆岁月。

2023年9月28日，在国家文物局"考古中国"重大项目发布会上，马鞍桥山遗址发掘领队、辽宁省文物考古研究院研究馆员樊圣英作为发布人，向与会者详细介绍了马鞍桥山遗址五年间的发掘过程和重要发掘成果。

马鞍桥山遗址是第一次系统发掘的红山文化早期中型聚落址，也是目前辽宁省内发掘面积最大的新石器时代聚落址。

马鞍桥山遗址年代距今约7700—5500年。遗址整体分为三个发展阶段：

第一阶段为兴隆洼文化时期，聚落址在该时期出现。2023年发掘区属于该时期，发现遗迹主要为房址和灰坑。兴隆洼文化因首次发现于内蒙古自治区敖汉旗兴隆洼村而得名，距今约8000年。兴隆洼文化是红山文化、夏家店下层文化等文化的重要源头，其玉器和龙图腾崇拜对后世文化产生了重要影响。建平县与敖汉旗毗邻，是兴隆洼文化的中心区域。在马鞍桥山兴隆洼文化时期房址中，发现有石斧、石磨盘等文物。

第二阶段为红山文化早期聚落址，2021和2022年发掘区属于该时期，发现遗迹主要为大型垫土台、祭祀坑和燎祭遗迹等祭祀性遗存。该时期聚落存在独立的居住区和祭祀区。

第三阶段为红山文化早、中期聚落址，2019—2023年发掘区均属于该时期，发现遗迹主要为房址、灰坑和壕沟等生活遗存，未发现独立的祭祀区，该阶段红山文化早期出现聚落环壕，在红山文化中期阶段环壕废弃。

三个阶段遗存的分布情况差别较大，目前只有第三阶段的红山文化的早期聚落发现有明确的环壕围绕，分布范围较明确。同时还发现，该时期环壕的西北段打破第二阶段红山文化早期的祭祀区，环壕西南段打破第一阶段兴隆洼文化的房址，其他两个阶段聚落址暂未发现明确分布边界，进而也说明了各阶段聚落址的分布并不是完全重合的，聚落址的规模也是在不断变化的。再根据发掘的地层堆积情况来看，三个阶段的遗迹均开口于一层表土下，未发现有明显的地层叠压关系，无法通过勘探等手段进一步确认具体分布范围，因而需要进一步以解剖发掘等方式来解决。

三、红山先民的生活遗迹

马鞍桥山遗址是红山先民的村庄遗存，也是其墓地与祭祀遗迹。

马鞍桥山遗址的生活遗迹，主要有房址、灰坑和环壕。布局方式是以大型房址为中心，小型房址和灰坑围绕在大型房址周围，聚落址外围有环壕环绕。

环壕，为人工挖掘而成。考古工作者对东壕、北壕、西壕和南壕部分位置进行了发掘，周长约900米，圈定面积约54000平方米。这是远古的"护城河"。

马鞍桥山先民的房址均为半地穴式。令考古队员惊喜的是，在一处房址里发现了两具人骨。两具人骨叠放在一起，和完整的陶器叠压着。这是房子主人死于家中，还是二次捡骨葬？如果是捡骨，这种形制意味着什么呢？这处曾为红山先民遮风挡雨的庇护所，如今仿佛是一个谜面，其中藏着无数秘密，让我们去苦苦猜想，有待考古工作者和研究者作深入的探究。

在马鞍桥山先民生活的村子里，还有先民丢弃垃圾的灰坑。其中30号灰坑的性质和结构均与其他灰坑不同。其平面为圆形，坑壁近直，壁面有一层红烧土层，似经火烧而成，平底，底部较坚硬，但底部不见火烧痕迹，其内堆积为黑褐土堆积，也不见焚烧形成的草木灰堆积，推测该灰坑在废弃前应该有一定的特殊用途，其性质有待进一步研究。此外，该灰坑内出土遗物属兴隆洼文化时期，这与其他遗迹

马鞍桥山遗址发掘现场

均不同,这也证明了该遗址内涵较丰富,延续使用时间跨度大,为探讨遗址的形成和演变提供了宝贵的实证材料。

马鞍桥山红山文化祭祀遗存的祭祀区,整体是一处经过两次精心规划设计与营建的祭祀场所。第一次的建设,是依托北部一座小山头,对东、西、北三面山坡进行修整,形成三层"梯田"形的祭祀场所。第三阶梯形制最为规整,平面为长方形,方向与山脊同向,为北偏东14度,南北长约180米、东西宽约60米。第一、二阶梯形制不规整,仅西边缘为直墙,二者近平行,方向为北偏东24度,西南、西北转角均保存完好。第二次的建设,是在第一次营建的祭祀区南部进行垫土,也是山梁鞍脊最低处，在该处经三次堆积成一座大型垫土台，使得鞍脊与南北两侧山脊相平齐，形成一个便于活动的大平台，进而形成一个新的祭祀场所。

2021年和2022年的发掘区主要位于第二次建设的祭祀区内，第一次建设区仅对局部进行了解剖，因而发现的祭祀坑和燎祭遗迹主要位于第二次建设的区域内。

根据其形制大小和出土遗物种类情况，祭祀坑分为大、中、小三类。大型祭祀坑面积约30平方米。出土了各类型完整陶、石器31件，在坑的南部出土有大量疑似泥塑的红烧土块堆积。石器则出土了一套农业工具，其中包括播种用的石耜（犁）、收割用的石刀、加工谷物时使用的石磨盘和石磨棒，其中一件涂有红色颜料的石耜也一并出土。据此推测，此坑应是专门为祭祀农业生产活动所为，体现了红山文化先民祈求农业丰收，对天地自然的崇拜和敬畏。

中型祭祀坑数量最多，形制较小，平面形状不一，出土遗物主要为"之"字纹筒形罐、彩陶壶、红陶钵和贝壳类器物，不见石器出土。此外，发现1座祭祀坑，只出土1具完整鹿类骨骼，不见其他种类遗物。

小型祭祀坑数量较少，形制规模最小，平面仅方形，面积约0.5平方米，出土遗物为筒形罐和泥质红陶钵（碗）。

燎祭遗迹数量较少，仅发现3处，均在祭祀区地表经长时间火烧而成的红烧土面遗迹，平面为圆形，直径约1.2米，其内堆积为红烧土块、草木灰和木炭，没有出土任何遗物。

"红山文化先民除了祭祀神明（女神庙内出土人形泥塑）和祖先（大型积石冢）外，还对农业丰收进行祭祀，由此可见，这一时期的先民已有了朴素的'天人合一'宇宙观。"樊圣英谈道。

这是首次在红山文化聚落址内发现的年代最早的、独立的、大型的祭祀性遗迹，填补了红山文化祭祀遗存缺少低等级祭祀遗存的空白，为探究红山文化祭祀制度的形成、红山社会等级分层及红山聚落区域分化提供了宝贵资料。

通过对遗址出土动植物标本的科学检测和分析，证明在红山文化早期阶段已经开始大量种植谷物类农作物，其农业生产较发达，社会生产力得到了极大的提高，为红山文明的形成提供强大的经济动力；社会人群开始了长期稳定居住、生产和生活，证明了红山文化社会正在经历一个复杂化的发展过程，在多种因素的共同作用下，使其成为中华文明的直根系。

第三节：五百余处红山文化遗址星火燎原

自 2017 年起，辽宁省考古工作者孜孜以求，连续开展红山文化专项考古调查工作，截至 2023 年，辽宁省红山文化遗址和墓地数量已增至目前的 500 余处。

红山文化遗存分布范围广，遗址遍布辽宁省西部、内蒙古自治区东部以及河北省北部。其核心区位于西拉木伦河以南、大小凌河流域及努鲁儿虎山一带。向北越过西拉木伦河，向东越过医巫闾山至辽河西岸，南至渤海北岸，西达燕山南麓京津一带，其影响范围可至更西、更南的区域。辽宁是红山文化分布的核心区，也是红山文化研究的重点区域，更是考古发掘成果最丰硕的省份。

一、神秘的黄帝图腾石刻

凌源田家沟红山文化墓地群，周围地貌与环境酷似牛河梁，被称之为"小牛河梁"墓地。

2009年3月,在第三次全国文物普查中,田家沟遗址被发现。此遗址位于凌源市三家子蒙古族乡河南村田家沟村民组。

田家沟遗址墓地曾遭盗墓分子多次盗掘,盗洞如老鼠洞,深入地下,让人看了气愤又心疼。2009年7月,辽宁省文物考古研究所对田家沟遗址进行抢救性发掘。到2009年10月,考古人员先期清理完成第一、第二地点。2010年8月至11月,又对第三、第四地点进行局部清理。截至2012年3月,共发现红山文化晚期墓葬42座,人骨个体46具,祭祀坑4个,方形祭坛1座。发掘出土的文物主要有玉镯、三足彩陶盖罐、平地彩陶盖罐等。

令见多识广的考古专家感到不可思议的是,在这样一个中低等级墓葬遗址,竟然出土了一件蛇形玉耳坠,还有一块雕刻有黄帝文化符号的石板,这两件器物是红山文化遗址的首次发现。

田家沟红山文化墓地第四地点5号墓出土的蛇形耳坠,与《山海

田家沟遗址

蛇形玉耳坠

经》中"珥双蛇"记载相吻合。《山海经·大荒北经》:"北海之渚中,有神,人面鸟身,珥两青蛇,践两赤蛇,名曰禺强。"①黄帝部落的龙图腾,就是蛇身。专家认为,田家沟红山文化墓地的蛇形耳坠含有黄帝文化符号,使红山文化与黄帝文化的关系进一步得到证实。

雕刻有黄帝文化符号的石板,长约50厘米、最宽处约40厘米,上面雕刻的是一只龟的图案。此"龟背图"由点组合而成龟的头部、圆形的龟背,并带有伸出状的前腿与后腿。这个雕刻图形似黄帝图腾神龟——天鼋。考古学家由此推断,牛河梁红山文化区即为黄帝部族的活动区。

红山文化研究专家雷广臻教授曾两次到发掘现场观察这块石板上的雕刻图形。经过考证,雷广臻教授认为,这个雕刻图形是黄帝图腾神龟天鼋。

二、牛河梁近邻

多年考古发掘表明,牛河梁遗址主要是祭祀之地。考古学家们一直百思不得其解:如此巨大的祭祀场所,附近应当有相应的大型居住类遗址,但牛河梁遗址附近一直没有发现这样的居住场所。牛河梁遗址的主人都是哪里人?建造牛河梁宏大建筑的红山先民住在哪里?这些疑问一直在红山文化考古工作者、研究者以及红山文化"粉丝"们的头脑中盘旋。

2022年6月,在配合赤峰至绥中高速公路凌源至绥中段的建设过程中,考古人员在距离牛河梁遗址仅仅6.5公里的上朝阳沟村发现了

---

① 袁珂:《山海经全译》,贵州人民出版社,1991年,318页。

一处大型红山先民的聚落遗址。这是目前距离牛河梁最近的红山文化遗址，也是距离牛河梁最近的红山文化聚落遗址。笔者认为，住在这里的许多红山先民，一定曾参与建造了牛河梁大型祭祀建筑，上朝阳沟的红山先民也曾一次次虔诚地去牛河梁"国家陵园"与"国家祭坛"祭祀天地与先祖。

上朝阳沟遗址面积约12万平方米，是目前牛河梁遗址周边地区调查发现的面积最大的遗址。考古人员实际勘探面积大约10万平方米，发现了27座房址。根据勘探情况分析，这些房址平面近似"凸"字形，为直壁、平底的半地穴式房屋，建有长门道。

相信在不久的将来，考古人员在田野考古发掘后，一定会给我们一个答案，给我们一个惊喜。

三、刺槐山聚落

刺槐山遗址位于朝阳县乌兰河硕蒙古族乡八大孟克村的西侧，大凌河从遗址东面不到5公里的地方由南向北流过。2016年夏天，笔者徒步大凌河曾走过该河段。

2023年8月，辽宁省文物考古研究院全面启动2023年度获批的刺槐山遗址主动性考古发掘项目。

刺槐山遗址范围约12万平方米。随着2023年度考古发掘结束，刺槐山遗址共清理红山文化遗迹30处，其中房址1座，灰坑28座，灶址1座。在这些遗迹中，出土了包括筒形罐、斜口器、钵、盆等在内的陶器，同时还出土了石斧、石磨盘、石球、石锛、细石叶、石核等石器，出土遗物达百余件。

作为刺槐山遗址2023年度发掘的唯一一座房址，这座房子的整体面貌在考古人员细致的发掘中清晰起来。该房子在平面上呈"凸"字形，在房址内，考古人员清理出两座灶址，灶内无红烧土，堆积呈黑色；另一座灶的北半部有红烧土和烧结面，灶内出土泥质红陶壶口1件、石器1件。

除灶址外，考古人员还在房址内发现了钵、彩陶罐、"之"字纹双耳罐腹部残片等陶器，石磨盘、细石叶等石器，还发现少量动物骨骼和木炭。房址周边分布的多座灰坑是红山先民此前在此生活时留下的痕迹。考古人员根据灰坑出土的遗物判断，灰坑为堆放生活垃圾所用，应与房址是配套的组合关系。

此外，考古人员还通过浮选方式，发现了4粒粟、5粒黍和1粒大麻，这反映了生活在刺槐山遗址的红山先民已经有了一定的农作物种植生产活动。随着刺槐山遗址的全面发掘，这处红山文化时期的"村落"面貌将更加清晰。

四、三家东北村落

2023年，除了刺槐山遗址，获批的三家东北遗址主动性考古发掘项目也于8月全面启动。

三家东北遗址位于朝阳市喀喇沁左翼蒙古族自治县利州街道小河湾村三家屯东北的一处台地上。东北距著名的喀左县东山嘴遗址不到1.5公里。大凌河从遗址东南约1.5公里处由西南向东北奔流，在东山嘴遗址东侧一路向北流去。滔滔凌河，滋润了红山先民的生存家园与精神圣地。

三家东北遗址是距离东山嘴遗址最近的红山文化早期居住址，也是一处堆积深厚且有复杂层位关系的红山文化遗址。遗址的遗物分布较为分散。考古发掘工作由辽宁省文物考古研究院与辽宁大学联合实施。考古人员针对三家东北遗址特点，围绕学术研究与文物保护目标开展发掘工作。

此次考古发掘，厘清了遗址的范围，搞清了遗址早晚两期红山文化聚落的形态。早期为居住址，晚期主要为墓地及祭祀遗迹。重要遗迹有红山文化中晚期墓葬4座。遗址地层较厚，对红山文化不同发展阶段的社会形态研究具有重要价值，为东山嘴红山文化遗址群保护、展示与利用提供了有力的学术支撑。

笔者可以想见，负责东山嘴祭祀的巫师，就住在附近的三家东北村落。在一个个繁星满天的夜晚，或者在日上中天的正午，巫师身上佩戴玉器，手拿通天神器，站在祭坛前，嘴里念念有词，祈求上天眷顾苍生，降福族人，四时和顺，百业兴旺，天平地安。族群老少虔诚地跪在祭坛前，默默祈祷风调雨顺，五谷丰登。

五、被遗忘的遗址

直至2024年，距离东山岗红山文化积石冢遗址发掘已经过去18年，但除了一些考古工作者外，大众很少有知道这个遗址的。也许是因为东山岗遗址太小了，没有引起人们的注意，也许是发掘成果平平，没有重大发现，故而鲜有报道。

据建平县博物馆副馆长刘亚彬介绍，在20世纪80年代初的文物普查工作中，东山岗遗址就已经被发现。2006年4月，京四（长深）高速公路开始修建，由于东山岗红山文化积石冢遗址在高速公路修建范围之内，考古单位报批后马上进行了抢救性发掘。

东山岗红山文化积石冢遗址位于朝阳市建平县铁南街道南沟村。在遍布松林的群山环抱中，有一座小山岗，这座小山岗就是积石冢。它属于新石器时代晚期红山文化类型遗址，距今已有5500年。该积石冢面积约2000平方米，高约4—5米。

遗址有大量筒形器碎片，厚度大约1厘米。这种筒形器在红山文化遗址中很常见，是一种祭祀器物，上下都没有底，筒形器有一条边沿，有的上面有粗糙的花纹。

考古人员在东山岗红山文化积石冢墓葬中发掘出土一件玉蚕，头和尾端都雕刻得非常明确，蚕的背上有纵向浅沟槽，似象征两翼分界线，腹下有腹节的明显表现。此玉蚕玉质较好，雕工精湛，反映出5500年前红山先民高超的雕刻技术与质朴的审美情趣。

六、牛河梁的新发现

凌源市和建平县交界处的牛河梁红山文化大型遗址群，自1981年发现以来，考古发掘工作至今已持续40多年。牛河梁遗址第一地点的发掘工作不断有新发现，给世人带来惊喜。

2017—2021年，牛河梁遗址第一地点由辽宁省文物考古研究院与中国社会科学院考古研究所联合进行考古发掘，确认2号建筑基址是由9座台基构成的大型台基建筑群。新的考古证据表明，出土"红山女神"等各类泥塑的著名的女神庙就坐落在第9号台基上。

2024年9月20日，中央电视台《焦点访谈》栏目播出《文化大工程　探源寻根脉》，重点介绍了中华文明探源工程的中心遗址——牛河梁大型遗址群。2020年以来，中华文明探源工程在位于辽宁省朝阳市的牛河梁大型遗址群进行了重点发掘，新发现了9座大型台基。

中国社会科学院考古研究所世界考古研究室主任、牛河梁遗址田野考古项目领队贾笑冰在《焦点访谈》节目中说："这9座台基的面积保守估计有6万平方米，加上周边有些新发现的附属建筑，总面积已经达到了10万平方米。"

牛河梁遗址发现的这些台基，是远古大型建筑遗留下来的基础。经碳-14测年显示，这9座台基距今5800年左右，并且是在短时间内集中修建的。

牛河梁遗址的新发现是中华文明探源工程目前发现的最早的中华文明起源的考古学证据之一。

辽宁省文物考古研究院研究馆员、牛河梁遗址田野考古项目执行领队郭明说："因为著名的'女神庙'坐落在9号台基上，所以一下子就把整个9号台基的地位提升起来了。而且现在的发掘，还发现了台基是从基岩上面垫土垫起来的。现在残存能够看到的垫土厚度已经有4.6米了。通过这个，我们可以去想象一下红山整个的社会规模、组织和动员的能力。这个组织，我们现在没有明确认定是一个国家，但是按现在考古的概念，它初步具备了这样的能力，那么应该可以叫它古国，等于说我们对中国整个社会发展的过程有了新的认识。新的测年结果又把整个文明形成的时间线向前推进到了距今5800年左右，它所体现的是一种北方式山地文明的发展演变路径，也看到红山文明对中华文明整体提供一些优秀的文化因素。"

牛河梁遗址的新发现，把中华文明起源的时间线又向历史纵深推进了五六百年。原来考古学家认定的牛河梁遗址，大概应该属于红山文化晚期，就是距今5500—5000年。它的繁荣时期可能在距今5300年。而最新测年的结果显示，第一地点这个近十万平方米的台基建筑，修筑时间距今5800年左右，等于把整个时间线向前提了。

2017年至2018年，相关考古工作人员曾在2号建筑址的西南和中部进行过发掘，发现了石砌护坡、铺石地面、石墙及台上建筑。资料显示2号建筑址较以往所认识的更为复杂，是一处由多组石砌平台及台上建筑构成的复杂建筑群。因此，确定山台的范围、结构、布局、营建使用过程，台上建筑的布局、结构和功能是认识2号建筑址的性质和功能及其与第一地点其他遗迹之间的关系的基础。

考古队员的主要发现及收获包括以下几个方面：一是山台的范围较目前所知的更大。二是认定了砌筑方式。虽然由于遗迹被破坏得比较严重，尚无法准确判定1号山台的南部边界，但初步确认了1号山台的砌筑方式：以地势较高的山脊为中心，在地势较低处对基岩进行简单平整，而后直接砌筑石墙，墙内逐层垫土，最后形成平坦的山台。在山台顶部发现的红烧土面则表明山台上建筑的存在。三是发现祭祀的陶器。四是发现附属建筑。第一地点4号建筑址是一座半地穴式建筑。多个红烧土面显示其可能经过较长时间的使用。

此外，考古人员在3号台基上发现了与祭祀活动相关的遗迹、遗物。垫土层中出土的大型彩陶缸、彩陶盆（盖）、筒形罐、灰陶钵、圆陶片组合有可能是《周礼·春官·大宗伯》中记载的与"祼礼"祭祀行为相关的器物组合。

结合新发现的9座大型台基，考古专家开始重新评价牛河梁遗址的意义。

红山文化研究专家、辽宁省文物考古研究院名誉院长郭大顺先生在最近发表的文章《红山文化牛河梁遗址学术价值再解读》中指出："近年发现的庙宇建于一个人工土石堆筑的大型山台之上。山台外围石墙为护坡式，已断续发现数段。其中北墙西段和与之相接的西墙北段保存较好，由三至四层石块垒砌，外侧平齐。其结构同于三北地区（指冀北、晋北、陕北和内蒙古中南部地区）龙山文化早期到夏商时期的诸多石筑城墙，如内蒙古准格尔旗白草塔遗址和寨子圪旦石城，也包括石峁古城的皇城台，故可以判断，牛河梁第一地点山台也具有城邑性质，山台即城址。"

红山—牛河梁，在当今现实中，两地不过一百多公里路程，彼此因红山文化而产生交集，而在历史时空中，两地先民积淀了五千多年的灿烂文化，创造了中华文明之重要一源。

历史是文化的载体，文化是历史的血脉。历史文化遗产是中华优秀传统文化的重要组成部分，是中华文明绵延传承的生动见证。

红山文化是中华文明多元一体格局中的重要一员，见证了早期中华文化共同体的建构历程。红山文化是人类共同的宝贵财富。

感谢辽西这片土地，孕育了万物，养育了智慧的先人。感谢古人，开创了辉煌的历史，开启了伟大的文明，创造了灿烂的文化。感谢那些为红山文化奉献力量、作出贡献的人们，包括红山文化考古专家学者，也包括支持红山文化发掘的普通人。感谢所有红山文化的保护者、传播者、研究者。

后　记

　　创作这部《走进古国牛河梁：红山文化发现百年纪实》，是从2023年初开始的。2023年，正值牛河梁遗址考古发掘40周年，也是红山文化发现115周年，经时任朝阳日报社社长王文军的精心策划，《朝阳日报》推出"红山文化发现百年走近牛河梁"大型媒体发布活动，旨在讲好朝阳故事，展示朝阳形象，让世人更加深入地了解牛河梁红山文化。2023年3月，我们三位作者组成课题组，共同承担了这个艰巨而又有重要意义的写作任务。从2023年5月17日开始，《朝阳日报》以"红山文化发现百年走近牛河梁"系列主题文章的形式在文化专版连载，产生了良好的反响。2023年12月9日，牛河梁遗址被"中华文明探源工程"确定为中华文明古国时代第一阶段的代表，足见"红山文化发现百年走近牛河梁"这项策划的前瞻性。

  在此系列文章写作的过程中，我们查阅了众多学术资料，踏访了红山文化多处遗址，用眼力和脚力丈量了红山文化的多个维度，用脑力和笔力努力探寻了红山先民的历史脉络。2024年1月，辽海出版社与我们联系，建议将此系列文章结集出版，并由出版社申报了辽宁省委宣传部出版资助项目。经过专家评选，《走进古国牛河梁：红山文化发现百年纪实》最终入选2024年度辽宁省重点主题出版扶持项目。辽宁省作家协会对这部书稿高度重视，于7月24日召开"从红山文化探寻中华文明起源"主题创作座谈会，与会者针对此书稿提出了许多宝贵意见。我们倾听专家和作家的意见，三易其稿，最终完成此书。本书以考古发掘报告为依据，以全新的叙事角度讲述了牛河梁红山文化故事，翔实具体地展示出牛河梁遗址的发掘全过程，深度解读了红山文化的重要内涵，是一部既有可读性又有一定学术价值的图书。

感谢朝阳牛河梁遗址博物馆为我们提供的素材和珍贵图片，在调研和写作的过程中给予我们的大力支持。感谢辽宁省作家协会、朝阳日报社、中共朝阳市委党校、朝阳市文联、朝阳市作家协会给予我们的鼓励和帮助。感谢著名考古学家、辽宁省文物考古研究所名誉所长郭大顺为本书作序，感谢著名文学评论家、辽宁省作家协会党组书记、主席周景雷为本书作序。感谢辽海出版社副总编辑徐桂秋和编辑栾天飞的辛勤筹划，感谢在创作过程中关注和鼓励我们的老师及文友。

以红山文化为代表的西辽河文明是中华文明三大源头之一，经中华文明探源工程权威发布，确认牛河梁遗址为距今5800年至5200年前后的古国时代第一阶段的典型代表，这进一步明确了牛河梁遗址的历史价值，奠定了红山文化在中华文明起源进程中的"直根系"地位。谨以此书向那些为研究、宣传、保护红山文化贡献力量的人们致敬！

作　者
2024 年 12 月 21 日